南方都市报／出品
李文凯　周筱赟／主编

南方的立场

南方都市报 2007 年度社论精选［第二辑］

南方日报出版社
NANFANG DAILY PRESS

图书在版编目（CIP）数据

南方的立场· 第2辑：南方都市报2007年度社论精选 / 李文凯，周筱赟主编. —广州：南方日报出版社，2008.4
ISBN 978-7-80652-739-9

Ⅰ.南… Ⅱ.①李…②周… Ⅲ.报刊—社论—汇编—广州市 Ⅳ.D609

中国版本图书馆CIP数据核字（2008）第040280号

南方的立场·第2辑——南方都市报2007年度社论精选

李文凯 周筱赟 主编

出版发行：南方日报出版社
地　　址：广州市广州大道中289号
电　　话：（020）87373998-8502
经　　销：全国新华书店
印　　刷：广州市怡升印刷有限公司
开　　本：889mm×1194mm 1/32
印　　张：12.25
字　　数：300千字
版　　次：2008年4月第1版
印　　次：2008年4月第1次印刷
定　　价：25.00元

投稿热线：（020）87373998-8503　读者热线：（020）87373998-8502

网址：http://www.nanfangdaily.com.cn/press　http://www.southcn.com/ebook

序

像公民那样去关心，像公民那样去发言

□李文凯

《南方的立场》出版第二辑，这对于我个人以及南方都市报评论部的这个团队，都是一份鼓舞。至少，这说明，出版社认为这样的集子，有长期操作形成系列的价值。而对于南方都市报社论的具体执行者来说，让这些选题、这些思考、这些文字能够留存更长久一点的生命，也是一番欣慰。当然，倘若社会的进步迅速证明了这些文字的过时，那将是更大的欣慰。

而 2007 年，公共事件依旧频密，舆论关注依旧密切，有力的呐喊与无力的沮丧交替并行。但毕竟会有进步，成长中的网络力量，风云际会般地爆发出了出人意料的能量，与传统媒体接力合力，促进了诸多事态的良性发展。例如，厦门 PX 事件、“红钻帝国”因言获罪事件、重庆钉子户事件、陕西纸老虎事件……这些事情接踵而至，连绵展开，博弈不断，结局可观。这一切应该足以表明：公民的力量才是这个国家进步的源泉。

对于南方都市报来说，记录时代进程、培育现代社会、启蒙公民意识，正是他自我期许的定位与使命。这些理想与方向，自然是要浸透在他每一天每个版的每篇稿件中，不过，社论首当其冲，负有专责。这张报纸在这块方寸之地的所思所

言，可集中展示它的兴趣与风骨。所以，上述2007年的系列重大公共事件，也正是南都社论在2007年重点关注、表达意见、展示立场的议题，值得在此向有心的读者诸君隆重推荐。

绝大多数的场合，社论的发言难免是枯燥的，板着脸孔说话，四平八稳说理。钱钟书先生就曾借魔鬼之口挖苦：不料你的识见竟平庸得可以做社论。而在当下的客观环境里，还尤其需要绕着圈子说话，戴着帽子说话，这都给社论增添了一分麻木的神情。怎样来激活社论当有的精神，回复它原本的面目，这只怕也是一份敢于每天刊发社论的报纸所要担忧的问题。南都有所思考，也有所尝试，要求自己的社论发言，能够尽量做到不陈腐、不八股，不空洞、不自我。虽是议论家国大事，却并非是以一种上仰的视角来做策论写颂词，虽诉求启蒙公民，却不是要以一种下俯的姿态来说教布道。摒弃这两点，可以明白，即便是机构发言性质的社论，同样富有个性，同样需要血肉。金刚怒目也好，苦口婆心也好，总之，我们也需要学会像一个公民那样去发言。

像公民那样去关心，像公民那样去发言。一个念兹在兹于公民社会的媒体，自然也是无法自外于这样一种意识与努力。《南方的立场》第二辑精选南方都市报2007年的社论文本，便请与南都有同样情怀的读者，来体验和检验这两点。

目录

事件

在 2007 年新年即将来临之际，国家主席胡锦涛 12 月 31 日通过中国国际广播电台、中央人民广播电台和中央电视台发表了题为《共同谱写和平、发展、合作的新篇章》的新年贺词。胡锦涛在贺词中强调，在 2007 年，中国政府“将按照经济社会又好又快发展的要求，着力调整经济结构和转变增长方式，着力加强资源节约和环境保护，着力推进改革开放和自主创新，着力促进社会发展和解决民生问题，推动经济社会发展切实转入科学发展的轨道”。

观点

更好的生活，是富裕满足的生活；更好的生活，是勇于创造的生活；更好的生活，是自由发展的生活；更好的生活，是葆有尊严的生活；更好的生活，是践行美德的生活；更好的生活，是忠于自我的生活。今天你必须相信，新的一年你将过上更好的生活。

愿你在新年里过上更好的生活！

今天是 2007 年的第一天，祝你新年好！辛苦工作的人，祝你新年好！安逸休憩的人，祝你新年好！健康蓬勃的人，祝你新年好！病痛疾苦的人，祝你新年好！满心欢喜的人，祝你新年好！忧愁苦闷的人，祝你新年好！迟暮的老人，新年好！新鲜的儿童，新年好！女人们，新年好！男人们，新年好！

不管你是谁，不管你身在何处，我们都在这里问候你一声——新年好！

每个人都应该被祝福。每个人都应该勇于盼望。新年是时间的节点，击打希望的节奏。不管 2006 年是否让人失望，不管历史留给 2007 年的这个起点是否让人悲观，今天你都必须相信，一定要相信，新的一年会有变化、有机遇、有收获、有惊喜。

今天你必须相信，新的一年你将过上更好的生活。

更好的生活，是富裕满足的生活。不必掩饰正当的欲望，欲望是值得赞美的发动机，是生命核心里最神圣的秘密。人们的欲求之间难免会有矛盾，但是解决之道不是压抑，更不是放弃。为了更富足的生活，人们需要的是更多的创造、更多的沟通、更合理的契约、更充分的谅解。

更好的生活，是勇于创造的生活。创造有时让人恐惧，因为它指向未知，包含不确定的风险，因为它隐含着改变的预言、破坏的威胁。人性里总有惯性、胆怯和懒惰在阻止创造，社会中总有迂腐、保守和堕落在压抑创造。为了更有创造力的生活，人们需要更舒展的空间、更兴奋的气氛，需要鼓励尝试的文化，尊重自由的制度。

更好的生活，是自由发展的生活。阻止人们自由发展的力量非常多，有自然的限制，更有人为的束缚。但是一人不自由，全人类都不自由。人类对终极理想社会的描述便是：每个人的自由发展是一切人自由发展的条件。社会制度的前进目标，便是减少人们自由发展中的相互阻碍，增加其相互促进。

更好的生活，是葆有尊严的生活。我们被欲望驱使，我们被命运束缚，我们在很多情境之下没有选择，我们在很多时刻感到屈辱。但是减少屈辱的方法不是放弃尊严，只有蟑螂才用这样的代价去换取延绵而低贱的生存。为了更多的人能够骄傲地活着，人们需要抵抗欺侮、抵抗不公，人们还需要改善社会权力关系，消解掉那制造欺侮与不公的根源，因为欺侮者和被欺侮者都没有尊严，因为不公正的双方都应该感到羞耻。

更好的生活，是践行美德的生活。美德是人身上含蓄的神迹，是隐约的天堂记忆。不正义的人不能得到真正的幸福。践行美德的真正目的不是为了他人，甚至也不是为了美德的荣誉。践行美德是为了践行者自己，是为了美德自身。美德是完满幸福的一部分，美好生活中不可或缺的一部分。

更好的生活，是忠于自我的生活。诚恳地面对自己的生命，执著地坚持自己的诉求，勇敢地作出自己的选择，无怨地承担选择带来的后果——这份生活里就已经包含了对富足的追逐，对创造的肯定，对自由的实践，对尊严的爱惜，这份生活本身便已经是美德。更好的生活，就是追逐更好的生活。

希望来自每一个人，力量来自每一个人。一切的奇迹和一切的灾难，都起源于神奇的生命。社会的复杂早已超出任何人的脑容量，时代的速度已经让所有人的视线模糊。只是这复杂、这速度并不可怕，每一个单独的个人，并未因此更加渺小，反而因此更加强大。人和人之间的联系，个人与社会整体之间的联系，并非越来越松散，而是越来越紧密，越来越有效。每一个网民、每一个股民、每一个手握电视遥控器的人、每一个在购物的人、每一个在选择工作的人——每一个在生活、在作决定的人，都是时代的主人、社会的主宰。

我们应该相信，忠于自己的生命，依照自己的意愿，凭借自己的行动，便可以让这个庞杂的世界对所有人都更有利；只要追逐自己的好生活，便足以促成所有人的好生活。所以，不管你是谁，不管你身在何处，请问候你自己一声——新年好。请你珍视自己，在新年里做一个更好的人，追逐更好的生活，过上更好的生活。

2007 年 1 月 1 日

事件

为进一步推动中国宪法学研究，客观真实反映出2006年度中国宪政建设的发展，中国人民大学宪政与行政法治研究中心和北京市律师协会宪法与人权专业委员会共同评选发布“2006年度中国十大宪法事例”。这十大事例分别是：监督法获得通过、西部教育免费、死刑复核权的收回、物权法草案合宪性学术争议、深圳“卖淫女”示众事件、福建漳州纳税大户子女中考加分事件、手机短信“侮辱”县委书记案、孟母堂事件、郑州市政府专项工作报告未被通过事件、《无极》被“恶搞”成《一个馒头引发的血案》事件。有业内学者认为，除监督法获得通过、死刑复核权的收回等外，“宪法事例”仍以负面事例居多，说明宪政建设不容乐观。

观点

《宪法》首先是法律。既然是法律，就应当像法律那样可以按照某种政治或司法程序被适用。不论是进行政治改革还是司法改革，让《宪法》成为一部活生生的、真正对公民有具体用处的法律，恐怕都应当是优先考虑的问题。

拉近《宪法》公民距离
激活违宪审查机制

中国人民大学宪政与行政法治研究中心和北京市律师协会宪法与人权专业委员会近日共同评选出“2006年度中国十大宪法事例”，它们包括：监督法获得通过、死刑复核权的收回、物权法草案合宪性学术争议、深圳“卖淫女”示众事件、福建漳州纳税大户子女中考加分事件、手机短信“侮辱”县委书记案、孟母堂事件、郑州市政府专项工作报告未被通过事件等。

这是国内首次评选年度宪法事例，它是公民试图唤醒宪法的一次尝试。

人人都知道，《宪法》是一个国家的最高法律，因而，在一个法治社会中，如果要谈论守法，那首先就得遵守《宪法》。现代宪法都包含了一个权利法案，列举了公民应当享有的各种自由与权利。这是对政府权力的一种限制，它们为政府的立法、决策、行政管理活动划定了一个界限。一旦公民怀疑自己的这些自由与权利遭到侵犯，就可以以宪法为依据，请求政治或司法机关予以保护。

因此，所有宪政国家在设计政治与司法体系时，都首先关注《宪法》的适用与执行，让公民的宪法性权利遭到私人，尤其是遭到政府及其官员侵犯的时候，能够得到及时而有效的救济。以司法渠道而言，在普通法国家及日本，一般法院就可以受理宪法性案件。在法国、德国、俄罗斯等大陆法国家，则建立了专门的宪法法院。这样，公民随时可以通过某种手段，要求各级政府及其官员遵守《宪法》。《宪法》就是一个睁着眼睛的巨人，以其崇高的权威，保护着每一个公民。

但是，在中国，尽管人们承认《宪法》是国家的根本大法，但由于缺乏必要的机制，违宪审查尚没有发挥作用。《宪法》确实规定了公民可以享有各种各样的自由与权利，但是，在这些自由与权利遭到地方立法损害，或者某个政府无视公民权利滥用权力进行行政管理的时候，公民却很难及时找到有效的救济。也因此，不少城市出台了歧视新市民的法规，很多地方政府也随意侵犯农民对土地的财产权，对此，当事人苦不堪言，舆论也纷纷抨击，但似乎也没有任何可行的解决办法。

应当说，在现有的司法体系中，行政诉讼确实有可能审理某些政府侵犯公民宪法性权利的案件。但是，行政诉讼不能审查抽象行政行为，也就是说，行政诉讼法庭无权对地方政府赖以采取侵害公民宪法权利的法规本身之合法性进行审查。

拥有这种权力的是全国人大常委会。《宪法》及《立法法》规定，全国人大常委会可以撤销那些违犯宪法的行政法规或地方法规。2005年底，全国人大常委会修订了《法规备案审查工作程序》，通过了《司法解释备案审查工作程序》，并设立了法规备案审查机构，建立了一整套法规备案审查机制，从理论上打开了违宪审查的一条小缝。不过，迄今为止，未见该机构有撤销行政法规或地方法规的任何报道。有一些公民曾按照程序要求，提请该机构对有些地方法规或行政法规进行审查。结果如何，公众也并不知晓。

也因此，在评选出的十大宪法事例中，没有一起属于宪法性案件。当然，执行《宪法》未必全靠司法部门，政府所有部门在立法、决策、行政的过程中都有执行《宪法》的义务。问题是，假如这些机构由于疏忽、由于滥权而违背了《宪法》，该怎么办？更进一步，若此种违犯《宪法》的政策和行政活动，已经对公民的宪法性权利构成了明显侵害，又如何阻止这种侵害行为？像孟母堂事件、手机短信“侮辱”县委书记案等，都有确定的公民认为自己的宪法性权利受到了侵害，此时，他们可到哪儿寻求救济？

有法律格言云：没有救济就没有权利。制订一堆法律而根本不能执行，那是没有法治。有一部《宪法》，但在公民的宪法性权利遭到侵害的时候，却找不到救济，就没有宪政。要形成宪政秩序，就必须让《宪法》活起来，让《宪法》就像一般性法律一样，公民可以依据它，随时找那些侵害自己权利的人和机构算账。

为此，似乎需要转变目前的宪法观念。长期以来法学界信奉一种理论：《宪法》是根本大法，所以就不能把《宪法》当一般法律对待，所以法院就不能适用《宪法》。这是一种十分奇怪的观念，正是这种观念让《宪法》丧失了生命力，《宪法》太崇高了，与公民的距离太遥远了。

《宪法》确实是一个政治纲领，但既然冠以“法”的名义，那《宪法》就首先是法律。既然是法律，就应当像法律那样可以按照某种政治或司法程序被适用，让它发挥法律的功能，让它可以在公民的宪法性权利遭到侵害的时候，受害人可以依据它寻求救济。不论是进行政治改革还是司法改革，让《宪法》成为一部活生生、真正对公民有具体用处的法律，恐怕都应当是优先考虑的问题。

2007 年 1 月 8 日

事件

在2007年1月8日召开的2007年全国卫生工作会议上，卫生部部长高强指出，在医疗卫生服务和医疗卫生保障方面，要着力建设四项基本制度，即覆盖城乡居民的基本卫生保健制度、多层次的医疗保障体系、国家基本药物制度、科学规范的公立医院管理制度。高强认为，我国人口多、人均经济水平和财政收入低，这种基本国情决定了我国的健康保障制度必须从最基本的卫生保健入手。以人人享有基本卫生保健为目标，以公共卫生机构、农村卫生机构和城市社区卫生机构为服务主体，采用适宜医疗技术和基本药物，由政府承担人员经费和业务经费。

观点

不能不说，卫生部的这个医改方案是不成熟的，没有吸取中国过去几十年来医疗体制失灵的教训。一个可行而合理的医疗体制改革方案，需要通过一种严谨的公共选择程序确定。否则，仓促上马所谓的改革，不仅不能解决老问题，反而造成新问题。

医改须在绝对覆盖与集中济困间慎重取舍

在近日召开的2007年全国卫生工作会议上，卫生部部长高强提出要致力于建立覆盖城乡居民的基本卫生保健制度、国家基本药物制度、多层次的医疗保障体系，为此将进行公立医疗改革。这或许就是卫生部所设想的医改新方案的基本框架。分析这一框架，可取之处有之，商榷之处不少。

可取之处就是未来的医疗制度将是覆盖全民的，而不再只是覆盖城市户籍人口。计划体制时代所建立的医疗保障制度是以身份制为基础的，甚至城市大量人口也不在其覆盖范围内，因为它只是供职于国有部门的人员享有的一种福利。这种医疗福利制度是绝对不公平的。自20世纪80年代以来，政府即开始对该体系进行改革，但身份制的基础并无任何改变。结果，福利制度变成了让一部分人补贴另一部分人，而且是让穷人补贴相对富裕的人，反而扩大了不同群体间的收入差距。

既然政府的福利支出来自税收，而税收取自全民，则政府对民众的福利责任当然就是普遍的。卫生部所设想的医疗保障新体制，提出了覆盖全民的设想，这是迈出了福利改革正确的一步。

不过，卫生部所设想的具体的全民医疗保障体系，则有太多值得商榷之处。首先，政治上的普遍责任是否就意味着绝对的普遍覆盖？政府将组织向全体居民免费提供公共卫生服务。这对未必在意这些支出的中高收入群体恐怕只会导致浪费。

其次，卫生部希望未来的这些基本医疗服务也将由政府组织、按成本收费提供。政府不仅将通过财政渠道为公共卫生及全面基本医疗提供投入，也将直接提供医疗服务。未来民众要享受免费基本医疗，必须到公共卫生机构、农村卫生机构和城市社区卫生机构，这些机构将由政府承担人员经费和业务经费。

由此可见，新的基本医疗服务体系就是回归计划体制时代，只不过，由原来的仅覆盖国有部门，扩大到覆盖全民。有专家说，由政府直接提供医疗服务，出资者和提供者为一体，可以有效控制医疗成本。说这种话的人士可能忘记了计划体制时代的历史教训。假如卫生部门还不健忘，当会记得，20世纪80年代以来政府之所以匆忙进行医疗体制改革，一个根本原因是这些医疗机构效率低下，浪费严重，导致国有企业、政府无力承担其运转成本。这个体系未来将大幅度扩展，政府有能力承担其运转成本吗？何况，稍微上点年纪的人恐怕都还记得，那些公立医疗机构恶劣的服务质量。

当然，按照卫生部的设想，这个覆盖全民的医疗服务体系只提供基本医疗服务，至于大病的风险则需要靠新建立及完善的多层次医疗保障体系来承担，主要是依赖医疗强制性或商业性医疗保险。这确实可以控制政府财政支出规模，但这样的国家医疗保障体系又有多大作用？今日人们议论最多的问题，似乎并不是低收入群体看不起感冒发烧、头疼脑热，而是大病致穷、大病致困。因此，国家医疗保障体系的主要功能究竟是平等地向每个人提供基本医疗服务，还是集中面向低收入群体，使其免于因为疾病而陷入贫困？这需要慎重抉择。

更进一步来看，为了控制公立基本医疗服务体系的成本，卫生部还将主导药品来源。高强提出，政府将加强对药品生产、采购、配送、使用等环节的监管，招标组织国家基本药物的生产、采购和配送。有专家进一步声称，医药产供销一体化是控制成本的最好方法。也因此，高强说，医药分离不在改革方案考虑之列。

回头再来评估一下卫生部所设想的改革方案，能够使民众看病难、看不起病的现状有多大的实质性改变，结果似乎是不大可能有多大效果。大量维持公立医疗服务机构意味着，政府的医疗开支将主要用于供养这些机构雇员。公立经营模式意味着，医疗服务质量未来不会提高。侧重于低水平普遍保障则意味着，低收入群体现在看不起的大病、重病未来仍然看不起。城乡严重的医疗福利差距也将长期维持下去，因为，这个方案丝毫没有提及如何迅速缩小国家在农村的医疗保障投入与城市的差距。当然，卫生部未来可以支配的资源更多了，要管理的医疗服务机构更多了，价格管理部门的管制权力也更大了。

不能不说，卫生部的这个医改方案是不成熟的，没有吸取中国过去几十年来医疗体制失灵的教训，仅从狭隘的行政部门视角出发仓促作出决定。一个可行而合理的医疗体制改革方案，需要通过一种严谨的公共选择程序确定。否则，仓促上马所谓的改革，不仅不能解决老问题，反而造成新问题。

2007年1月10日

事件

2007 年 1 月 10 日，铁道部新闻发言人王勇平对外宣布：今年铁路春运各类旅客列车一律不再实行票价上涨，今后也不再上浮。此举是为了积极响应党和国家提出的“构建和谐社会”的口号，更好实现铁路惠民。王勇平表示，2007 年铁路春运客票价格不上浮，铁路部门主动承担了因此增加的近 3 亿元的成本，让更多的旅客享受到更大的实惠。

观点

铁道部终于叫停春运涨价，换来的是公众的既惊又喜且忧。现代政府当然不是恩泽天下的威权政府，现代公民当然也不是感恩戴德的升斗小民。与不涨价的飞来横“福”相比，一个以法治精神彰显程序正义的政府决策，更值得公众欢欣喜悦。

不可期的行政之忧，甚于不涨价的春运之喜

今年春运不涨价。铁道部的闪电决策，挟民众抑郁得纾的慨叹，迅速成为岁末年初的重大新闻。铁道部新闻发言人在接受采访时表示，2007 年铁路春运客票价格不上浮，铁路因此需要多承担近 3 亿元成本。不过，党和国家提出了“构建和谐社会”的口号，铁路部门积极响应，主动承担不涨价带来的所有成本，让更多的旅客享受到实惠。

铁道部如此的高姿态，执意要为和谐社会送上厚礼，按说民众会喜不自禁。但举凡在一票难求的局面中历练过性情的

人，在反对春运涨价过程中奔走呼号的人，或者手持高价票在火车上一宿站到天亮的人，都没有觉得喜不自禁。回头检视，铁道部执拗多年，置万千民意于度外，几天之前仍坚挺涨价方案，待到民众心灰意冷，却又冷不防送出“3 亿成本”的大礼包。稍有现代政府意识的公民，不曾为不涨价的春运而喜，却要为如此政令无常、行无可期的铁道部而忧。这到底算是怎样民主科学的公共决策？

我们之所以不愿意为这突如其来的胜利戴上“尊重民意”的高帽，有以下事实为证：其一，1 月 5 日，铁道部有关负责人表示，2007 年全国铁路春运方案已于 2006 年 12 月 25 日出台，铁路票价如何浮动将于 1 月中旬公布。其二，1 月 8 日，法学硕士郝劲松在状告铁道部春运涨价一审败诉后，致信铁道部部长刘志军，建议春运不涨价。铁道部相关人员表示，“铁道部不可能因此而改变计划”。其三，1 月 10 日，铁道部突然宣布今年春运不涨价。铁道部相关负责人在接受采访时说，春运不涨价的决定，与外界盛传的“郝劲松致信铁道部部长呼吁春运不涨价”没有直接关系。其四，听到不涨价的消息，连 5 年来一直为取消春运涨价呼吁的中消协副秘书长董京生都说，“有点不敢相信这是真的”。

这种种事实表明，所谓民意，不过是铁道部无声无息的决策背景。没有迹象能证明，这是一场民意的胜利，尽管这是民众吁求多年的一个结果。但这结果来得不明不白，来得毫无程序，来得急转直下。它仍然充满了行政的强硬傲慢，没有解释，尽管这姿态里满是“和谐”、“惠民”等无比正确的词语。它仍然承袭了程序缺失的“黑箱”决策思路，涨还是不涨，公众无从理性预测，各方利益根本不能展开博弈。没有人知道这样的决策“黑箱”下一次启动，输出的会是怎样的决定，谁又要在这样的决策面前哭笑无常——这样一个能出其不意送来好消息的“黑箱”，谁说不会产生出人意料的坏消息？这些公共生活中挥之不去的阴影，令这“惠民”的决策满是遗憾，令不可预期的行政之忧，遮蔽了春运不涨价的民众之喜。

相形之下，坚持将铁道部告上法庭的郝劲松，却展示了一个现代公民的法治意识。有记者问道，既然现在铁道部决定不涨价了，那你状告铁道部的官司还继续吗？郝劲松回答，继续呀，我要从法律上让春运不涨价一锤定音。在一个现代公民的眼里，法治社会之所以值得期望，就在于法律之下的公共生活总有其内在延续性。与之相异，人治社会的必然颓败，就在于公权运作的反复无常，民意只落得任其反复的无助境地。

以此观之，铁道部终于叫停春运涨价，换来的是公众的既惊又喜且忧。现代政府当然不是恩泽天下的威权政府，现代公民当然也不是感恩戴德的升斗小民。与不涨价的飞来横“福”相比，一个以法治精神彰显程序正义的政府决策，更值得公众欢欣喜悦。遗憾的是，我们没有在春运铁路涨价问题的前前后后，看见具有现代意识的行政作为，更无从看到民意在公共决策中应有的制度体现。于此，春运铁路票价停涨实无可喜，行政决策无法无常，却十足堪忧。

2007 年 1 月 12 日

事件

2007年1月11日，国家人口发展研究战略课题组发布了《国家人口发展战略研究报告》。报告指出，在过去的30年中，全面推行的计划生育政策使中国的出生人口减少了4亿，但这并不意味着中国人口控制的任务正在变得轻松起来。根据最新的预计，中国总人口将于2010年、2020年分别达到13.6亿和14.5亿，2033年前后达到峰值15亿左右。与此相伴而生的是人口红利的逐渐丧失和人口老龄化的加速等诸多问题。目前，中国60岁以上老年人口已达1.43亿人，占总人口的11%。而且老龄化进程正在加速，预计到本世纪40年代后期形成老龄人口高峰平台，将有三成的人口在60岁以上。“未富先老”将导致抚养比不断提高，对社会保障体系和公共服务体系的压力加大，并影响社会代际关系的和谐。

观点

显而易见，稳定低生育水平，仍然是中国人口政策的基础。但是，在连续性的基础上，转变更值得关注。从单纯控制人口数量向全面改善人口状况转变，这目标是美好而完善的，但是行动也必将是艰难的。

“未富先老”问题凸显 人口战略面临转折

1973年以来，计划生育政策一直在改变中国。从宏观上看，它改变了人口数量、人口结构，从而深刻地影响了社会经济的发展形态。从微观上看，它改变了社会每一个细胞的结构，改变了中国人的家庭模式，改变了新一代人的身心成长、精神面貌，从而在最本质上改变了民族的现在和未来。迄今为止，对这一政策所带来的综合影响，还没有一个全面的回顾和总结。可以肯定的一点事实是，它已经让中国少生了4亿多人，避免了灾难性的“人口爆炸”。

前天，国家人口发展研究战略课题组发布《国家人口发展战略研究报告》。报告中有两个数字最为引人关注：其一，到2020年，20—45岁男性将比女性多3000万左右；其二，本世纪40年代后期，60岁以上老年人口将达到4.3亿人。性别比失衡的直接后果是底层男性结婚难，将会导致社会秩序混乱，从而成为影响社会稳定的严重隐患；人口老龄化导致赡养比例不断提高，给“未富先老”的中国，给社会保障体系和公共服务体系带来巨大压力。

中国所面临的人口问题不止以上两个：人口文化素质、劳动技能水平、出生缺陷率、城乡分布、人口流动——这些问题已经存在，并且已经威胁社会经济的持续发展、社会的稳定和谐。例如人口素质和人口劳动技能水平，直接关系到中国的经济发展和产业升级——更为直接的，中国东南沿海已经连续出现“技能民工荒”；例如人口性别比失调。因此，必须以更迫切的心态、更严正的关注，去面对、去解决这些问题。

据《中国经济时报》报道，不久前，国家人口计生委办公厅等机构在北京举行了“统筹解决人口问题与构建和谐社会座谈会”。会议指出，“稳定低生育水平、统筹解决人口问题、促进人的全面发展”，是我国历经30多年人口和计划生育工作的客观总结。

我国《宪法》中明确规定：“国家推行计划生育，使人口的增长同经济和社会发展计划相适应。”在之前很长一段时间之内，人口状况与社会和经济发展的主要矛盾，被判断为人口数量问题，因此，人口政策的执行重点就是控制人口数量，而计划生育政策也被普遍简化误解为“独生子女”政策。但是，随着人口结构的深刻变化，随着“人口红利”的消退，随着社会经济发展阶段的变化，人口状况与社会和经济发展的矛盾也变得更加复杂。

基于上述客观存在的变迁，中国的人口政策也正面临重要转折。据新华社报道，2006 年 11 月 30 日，由胡锦涛主持的中共中央政治局会议，讨论了人口和计划生育工作。会议指出：人口和计划生育工作思路必须由单纯控制数量为主向在稳定低生育水平的基础上统筹解决人口问题转变，工作方式必须由行政制约为主向依法管理、优质服务、综合施治转变，着重抓好稳定低生育水平、提高出生人口素质、综合治理出生人口性别比偏高问题、完善流动人口管理服务体系、积极应对人口老龄化等重点任务。会议中提出的两个“转变”引人注意，它很可能带来 1973 年以来最重要的人口政策调整。

显而易见，稳定低生育水平，仍然是中国人口政策的基础。但是，在连续性的基础上，转变更值得关注。从单纯控制人口数量向全面改善人口状况转变，这目标是美好而完善的，但是行动也必将是艰难的。例如，一个可以预见的问题是，在人口寿命普遍延长的客观事实之下，低生育率几乎必然地带来人口老龄化。这一状况刚好与前一阶段的“人口红利”相对应：出生率低，需要抚养的未成年人口少，劳动人口承担的负担小，社会财富得以积累，人们生活水平得以提高；出生率低，几十年后的劳动人口减少，需要赡养的老年人口多，社会负担明显加重，如果社会财富积累不足以承担这样的赡养任务，那便是“未富先老”的社会难题。

实际上，一个“综合治理”的政策就是要处理各种矛盾，这也正是它的价值所在。因此，综合治理的人口政策的执行难度一定很大，它不可能像当初以行政手段控制人口数量那样快速见效。但是若能以耐心和诚意面对复杂的社会现实，若能勇敢地辨清主要矛盾和次要矛盾，若能够抛开成见抓大放小，那么，一个综合治理的人口政策，也一定可以带来一个人口状况全面改善的效果，给我们的民族和国家带来更深刻、更长远、更值得期待的转变。

2007 年 1 月 13 日

事件

1月4日，一对年轻男女以“药材”、“配件”的名义，通过三家不同的物流公司将一具被肢解的男尸发送到北京、山东青岛、江苏江阴三地。案情暴露不久，两名疑犯被警方抓获。此前有消息称女疑犯为卖淫女，后证明不实。经审讯得知，犯罪嫌疑人“送得远”与一住在天河区元岗的无业女子相好。二人相好后为“扫除障碍”，将已与女子有几年关系的“老相好”杀死。由于“送得远”对物流行业十分熟悉，知道物流公司不验货，亦不核对发货人身份，于是二人商定通过物流公司抛尸灭迹。

观点

如果我们把兴趣点停留在“卖淫女”、“情杀”、“分尸”这些词语上，那么这就是一则十足的低俗故事。我们接下来真正关心的，是这两个作案人的心理故事。我们需要理解这一事件在他们个人世界中生发的逻辑，以此来恢复我们对秩序的信任、对人性的信心。如果你的常识不能理解它，很有可能是你的常识太狭隘，刚好需要震惊和刺激来将它拓宽调整，以便更接近真相的全部。

分尸案：低俗故事也应该有生发的逻辑

昨天，本报重磅报道了一起分尸案。目前，该案已被天河警方破解，发尸远送的男女二人均已落网。神秘男子“送得远”为天河某物流公司员工，女子为卖淫女（编者注：后证明不实）。据称，此案很可能是情杀，送往物流公司托运是为抛尸灭迹。

目前此案尚在进一步审理中，不过已经披露出来的情况，就足够让人震惊。杀人、分尸，已经非常血腥恐怖，在这样的行为之后，且能从容不迫地将尸体肢解送往物流公司，还能落下“送得远”这样颇见“幽默感”的签名，作案人心理的坚硬冷酷，让人毛骨悚然、不敢揣摩。

这样一件令人避之不及的恶性案件，为何要以大篇幅作重点追踪报道？这样一个绝对偶发的事件，几乎不具备标本意义，也难以在公共话语中作联想式解读，为何要占领报纸封面，进入公众视野？不可否认，媒体在某种程度上有嗜血的倾向，因为他们将公众揣度为一定程度的嗜血。这是一个复杂的媒体伦理问题，在迎合与引导之间很难找到绝对的正义；这里还有一个非常难以面对的人性现实——人们对血腥案件几乎天然地会表现出某种亢奋，对与之相关的话题津津乐道。在这里，我们不想讨论新闻的趣味是高尚还是低俗，我们只想说，这件分尸案具有奇闻耸听之外的价值，值得以理性对待。

事实上，媒体只是和公众一样非常震惊，并且在震惊之余，有一种被刺痛的感觉，有一种几乎想要重新认识世界、重新认识人性的冲动。这桩案件的周折情节，作案人的心肠手段，都大大超出了我们普通人的普通生活经验。它在真实世界里发生，毕竟不同于影视剧中的煽情渲染，它让人不得不扩充自己对“真实世界”的认识：原来故事里的情节不一定是虚构，原来真的有人心狠手辣，原来一个人对另一个人的憎恨可以达到恐怖的程度！

如果我们把兴趣点停留在“卖淫女”、“情杀”、“分尸”这些词语上，那么这就是一则十足的低俗故事。我们接下来真正关心的，是这两个作案人的心理故事。他们两人目前看来面目模糊，单从此案来看可以说是穷凶极恶。但是，他们何以对死者怀有如此深仇大恨？他们何以如此高估自己的作案技巧？他们何以克服普通人都有的恐惧、紧张和退缩？他们何以爆发成为冷酷的分尸者？或者他们曾经有过的不幸经历，将他们变为冷酷残忍的人——我们不能简单地将这两个人定义为残忍的人，我们需要更多的信息，以理解这一事件在他们个人世界中生发的逻辑。我们需要理解这逻辑，并且将它嵌入我们对世界的认知体系，以此来恢复我们对秩序的信任、对人性的信心。

邱兴华案发之初，本报曾经刊发社论，认为邱兴华不能被媒体和大众简单地恶魔化。类似地，在分尸托运案件震惊全城的时候，我们认为，不能将这案件简单地处理为血腥暴力的社会事件，不能堕落地将这则新闻处理成软暴力准色情的低俗故事。我们相信，在这个由人组成的世界里，每一桩事件，人的所有作为，都有可能被充分地理解。或者说，每一桩事件，不论看起来多么不合常理，人们都应该以开放的心态认真地面对。因为发生的都是真实世界的一部分，如果你的常识不能理解它，很有可能是你的常识太狭隘，刚好需要震惊和刺激来将它拓宽调整，以便更接近真相的全部。

2007 年 1 月 14 日

事件

1月11日，湖南省郴州市委办、市政府办向所辖各县市、区及市直机关单位等转发了市委宣传部《关于进一步支持新闻媒体工作的意见》，其中提到设立“舆论监督奖”，“专门奖励主动把舆论监督线索交给郴州调查处理或通过舆论监督对郴州工作产生重大推动作用的中央、省级媒体记者”。这份文件要求郴州各级党委、政府虚心接受舆论监督，“对促进郴州经济社会发展有重大贡献的记者”，市委宣传部建议郴州市政府授予其“荣誉市民”的称号。中共郴州市委书记葛洪元接受采访时称，媒体的舆论监督是监督体系的重要部分，主流媒体在作正面报道的同时，对社会丑恶现象加以披露非常必要，对一个地方的发展很重要。

观点

公共权力对待舆论监督的正常心态，归根结底有赖于法律强制和制度设计训练养成。缺少法律保护的舆论监督，只能是自身难保的孤胆英雄，再多再大的奖励，看起来都不合时宜，缺乏诚意；而缺少了分权制衡的公共权力，只会是喜怒无常的假面之人，连偶尔的善意，都令人难以领受，不可思议。

从抵制到奖励：公权对舆论监督仍未摆正心态

舆论监督之难，若非闭目塞听，民众总有所见闻。可也有高调欢迎的。近日，湖南郴州市委宣传部下发了《关于进一步支持新闻媒体工作的意见》，其中提到设立“舆论监督奖”，“专门奖励主动把舆论监督线索交给郴州调查处理或通过舆论监督对郴州工作产生重大推动作用的中央、省级媒体记者”。

除此之外，包括从事舆论监督报道的记者在内，“对促进郴州经济社会发展有重大贡献的记者”，还有可能被授予郴州市“荣誉市民”称号。

郴州何以开明至此？对时事稍有关注的人都知道，近年来，郴州嘉禾高考舞弊事件、违法强制拆迁事件、郴州资兴洪灾死亡人数瞒报事件，以及接二连三的官场地震等等，无一不是有全国影响的大事件。这些问题虽然经过报道，均得到重视和解决，但于郴州地方政府，毕竟是公共形象大为丢分的丑闻，换言之，在舆论监督上，郴州地方政府是“吃过大亏的”。此次郴州设立“舆论监督奖”，发生在当地官场大换血之后。“在什么地方跌倒，就从什么地方爬起来”。新领导或是痛定思痛，上任不久，便以开明姿态，为曾经失分的政府形象来一次洗心革面。

然而，这一为舆论监督设奖的做法一经报道，就遭到了质疑。其一，既然是舆论监督，何来被监督者给监督者设立奖项一说？其二，这“舆论监督奖”仅仅面向中央和省级媒体记者，郴州本地媒体的舆论监督何以不在鼓励之列？尽管与舆论监督屡遭抵制相比，郴州政府的友善做法不失为某种进步，其改善努力亦值得尊重，但不得不指出的是，从抵制到奖励，公共权力所缺乏的始终是对待舆论监督的正常心态。它总是以这样或那样的形式，表现出对权力监督的不适应。无论是之前压制舆论的强硬做法，还是如今高调设奖的怀柔姿态，都没有找准公共权力对于舆论监督应有的尺度。要么冷漠之至，要么热情过度，如此举动，仍是公权对监督过敏的症状之一，呈现给公众一种复杂古怪的印象。这更像是某个特定情境下，一次地方权力和媒体监督的较量、失败与暂时妥协，丝毫看不出朝向制度进步的特殊意义。否则，公众将无法理解，这个“舆论监督奖”对于中央、省级与本地媒体的细心甄别分类到底有何意义。

如何才能有公共权力对于舆论监督的正常关系？如果不是存心使问题变得复杂，它的答案显然不是依靠公共权力拥有者的心血来潮和道德修炼就可以办得到的。事实上，如果没有制度强制，没有人会对严苛的监督者表达善意，除非人皆圣贤，都能深明大义，而等待圣贤的政治幻觉，早已为现时代所识破和抛弃。因此，我们只能在法律框架内寻找这种正常的权力监督关系。遗憾的是，直到今天，媒体舆论对公共权力的监督，仍然不是一种确定的法律关系，其舆论监督权利并没有得到必要的保护。官员高兴的时候，可以发明舆论监督大奖；不高兴的时候，封杀拒见也无可奈何。如此之下，公共权力习惯的是一枝独大，要对舆论监督抱持一颗平常心，其难度不言自明。

因此，公共权力对待舆论监督的正常心态，归根结底有赖于法律强制和制度设计训练养成。缺少法律保护的舆论监督，只能是自身难保的孤胆英雄，再多再大的奖励，看起来都不合时宜，缺乏诚意；而缺少了分权制衡的公共权力，只会是喜怒无常的假面之人，连偶尔的善意，都令人难以领受，不可思议。那么，媒体所期望得到的，实在不过是舆论监督的正当权利，而远不是什么舆论监督奖励。

2007年1月15日

事件

2007 年以来，受欧美地区暖冬、取暖用油需求下降及美国成品油库存大幅增加等因素影响，国际油价大幅回落。1 月 11 日，国际油价降至每桶 51.9 美元，是 2005 年 6 月以来的最低点。根据国际市场原油价格大幅回落的情况，国家发展和改革委员会决定，自 1 月 14 日起，将汽油价格每吨降低 220 元，将航空煤油价格每吨降低 90 元。发改委要求，中石油、中石化集团公司要组织好成品油生产，督促所属企业严格执行国家价格政策，确保成品油市场供应。广州各大油站敞开供应各标号汽油，争取在 14 日零时降价前以更高的价格尽量多卖油品。

观点

假如人们轻易地相信，政府定价能够在国际原油价格快速上涨的时期抑制成品油价格，就会掉入价格管制的逻辑陷阱：这种信念取消了消费者要求政府跟随国际市场原油价格同步下调国内成品油价格的权利。消费者维护自己利益的明智办法就是形成一种对于石油行业真正市场化的共识，令垄断行为丧失经济与社会的正当性，从而推动政府进行严肃的改革。

油价下调无人欢呼　定价陷阱仍需突破

成品油价格终于下调，但没有人欢呼，没有人感谢相关价格决策部门。相反，舆论更多的是抱怨，抱怨政府的下调决策拖延太久，抱怨政府的下调幅度太小，而且航空公司向旅客收取的燃油附加费还不在下调之列。这种反应是合理的，人们所抱怨的问题都是事实，这些事实进一步表明了，政府部门本来就不是合适的定价部门。

自 1998 年开始，中国已经历了三次成品油定价机制改革。

现行机制形成于2001年11月，据此国家发改委参照新加坡、鹿特丹、纽约三地市场的成品油价格调整国内成品油价格。去年3月，国家发改委公布了石油综合配套改革方案，提出成品油价将改为以国际市场原油价格为基础，加上国内合理加工成本和适当利润确定。当然，这还是有待实行的草案。

值得注意的是，从参照国际市场成品油价格，到未来参照国际市场原油价格，不过是政府定价部门的参照系有所变化而已，丝毫看不出政府准备放弃定价权的迹象。事实上，政府相关部门看起来还将继续紧紧抓住成品油定价权不放。

政府之所以如此，根本原因是所谓“石油神话”，不光是政府，即便是业内专家学者也普遍相信，石油对于一国经济及国家安全十分重要。他们据此推理，既然石油如此重要，就必须由国有垄断企业垄断经营，成品油价格也必须由政府确定，以保证经济稳定和国家安全。为此，政府就必须照顾垄断企业的利益，把成品油价格维持在一个较高的水平，好鼓励它们积极开采石油。

现在，政府又多了另一个控制成品油定价权的理由：节能环保。既然经济学已经证明了，价格可以影响人们的消费行为，汽油价格维持在较高水平，可在一定程度上抑制汽油消费，或者促使消费者节约使用汽油，那么，人为地把价格维持在一个较高水平，就可以很方便地实现减少能耗的政绩目标。

当然，政府也不能不面对成品油消费者（包括非石油类企业）的压力。而此时，政府的解释仍然是，只有保持政府定价权，才能够保持国内成品油价格稳定，从而保护消费者利益。政府官员及部分专家近来一直在说，过去几年，就是因为实行政府定价，国内成品油价格才没有跟随国际原油价格同步上涨。垄断企业本来也准备以此为理由，游说决策部门拖延价格下调的时间。只不过民意汹汹，最终不能不下调价格。

可见，政府基于多个考虑，倾向于维持成品油定价权。问题在于，不论如何变换参照系，政府都永远不可能像市场那样发现正确的价格，因为正确的价格只能形成于市场交易活动中。又因为当下中国的石油行业大体上不是市场化的，所以政府要确定价格，只能参照外部市场的价格信息。由此带来的问题是：第一，由此形成的定价决策必然是滞后的；第二，价格要经由政府相关部门，决定该部门必然会把石油市场之外的因素导入价格决策中，从而使成品油价格偏离石油市场本来形成的正确价格。

况且，由于石油企业具有庞大的规模和举足轻重的影响力，可以方便接近、游说甚至要挟价格决策部门，再加上已在海外上市，中国在国际上的经济形象还得靠这些企业来代表，政府当然乐见其具有靓丽的业绩，为此必然趋向于维护其垄断地位、维持其产品的高价。

面对这种情形，非石油类企业和普通消费者要维护自己的利益，就只能诉诸石油行业真正的市场化。石油确实十分重要，但事实已经证明，一种商品或服务，不论其是否重要，由一个竞争性市场来供应，相对来说是最有保证的。市场当然会出错，但垄断企业、政府管制同样会出错，人们从过去几年的成品油供应、价格悲喜剧中已经充分领略了这一点。假如人们轻易地相信，政府定价能够在国际原油价格快速上涨的时期抑制成品油价格，就会掉入价格管制的逻辑陷阱：这种信念取消了消费者要求政府跟随国际市场原油价格同步下调国内成品油价格的权利。消费者维护自己利益的明智办法就是形成一种对于石油行业真正市场化的共识，令垄断行为丧失经济与社会的正当性，从而推动政府进行严肃的改革。

2007 年 1 月 16 日

事件

1992年1月18日—2月21日，邓小平以88岁的高龄视察武昌、深圳、珠海、上海等地，沿途发表了重要谈话，即“南方谈话”。邓小平指出：“谁要改变三中全会以来的路线、方针、政策，老百姓不答应，谁就会被打倒。”“改革开放胆子要大一些，敢于试验，不能像小脚女人一样。看准了的，就大胆地试，大胆地闯。”并提出计划和市场都是经济手段，而非社会主义与资本主义的本质区别。

观点

我们在15年之后重温“南方谈话”的精髓，缅怀10年前离世的邓小平，是在感怀一位政治领袖人物的判断力与决断力，也是在一再体会改革命题之下中国之路的内在逻辑。在经济体制方面的改革趟过深水难关之后，中国的转型大业还将如何应对其他领域的改革难关？在伟人时代与伟人政治终结之后，中国改革的方向、动力与节奏又系于何者？

重温“南方谈话”　体会中国之路

1992年1月18日—2月23日，邓小平南下视察武昌、深圳、珠海、上海等地，发表了重要讲话。那时候，政经改革停滞，社会气氛低迷，人们心中充满怀疑和犹豫。各种问题闷在沉默之下，中国渴望一个答案。邓小平以最直接的方式击中了最迫切的追问——发展才是硬道理；以最智慧的方式放下了暂时还不迫切的纠缠——不要争论。于是，思想解放重新受到鼓励，社会共识再次达成，改革开放一往无前，经济发展车轮飞转。

15 年前，人们已经普遍认识到了这篇讲话开启时代的非凡意义。15 年后，我们仍然要承认，今天中国社会的成绩和问题，无不与那一席简短朴素的谈话相关。以后见之明，我们还要承认，那一个决定，那一次开启，对中国的前途命运至关重要，却并不可能为中国的前路全程准备好所有的答案。事实上，也没有一位高超全能的设计师，可以画好一张安排所有步骤、直抵完善之径的路线图。只是，作为改革总设计师的邓小平，以其承认现实、尊重常识、开放视野、无惧改变的姿态与能力，示范给后人超越具体问题也超越时空的智慧与勇气。

我们在 15 年之后重温“南方谈话”的精髓，缅怀 10 年前离世的邓小平，是在感怀一位政治领袖人物的判断力与决断力，也是在一再体会改革命题之下中国之路的内在逻辑。在经济体制方面的改革趟过深水难关之后，中国的转型大业还将如何应对其他领域的改革难关？在伟人时代与伟人政治终结之后，中国改革的方向、动力与节奏又系于何者？

一方面，在市场机制之下打开了自由经济的大门，市场经济就从此开始不断拷问整个旧体制的弊端，不断要求着与之相匹配的整体新规则。于是，中国的变化必定要溢出经济的边界，而衍生出民主政治、法治社会、有限政府、自治权利等改革主题。但问题是，自经济破局之后的中国转型之路，是要成为被自己开局所不断推着走的被动者，还是应该成为始终具有自主价值的主动者？

另一方面，中国经济 15 年来持续高歌猛进，实现了社会经济面貌的日新月异，但也难免因经济的繁荣而遮蔽其他改革要求的必要性与紧迫性。温饱危机的缓解与消失，财富机会的开放与增加，是让改革获得了更多时不我待的乐观，还是替改革抽去了沸腾升华的薪火？2006 年热热闹闹的第三次改革大争论，在一片喧哗中弥散了焦点，也未能像前两次争论一样最终能够赢得可观的共识。这对于改革而言是堪喜还是堪忧？

是的，不争论不等于没有问题，大争论也不必然能够解决问题。中国在改革开放的道路上获得了百余年来最长久的休养生息，也誓言要在此中获得翻天覆地脱胎换骨的巨变。邓小平留给中国人的最大精神遗产，并非他强调的“硬道理”，也不是他发明的“不争论”，而是他能从现状中看出方向并引出方向的主动与果敢。

如今世间已无邓小平，而中国的转型之局未终，变革之路未止。

2007年1月18日

事件

银监会于 2006 年 12 月 31 日下发通知，明令禁止任何企业和个人挪用银行信贷资金直接或间接进入股市。据《21 世纪经济报道》对多家商业银行的信贷员调查发现，自 2006 年牛市，大量关系客户挪用贷款炒股，数十万商业银行员工也纷纷开始股市狂欢，他们的资金主要来自内部员工贷款。类似情况相当普遍。银监会该通知竟然由前述银行分行来执行，其效果实难预料。银监会人士称，目前各商业银行执行起来难度很大，银监会通知还只是打招呼的检查阶段。

观点

问题的真相在于，所谓信贷直接入股，不过是信贷特权阶层将银行的资金通过股市洗钱之后，成为自己的厚利。这个诱惑无可抵挡，尤其在银行信贷裸陈于金融权贵面前的时候。当大量的财富已经顺利易主且出局的时候，留给中国股市的唯一结局就只能是熊市。

警惕违规信贷让金融权贵享股市狂欢

中国股市从牛到熊、从熊到牛的直线起落，让股民付出了上万亿元的代价，却没有让有关部门学会如何防范金融风险，金融权贵又在重演从银行掏钱、在股市赚钱的风险转嫁游戏。

牛市大好，在持续的“赚钱效应”刺激下，交易量剧增，近日屡屡传出银行对多家证券公司的数据交易结算系统瘫痪的消息。多家媒体报道称，近期部分来自银行信贷的资金陆续转道进入 A 股市场，银监会权威人士透露，春节后将全面开始检查工作，住房按揭贷款将成检查重点。

事实上，银监会是在去年最后一天发出《关于进一步防范银行业金融机构与证券公司业务往来相关风险的通知》（以下简称《通知》），算是给去年牛市画上了一个还算清醒的句号。《通知》规定，严格禁止任何企业和个人挪用银行信贷资金直接或间接进入股市，若发现挪用贷款买卖股票行为，银行业金融机构要采取及时、必要的措施立即收回贷款。还强调银行业金融机构要不断加强对证券公司融资的风险管理，有效建立银行与证券市场之间的“防火墙”。

首先，利益饕餮者饱餐之后才弥补信贷之门，不仅给人“正月十五拜年慢半拍”之讥，让民众更为担忧的还有以下几种可能：首先，慢半拍的监管无疑给资本市场与金融市场的权贵留下了巨大的获利空间和时间，有关部门或者金融机构是否与特权阶层猫鼠同眠，甚至监守自盗？其次，政府出台《通知》是否是在风险积聚到一定程度时无可奈何的选择？再次，被认为经历上市与市场、新会计准则洗礼的国内金融机构，其风险控制系统是否仍然中看不中用，禁不住牛市泡沫的些微诱惑？上述三种猜想，哪一种都暴露出国内监管与金融机构的根本弊病。

当然，黄金十年之说刚刚开张，此时关闸总比长放不关要好。但闸门真的能关上吗？问题的真相在于，所谓信贷直接入股，不过是信贷特权阶层将银行的资金通过股市洗钱之后，成为自己的厚利。这个诱惑无可抵挡，尤其在银行信贷裸陈于金融权贵面前的时候。

《21世纪经济报道》在“信贷资金违规入市手法起底”的一篇报道中，指出这是“一场集体的狂欢”，指出了几类容易获得贷款进入股市的人群。银行分行就对 VIP 个人客户提高了贷款额度，如政府机构或事业机构官员，局级可贷到 80 万元，处级 40 万元，一般员工也可贷款 20 万元到 30 万元不等。这些贷款通过不限用途的综合消费贷款项下以及房地产抵押贷款项下进行。而一些银行的内部员工也可以轻松拿到贷款，工作几年的老员工，随便一个名目就能拿到几十万元，根本不管具体用途，多数挪作炒股。除此两种方式外，通过信用卡透支取现，利用部分银行“加按揭”或“循环贷”等创新授信业务，包括保单质押在内的贷款，以及通过典当行进行融资等进行炒股也大有人在。不仅如此，有关系的机构客户也能从银行获得贷款。目前，银行的信贷风险预防只是在贷前，至于贷款到了哪里，做了什么，银行则难以控制。

这些方式与前一轮沸腾牛市的资金大挪移相比，还算小巫见大巫，却反映出金融机构与资本市场人为泡沫叠加的现象并没有得到根治。通过资金泡沫，牛市收益轻而易举地被可以轻松贷到款的金融权贵收割，而这些人往往也是股市的主导者，可以在新股申购等方面享受种种优惠政策。可以得出一个很明确的结论：无论是楼市还是股市，从许多案例来看，银行很多时候扮演了一个权贵资金输送链的角色，得利的是权贵，一旦祸延全局，则是中小股民甚至是全体纳税人的巨额损失。股市与楼市一旦成为权贵的狂欢，离市场的目标也就相差万里之遥了。

银监会的《通知》表明了监管层的态度，但具体实施起来困难重重。一是贷款风险非全程管理，二是金融机构的内部人士利益有时就从违规而来，内在激励如此之大，绝不会轻易收手。监管部门应该尽快地走出国有大型金融机构上市成功的狂欢，从赶英超美的幻觉中醒过来，从基本的风险控制流程、风险分类的严控机制着手，一项项进行整改。否则，银行与股市、楼市互生泡沫、互添风险的恶性循环则难以制止。

权贵的资金腾挪游戏已经让中国的资本市场付出了沉重的代价，管理层虽然费尽心力清理券商，开展上市公司清欠账战役，只要一声牛市的鼓点，中国的金融机构就重又陷入原始的疯狂。袁剑认为，上一轮熊市，就是被20世纪90年代末期以来强制性的金融支持以及野蛮的财富再分配掏空之后的一个空壳。当大量的财富已经顺利易主且出局的时候，留给中国股市的唯一结局就只能是熊市。旧疮犹在，新一轮的财富分配游戏再起，此时不严加监管，利益收割完毕之后，必将是公共财富的一轮新的损失。到那时，中国的资本市场、中国的金融机构到哪儿去寻找栖息之地？

2007 年 1 月 31 日

事件

2007 年 1 月 30 日，广州市十三届人大一次会议闭幕。会议选举产生了市人大常委会、市政府新一届领导班子，495 名与会代表通过无记名投票方式，选举朱小丹为市第十三届人大常委会主任，张广宁连任新一届广州市市长。张广宁表示，在今后五年任期内，要实施富民强市、科教兴市、依法治市、可持续发展战略，提升城区功能，完善社会管理，增强公共服务，繁荣社会事业。张广宁强调要解决民生问题，力争全市各区和中心镇全部建成省教育强区和教育强镇。在医疗方面，解决群众看病难和看病贵问题；在住房方面，扩大经济适用房和廉租房建设规模。

观点

一个民主的城市，市长不过是承担管理者角色的市民，市民则是不上任的“市长”。在广州，我们乐见市长于问题丛生中坦然直面，为民生困扰展示自己的治理蓝图。每一个负责任的市民，都应该积极喊出自己看到的问题，而负责任的市长和他的团队，则要为这些问题提供及时有效的解决方案。

请市长把允诺放在心上

2007 年广州两会闭幕，会议选出了新的市人大和市政府领导。在记者招待会上，获得连任的张广宁市长纵论民生，张罗城事，就广州的治安、交通、教育等各方面问题，多有表态。新的城市政府产生，于权力交接处继续前程，于纷繁世相中再启新路，市民当有由衷祝福。城市因人而在，这城市的前途就是市民的前途，城市的政府就是市民的政府。为民生所系，自然是新的城市政府存续发展的全部理由。

新一任政府团队要把广州带往何处？市民在发问。张市长说，他要一如既往，以最大的热情关注民生，以最勤奋的工作为民效力，以最好的成绩回报党和人民的信任。关注民生、为民效力、人民信任——这些词语里的身影，涵盖你我，广布街巷，是为人民；这词语里的温度，与民生冷暖相系，和市长的诚意一样度数。记者招待会上，那些紧张焦灼的话题，将市长关注的“民生”注释得如此现实琐碎：择校费取不取消，城中村如何改造，交通堵塞怎样改善，街面犯罪如何治理，流动人口怎样管理……市长的回答，为市民开出了一张足以期待的美好清单。

在这张清单上，老城区的危破房在长久等待之后，迎来“修旧如旧，建新如旧”的成片改造；流动人口登记的收费项目将从此取消；未来三年将增加 5 万个停车位；在教育资源、硬件均衡的前提下，取消择校费；在原有基础上，新增 3500 名治安员；完成全部治安监控视频的安装工作，实现重点地区的 24 小时监控……这是市长连任之初的允诺，条目不少，分量不轻，自然压力也更大。有敢于担当的市长，当然是广州之福，只是这允诺尚无问责，更不是契约，只请市长放在心上。

但这允诺自然是写在市民心上了。那些颓败的骑楼和老屋会提醒，那些发臭的河涌和垃圾会提醒，大摆车龙的交通状况会提醒，被抢走的背包和手机会提醒，灰霾蔽日的天气也会提醒，连任的市长说过，这些问题他会回应市民诉求尽力解决。市民当然不是赌气才记住这些，因为这些允诺，放在市长的报告里是公文，放在百姓的现实中是生活。这有着破败危房、发臭河涌、日塞月堵的生活令人不悦，他们交给市长来改善解决。市长的允诺，民众岂不铭心以待？

也许，广州城市问题连篇累牍，会使虚荣者如芒在背。不过，政府之存在，几乎与问题同生。确切地说，城市政府若非为了解决事关民众切身利益的问题，其存在也值得商榷。因此，城市政府需要乐于且善于与种种民众关切的问题作战。在这里，市民的权利是表达问题，而政府的义务是解决问题。当然，如果需要，政府也可以邀请市民贡献智慧，一同面对和解决问题。就此而论，市民需要能承诺解决问题的市长和有能力解决问题的市政机构，进一步而言，如果他们能凝聚城市精神，释放市民情趣，则一个于问题中前进的广州更加可期。

一个民主的城市，市长不过是承担管理者角色的市民，市民则是不上任的“市长”。在广州，我们乐见市长于问题丛生中坦然直面，为民生困扰展示自己的治理蓝图。每一个负责任的市民，都应该积极喊出自己看到的问题，而负责任的市长和他的团队，则要为这些问题提供及时有效的解决方案。喜获连任的张市长，为广州开出了治理的清单。进一步的，那些具体细致的解决方案，我们也期待能在市民生活里一一呈现。

因此，张市长和他的民生允诺，不以无关痛痒的政治口号切题，不以空泛无着的陈词套句敷衍，将一座大都市的前程，交给最细致可感的民生改善。这是城市政府的不断回归，回到那个始于人又系于人的民生本位。当然，市长的许诺，也还在远处，并不值得城市欣喜若狂，感恩戴德。市长和他的新团队，和广州一起出发，和市民一同上路，那些允诺，应该要你我记取，等到市长交卷的时候，再一一叙过。

2007 年 2 月 1 日

事件

为认真分析总结郑筱萸案和监管工作存在问题的原因和教训，国家食品药品监督管理局于2007年2月召集机关全体干部和直属单位中层以上干部，召开动员大会，动员和部署开展整顿机关作风，整改监管工作，重塑队伍形象集中教育活动。大会要求干部通过学习胡锦涛同志在中央纪委第七次全会上的讲话，集中在对郑筱萸案严重性和危害性上统一认识。郑筱萸从1997年开始，长期在国家药监局任职，利用其职务之便，与妻子儿女一起受贿人民币649万元，并使上千种仿制药和改剂型的药品以新药的名义得到审批，其中被证明至少有6种是假药，而其中一种假药含有致死人命的物质，并导致至少5人死亡。

观点

正式揭露了一个或一批贪官，对这个部门或这个地区来说，不是反腐败的结束，而仅仅是开始。真正建设一个廉洁的制度，还需要对腐败案件做出正式的调查报告，并且公开。廉政建设的根本着眼点，不仅仅在于清除贪官个人，更重要的是在于提高制度的透明性。

国家药监局应当面向公众作正式回应

郑筱萸腐败大案被揭发后，国家药监局近日召开全体干部的动员大会，动员和部署开展整顿机关作风，整改监管工作，重塑队伍形象集中教育活动，这项活动预计至少为时一个月。从中新网引述的国家药监局的消息中可以看到，这次教育活动把“统一思想、提高认识”作为第一位的重要任务，即“教育和引导干部，集中在对郑筱萸、曹文庄案件严重性和危害性上统一认识”。

国家药监局的领导班子出了大问题，令事业与机构蒙羞。在这种非常时期下，需要提振队伍士气，保持正常工作开展，尽量减少损失，这是很艰难的任务，应该得到理解和支持。然而不好理解的是，什么叫做“统一认识”呢？这是一种沿袭已久的官样化的表述格式吗？如果不是官场八股，那么它的意思是，药监局的各级领导和干部对于郑、曹案件的“严重性和危害性”尚未认识，或认识不够深不够高，或还有许多不同的看法和认识，因而需要“统一”？

无论是哪一种情况，都令人齿冷。郑、曹案件性质十分恶劣，非同一般；中央破案的决心和手段非同一般；医疗不公平、假药夺人命等现象困扰社会多年，对人民健康的威胁非同一般。在这样的背景下，国家药监局要吸取教训，难道不应该也拿出非同一般的勇气和措施吗？为什么只会说这种轻飘飘的、隔靴搔痒式的八股文？不论犯了多么严重的错误，照例是统一思想，提高认识，吸取教训，完善制度。此时此刻还不能改一改这种官样文章，只能证明国家药监局的机关作风依然是人民生命中“不可承受之轻”。

如果的确是国家药监局的干部对于郑、曹案件的严重危害性在认识上还不统一，那么，这个机构的真实能力和形象，恐怕比人们想象的还要低。也可能，身处其中者是担心因为此案的打击而完全抹杀了药监系统的工作，使曾经有过的真正的努力付诸东流。对于这种担心，只能说，现在的确不是为自己评功摆好的时候。为什么严重的腐败可以存在这样长久？将根子挖得更彻底一些，才真正有利于重建制度并弘扬正气。

这样看来，处于腐败大案之漩涡中心的国家药监局，自己怎样面对这样的腐败，同时又怎样面对公众，很值得讨论。媒体上对郑筱萸的腐败有很多报道，包括有传言说郑筱萸已经畏罪自尽，国家药监局迄今未作出过任何正式回应。上述关于“教育整顿”的消息倒是来自药监局，但是，不管其本意如何，就实际的传播效果来说，是增加了封闭性而不是增加公开性和透明性。那些所谓提高认识完善制度的八股文章，事实上像一道屏障，将公众与当事的机构隔离开来了。媒体的报道中揭露过很多制度上的漏洞与猫腻，例如，企业人员提着现金等候有关负责人召见，而药监局将一家企业的申报资料转手卖给多家企业，然后再等着人家提现金来申报。类似的这种寻租腐败情节，社会上早有流传和议论。这些事情是真的吗？公众太需要知道这些信息了。但是，药监局不回应。那么，经过“教育整顿”后，找出了什么漏洞，完善了哪些制度，会有面向公众的说明和交代吗？照现在情况推论，十有八九不会。

由此要提出一个问题，正式揭露了一个或一批贪官，对这个部门或这个地区来说，不是反腐败的结束，而仅仅是开始。真正建设一个廉洁的制度，还需要对腐败案件做出正式的调查报告，并且公开。廉政建设的根本着眼点，不仅仅在于清除贪官个人，更重要的是在于提高制度的透明性。正式而公开的调查报告，是增加透明性的重要手段之一。发生了部门丑闻之后，相关人员当然要吸取教训，提高认识。但是，吸取了什么教训，提高了什么认识，要在公开的报告中让所有人看得见。

请从郑筱萸案件开始，建立向社会公开调查报告的制度。要组织多方参与的小组，负责调查报告的撰写。只有公开的反思，才有可能提高对于腐败之危害性的认识，并在社会的监督之下，使具体的行政制度真正成为堵塞腐败漏洞的牢固堤坝。

2007年2月3日

事件

2006 年 12 月 26 日，39 岁的电焊工张百宁因不满劳动仲裁部门和法院驳回其讨薪诉求，一怒之下，拆走深圳市劳动争议仲裁委员会的招牌，并徒步一个多小时将招牌带回家。媒体报道讨薪拆牌事件后，深圳市劳动保障局对此高度重视，于 12 月 31 日拿到了企业拖欠的 6500 元。张百宁奔波两年投诉企业欠薪一事终于有了结果。2007 年 2 月，因讨要加班费产生纠纷，两名工人认为劳动监察大队没有尽到职责，一怒之下摘走了广州市黄埔区劳监大队的挂在门前的铝合金门牌。黄埔区劳监大队已经报警，等待公安部门进一步的处理。律师认为，机关牌匾可视为政府的合法财产，擅自摘取行政部门牌匾，等于是侵犯了相关机构财产权，同时也损害了政府部门的权威，这种行为违法，但并不构成犯罪。同月，深圳龙岗区劳动局的招牌也被人摘走，放在龙岗区政府大门附近。据目击者称，摘牌者有四五十人，是一家公司的员工，他们声称讨薪半年无果。

观点

这个社会应该守护的价值底线——保护每一个诚实劳动者，就是保护一个社会存续的基础，保护它恒久健康的发展动力。因此，频繁讨薪所表明的，是社会无力保护它最优秀的公民素质——诚实劳动不被尊重，辛勤劳动被侵占欺骗。政府是社会委托的公共机构，责无旁贷地要为每一个诚实劳动者讨还公道，为弥足珍贵的诚实劳动作出最及时和坚决的维护与响应。

保护诚实劳动者的社会无须讨薪

又是岁末，又近春节。奔波的人放慢脚步，努力的人清点梦想，思乡的人重拾来路，安逸的人再续期待，还有那些辛苦的人，无望中咀嚼苦涩，面对镜头，举起“还我工资”的触目横幅。这当然是个老话题，只是这时间向温情节日的每刻滑近，都无法缓减这话题的些许沉重。就在近日，恼怒的讨薪者，摘下了广州市黄埔区劳动监察大队的门牌以示抗议；而前日，深圳龙岗区劳动局的门牌亦被人摘走，一度不知去向，目击者称是讨薪半年未果的员工所为；此前月余，39 岁的民工张百宁因讨薪两年未果，一怒而摘走深圳市劳动争议仲裁委员会的门牌，在随后各方的紧急交涉中，张拿到了属于他的 6500 元。

摘牌讨薪，屡屡上演，旁观者也许视作滑稽搞怪的浮世绘，主事者难免要怒叱刁民无法，而肇事者执意表达的，却是无助之下的内心愤懑。诚然，法治社会，诸事须依法而行，怒摘政府部门招牌，自然属不可取的违法举动。只是，三番五次的摘牌讨薪，更似讨薪者以拙笨的蛮力，向政府寻求公正的救济。敏于观察者，只叹这些讨薪者的憨愚，连摘牌讨薪都要起而效仿，一时竟摘牌成风，以致牌无定所。更深的意味，则是这社会的习惯性漠视，大众的快速脱敏，令讨薪者手足无措，跟不上社会关注的步伐转换。从跳楼而跳桥，从堵路到爬塔吊，再到负气地摘牌，这些讨薪者的争取，这些无力者的武器，像是弱者无奈而卖力的表演，只想博得围观者的重视，谁说没有尊严尽失的狼狈？谁说没有内心无力的沮丧？谁说只是令人生厌的某某秀？——他们原本只想要回一个诚实劳动者应得的东西。

如此严肃的社会主题，本能地拒斥煽情和渲染、偏执与盲目。但任何的解释，都不能逃出这个社会应该守护的价值底线——保护每一个诚实劳动者，就是保护一个社会存续的基础，保护它恒久健康的发展动力。因此，频繁讨薪所表明的，是社会无力保护它最优秀的公民素质——诚实劳动不被尊重，辛勤劳动被侵占欺骗，没有什么会比这些羞辱，更能令社会的价值从根底上动摇。政府是社会委托的公共机构，责无旁贷地要为每一个诚实劳动者讨还公道，为弥足珍贵的诚实劳动作出最及时和坚决的维护与响应。

因此，我们拒绝将这些讨薪的个案，认作倒霉的个人事件，当成轻浮的城市闹剧，或者是一个时运不济的老板，不得已而“走佬”的创业历险记。劳动关系是最基本的社会关系，政府所应努力营建的，就是和谐稳定的劳资关系。讨薪，从来不应该是公民的自我救济，而应该是政府包揽的公共责任。转型期的地方政府，仍未将这急迫的公共产品提供视为己任，忙于招商引资、经济增长的地方政府，如同一个个忙碌的企业主，却疏于为社会提供紧缺的公共服务。对劳动者的保护、消费者的保护、生态环境的保护，常常比不上对一个生产企业的保护。欠薪因此旷日持久，讨薪因此困难重重。

每一个诚实劳动者的境遇，都在示范这个社会的基本价值。因而，每一个诚实劳动者都必须得到政府的有力保护。讨薪者的抗争，已经在传递社会的痛感。就在早前，广州的艺术家为农民工创作了公益贺年卡片，“春节前拿到工资对我们全家很重要”，艺术家在用画笔写出社会的呼声。所有这些，不为别的，只因为我们不是无关者。

2007 年 2 月 7 日

事件

2007年2月7日晚，由中央电视台与广州人民广播电台等全国多家地方媒体联合举办的“中国最受农民工欢迎的十大城市”评选结果在浙江省温州市揭晓，广州、北京、上海、深圳、杭州、青岛、厦门、苏州、无锡、温州十城市入选。据介绍，最受农民工欢迎的十大入选城市由央视委托专业调查公司，在全国范围内通过访谈、网络调查等多种形式，在分析汇总相关城市农民工的务工环境、服务政策等基础上，形成初步名单，最终再结合10位农民工问题研究专家的意见而产生。

观点

走进城市的农民工，和留守土地的农民一样，依然不能有效地表达他们的利益。他们千里迢迢，在城市洒下汗水，以劳动换得生存；然而，他们都如此艰难，找工难、上学难、讨薪难、看病难、婚恋难、保障难、打官司难，甚至春节回家也难。农民工太需要能与他们同甘共苦的城市，伸出情义之手，为他们解决这一个一个的现实问题。

农民工需要与他们同甘共苦的城市

每一座城市，都披挂许多殊荣，但没有一个殊荣，像这一次来得这样意味深长又饱含沉重。日前，由央视举办的“情暖2007”大型公益活动，评选出了“中国最受农民工欢迎的十大城市”，广州、深圳位居其列。盛大的颁奖仪式上，农民工代表第一次以主人翁姿态，向城市政府颁授这一荣誉。

虽时空远隔，我们在广州，仍可用心感受那些劳动的双手，怎样为城市加冕，同样有隐约的情意，要为这座城市怀有喜悦。农民工，这个名字其实不妥，与打工仔、外来工一样，是在制度的强制区隔下，将平等的国民区分成不平等的几类。因此，这是一个等待着被收进历史垃圾篓的名词，我们习惯性地使用，只为更准确地指称，但希望每一次，都如同这一次，是把这不公的名词，往历史垃圾堆送出一程。

就在前日，深圳市市长许宗衡，在车站送别 1347 名劳务工免费乘车返乡过年。许市长说，请你们相信，深圳将会更关心爱护你们，让你们生活得更有尊严！东莞尽管与此次“最受农民工欢迎的城市”失之交臂，东莞市委书记刘志庚亦在两会上放言，要发起一场“外来工”的称呼之变，这变化不止是“嘴上功夫”，更是要变现的实惠；在广州，昨晚有万名农民工包饺子欢庆春节，副市长苏泽群说，广州仍然不会为外来工进入设立门槛。这些言语和举措，不约而同地显示出，面对浩荡的城市化浪潮，城市应该而且必须以更开放融合的姿态，为农民工的转移和到来做好准备。

评选“最受农民工欢迎的城市”，就是一次微妙的理念测试。面对既存的城乡制度困境，面对历史形成的城市红利，我们的城市是否只会坐享体制不公的既得收益而放弃保护农民工应有的权益？这回，公众第一次看到，城市在它的建设者——农民工的眼里，呈现出怎样的身影；农民工，也第一次在公共视野中，清晰表达出他们的城市感受。这无疑要使城市发展多出一道牵系的力量，令每一座城市都不再自私地背过头去，开始正视数千万农民工焦灼的目光。

因此，这是一次农民工眼里的魅力城市展示。他们千里迢迢，在城市洒下汗水，以劳动换得生存；然而，他们都如此艰难，找工难、上学难、讨薪难、看病难、婚恋难、保障难、打官司难，甚至春节回家也难。他们中的一些人，没有劳动合同，没有社会保障，得不到最低工资，他们每天工作 12 小时以上，却不能按劳动法拿到加班费……这不是故作的同情，而是冰冷的事实。农民工太需要能与他们同甘共苦的城市，伸出情义之手，为他们解决这一个一个的现实问题。

诚然，在城乡二元的制度困境真正破解之前，完整的解决方案也许会难以期待。一方面，农民工进城将是不可逆转的历史潮流，将在未来长期存在；另一方面，城市的经济发展已经无法离开农民工，恐怕只有至愚的城市，才会摆出拒绝的姿态。在此背景下，真正有远见的城市，就是尽其所能，以开放融合的理念，为农民工提供更好的权益保障和公共服务。此次获颁殊荣的城市，无一不是在务工环境、服务政策、权益保障等方面快走一步的城市。

但是，前路依然漫长。走进城市的农民工，和留守土地的农民一样，依然不能有效地表达他们的利益。无论是最受欢迎的城市，还是最不受欢迎的城市，他们都只是沉默劳作的人群，难得发出真正属于他们自己的声音，更遑论在城市发展中体现他们的利益和意志。在此意义上，成为最受农民工欢迎的城市，不仅仅出于城市经济发展的现实考虑，更是一座城市的道义担当和文明体现。

2007年2月9日

事件

越南总理阮晋勇 2007 年 2 月 9 日主持该国最高级别的网络聊天，在网聊开始前，阮晋勇共收到了大约两万个问题。在两个小时的时间内，他用口头回答其中部分问题，政府职员把答案输入电脑。这些问题涉及从反腐败到他私人生活在内的各个方面，越南共产党电子报、越南政府网和越南新闻网三家网站对对话进行了现场直播。57 岁的阮晋勇是越南历史上最年轻的一位总理，自 2006 年 6 月就任后，致力于行政改革，树立高效、廉洁、透明的政府新形象。在这次对话之前，越南副总理武宽和教育部长已经在网上与民众进行过对话，越南政府办公厅主任说，作为政府增加透明度的措施之一，这样的对话以后还将经常举办。越南共产党去年召开第十次全国代表大会后不久，越南发出了政府官员与公众在网上聊天的倡议。

观点

越南政治体制改革无疑是值得期待的，但是检验其结果须得看它的权力如何产生、如何运作以及如何制衡，须得看民众在政治生活中的参与路径，须得看它的新闻自由和人权状况。阮晋勇总理及其他政府官员与民众的网聊可以看作一种投石问路，而深层次的实质性制度变革方为民主改革的正途。

网聊亲民投石问路　体制改革方为正途

网聊已经成为全球亿万民众的家常便饭，但是通过这种方式与政坛要人进行沟通一直是众多网民翘首期盼的。迄今为止，世界政坛上满足网民这个愿望的人物并不多见，越南总理阮晋勇新晋其中。前天，阮晋勇通过越南三家网站进行了两个半小时的网聊，现场回答了网民们的大量问题，这些问题大到反腐败小到私人生活。这是越南政府最高层领导与民众进行的首次网聊。

政府官员与民众网聊，是越南政府工作计划的一部分，是对去年10月宣布的定期网聊承诺的兑现，但是它仍然被敏感的舆论视为一次重要的改革实践，“打开了党和国家领导人与人民之间新的沟通渠道”，成为自去年夏天以来越南政治体制改革热议中的一个具有象征意味的插曲。

越南这个与中国相邻的社会主义国家，有着与世界上大多数社会主义国家类似的探索历史。20世纪70年代中期南北统一后，它先以苏联为师，10多年后走入政治和经济的困境，继而又以中国为范，从80年代中期开始进行经济体制改革，并搁置和延缓政治体制改革。越南从中国经济改革的成功经验中获益匪浅，很快从世界上最穷的国家之一摇身变为经济增长速度最快的国家之一。同时，中国改革过程中出现的一些问题，它也没有能够躲过，官员腐败成为社会稳定的一个隐患，政治体制改革的呼声日渐高涨。

去年夏天，越共十大突然加快了政治体制改革的步伐，进行了最高层领导的差额选举，年轻的政治明星阮明哲和阮晋勇分别当选为新的国家主席和政府总理。随后，越南新政府号召全国检举贪腐，推动私有化进程，放宽言论自由，强化国会的功能，实行党政分开，并进行政治体制改革的内部大辩论。这些被认为先行一步的举措引起全世界的关注，在全球民主化进程中书写了越南自己独有的一页历史。

通过网聊而加强与民众的信息互动，就是越南新政府施政策略中的一个新计划。利用先进的互联网技术与民众沟通，既减少了沟通成本，提高了沟通效率，又塑造了与时俱进的亲民形象，无疑是越南政府一个聪明的选择。

然而，越南政治改革的成绩显现还有待时日，网聊本身的意义并不宜于过分放大，它和一次领导下乡视察并没有什么本质上的区别。如果没有更深刻的体制变化作为背景支持，那么网络也可能成为安慰民众的一个表面的秀场。如果拥有民主的制度保障，那么国家领导人的作秀就是对民众的讨好和承诺，否则它也可能成为对推行制度变革的敷衍和逃避。在一些发展中国家，领导人上网、说英语甚至看好莱坞电影都成为回避社会深层次问题的浅薄的时尚表演。全世界政坛要人与民众网聊的国家为数不多，这并不能证明越南就是最民主的几个国家之一了。

网聊可以是改革的手段，也可以是改革的成绩，但是它很难成为政治民主的指标。正如世界上诸多政坛要人都开起了博客，其中既有民主国家的高官，也有专制国家的元首。网络跟汽车和印刷一样，只是一种技术，可以为任何制度中的任何人所利用，可以服务于完全不同的目的。

越南政治体制改革无疑是值得期待的，但是检验其结果须得看它的权力如何产生、如何运作以及如何制衡，须得看民众在政治生活中的参与路径，须得看它的新闻自由和人权状况。阮晋勇总理及其他政府官员与民众的网聊可以看作一种投石问路，而深层次的实质性制度变革方为民主改革的正途。有了这样的正途，网民们就不必再望穿秋水期待领导人的幸临，而是领导人要绞尽脑汁来与民众沟通。

2007 年 2 月 11 日

事件

2007年2月6日，李银河在博客中发布《我的最新决定》，表示由于自己的领导受到“来自不是一般老百姓”的压力，而不得不“闭嘴”。于是，在今后的一段时间，李银河决定：“第一，尽可能少接受记者采访；第二，尽可能少发表与性有关的言论”。此前，李银河多次发表“淫秽品法侵犯言论自由”、“同性婚姻合法化”、“换妻是公民合法权利”等言论，引起轩然大波。

观点

历史告诉我们，言论自由的破坏者不但来自政治权力，也来自大众的不宽容，特别是在民主社会，后者对言论自由的威胁似乎更大，其实质是民主和自由的永恒矛盾。如果李博士的声音能够这样轻易被限制的话，那么我们有理由相信，那些骂她的人说话的权利也不会得到什么保障，他们想听到的声音可能也会付之阙如。

李银河涉性言论，不喜欢但要容忍

近日，中国社会科学院研究员、性学博士李银河在自己的博客中发布了一篇题为《我的最新决定》的日志，表示由于自己的领导受到“来自不是一般老百姓”的压力，而不得不决定：在今后的一段时间，“第一，尽可能少接受记者采访；第二，尽可能少发表与性有关的言论”。

说实话，李博士提的一些观念可能并不是大多数人内心真正追求的价值，无论是在中国还是在西方。只不过西方人经过多年开放社会的锻炼，较能容忍非常态的东西罢了。以性自由来说，即使在现代文明社会，人也并没有进化到完全脱离社会规则约束的地步。在某种意义上，人正是通过规则、禁忌的存在而完成了自我生命的形象创制，缺乏这些来自社会层面的规约，所谓“个人”的面目其实是模糊不清的、可疑的。但尽管如此，李博士的被迫缄口，仍是我们时代的悲剧和退步，所显示的是我们这个社会对言论自由的叶公好龙。

众所周知，言论承载思想，是思想交流最重要的方式。言论自由所反对的是社会思考过程中的不完整性：每个人都有不同的想法，把这些想法说出来，你我才可以分享他人的智慧，如果失去言论自由，知识和观念的进步也就很难发生。

不过，人们能够享受言论自由是需要一定的精神准备的，这里指的不只是科学文化知识，而是具有相当的辨识能力、宽容精神和为信仰而争的勇气，由此才能形成大众文化和言论自由的良性互动。出于某些原因，我们尚缺乏这方面的经验，从而使所谓的言论自由实施起来相当脆弱。

历史告诉我们，言论自由的破坏者不但来自政治权力，也来自大众的不宽容，特别是在民主社会，后者对言论自由的威胁似乎更大，其实质是民主和自由的永恒矛盾。如古代雅典的苏格拉底之死就“在民主身上永远留下了一个污点，是雅典的悲剧性罪行”。密尔也说：“论战者中最坏的一种乃是把持见相反的人诋毁为坏的和不道德的人。”我们注意到，在反对李银河的言论中，没有多少是单纯从理论上进行反驳的，更多的是谩骂、讥刺、人身攻击，更有甚者对其个人生活加以恶毒的揣测。这已经不是自由的言论反驳了，而是接近于法律所禁止的侮辱罪。而知识界对此事不关己的态度也使得李博士看起来处于孤立之中。

其实我们静下心来想想就会发现，李银河的言论与王小波那些人性张扬的小说在精神实质上是一脉相承的，只不过李博士少了王小波那种男人间心照不宣的幽默曲折，而是直截了当以上课的形式说了出来，不料却导致两者的舆论评价迥异。

来自社会的压力看来成功地封杀了李银河，如其所言——“我不愿意再多尽我的社会责任，因为它太打扰我的生活。我要开始享受生活了。”不过，和那个动辄因为异端言论就把人烧死的年代相比，李博士只是承受了大众舆论和上级领导的压力而已（且仍有很多人对她表示支持），这说明我们的社会已经进步了很多，而且相信这个进步的趋势是可以继续下去的。网友、“非一般老百姓”们之所以还在认认真真地反对李博士的言论，无非是因为现在这样的声音还太少，等到我们所不喜欢的声音渐渐多起来，我们不胜其烦，也懒得为此大动肝火的时候，言论自由就差不多实现了。

话说回来，现在唯一值得担心的是，如果李博士的声音能够这样轻易被限制的话，那么我们有理由相信，那些骂她的人说话的权利也不会得到什么保障，他们想听到的声音可能也会付之阙如。

总之，保障言论自由必然会导致我们听到一些我们自己不喜欢听的声音，就把它当作是我们为了自由所必须付出的代价吧，没有什么自由是完美无缺的。如果需要在“既听到自己喜欢的声音也听到自己不喜欢听的声音”和“什么声音也听不到”之间选择的话，我们还是选择前者好了。

2007 年 2 月 12 日

事件

2007 年 2 月 10 日，曾因“一夜暴富”神话引起全国关注的浙江“东阳女富翁”吴英被东阳市公安局刑事拘留。东阳市政府 10 日深夜发布的公告称，经公安机关根据群众举报立案侦查，发现吴英及本色控股集团有限公司有非法吸收公众存款的重大犯罪嫌疑。吴英和她任法定代表人的本色集团在短短几个月时间开了十几家公司，花巨额现金购买多家店铺，其麾下洗衣店和汽车服务部更是以向市民提供免费服务给当地的商界带来强烈冲击。外界一度风传她的资产高达 38 亿元。关于这名女富豪的财富来源，外界更是众说纷纭，有说来自炒期货，还有说是向义乌、温州、东阳一些老板融资而来的，更有说法认为是走私、贩毒、卖军火等，甚至还包括“继承南亚某国军阀遗产”等。据查，吴英的资金大部分来自以借款、投资、资金周转等名义变相吸收的公众存款。

观点

如果中国的城市商业银行允许民间投资并给予全面的产权保护，如果政府的监管着重于秩序而不是对于民间资本的打击，民间资金何至于成为四处流窜的过街老鼠。货币如水，择地而生，堵不如疏。通过吴英案件，政府真正应该做的是，给民营企业贷款与民间资金尽快找到市场化的出口，这才是杜绝后患的治本之道。

吴英事件启示：货币如水，堵不如疏

“神秘富豪”有许多是“问题富豪”，当富豪舍弃神秘、频频高调亮相时，大多是资金链紧绷、多米诺骨牌即将倒塌之时。这方面的典型案例，前有周正毅，今有吴英。据新华社电，曾因“一夜暴富”神话引起全国关注的浙江“东阳富姐”吴英，2 月 10 日因涉嫌“非法吸收公众存款”而被刑拘。

在金融机构与股市公开融资渠道越来越透明的情况下，“神秘富豪”的数量与前几年相比大幅下降，目前从法律渠道对周正毅、周益明等人的清算，实际上是对“神秘富豪”资金链条的大整肃。而国内掀起的富豪原罪问题的大讨论，也使得众多富豪战战兢兢，他们对于莫名其妙一夜成名，而后遭到严厉质询与法律追究的情况避之唯恐不及。

但这并不意味着“神秘富豪”已经绝迹，存在两种可能：首先，是“神秘富豪”在强大的压力之下有可能转入地下，如前段时间媒体曝光某电力公司的私有化进程，涉及数百亿元人民币，但由此产生的富豪数量以及财产金额大众并不知情；其次，在暴富文化的激励下，一些急于成为富豪者明知不可为而为之，通过各种公开或者地下集资的渠道追求侥幸成功。

吴英，这名26岁的年轻女性去年突然冒出水面，传闻拥有资金38亿元，本人则以身携巨宝夸耀于世；去年4月份以来，她一口气注册投资了12家企业，其时本色集团注册资本1亿元。她的巨资来源一直是众人猜测的焦点——既非巨富世家出身，其年龄与从业时间也不可能发展出一条成熟的高利润产业链。吴英的固定投资高达数亿美元，但固定投资率高不等于投资回报率高，其实业投资效益如何，根据媒体报道可见一斑：据知情人士表示，报告披露了本色集团在当地的门店一天收入仅有1500余元，而集团员工一月所需发放工资总额就要100多万元等内容。

在这样的情况下要保持企业的正常经营，只有靠巨额融资不断周转。除非能够通过资本市场在短期内获得巨额回报，或者靠天花乱坠的谎言与高额利息继续从地下渠道的融资市场中融得巨资，否则“神秘富豪”的显形之日很快就会到来。

一夜暴富的民间“神秘富豪”成本提高，生命周期缩短，一言以蔽之，民间土生土长的“神秘富豪”的生成路径已被堵上。知情人士表示，吴英主要是从东阳、义乌等地的民营企业融得巨资，然后投资期货、房地产等行业，她从事的是刀尖上的资本之舞。但吴英显然不具备短期内从资本市场获得巨额回报的能力，这使她无法偿还高额利息，很快失信于地下融资市场；另一方面，金融机构贷款实行紧缩政策后，中小民企贷款难不仅是减少而且是加剧了，除了大型央企之外，中国市场上短期内不可能再出现实业为表资本游戏为里的德隆式的航母民企。

吴英张扬两年不到就受到追究，除了说明那种靠原始资本游戏的富豪生存路径不再之外，也说明江浙地下金融市场十分庞大。如果因为吴英事件，政府堵上了浙江等地地下金融市场的大门，那么吴英个人的不幸将衍变为对东南沿海市场经济的沉重打击。有藏富于民的传统与市场经济发达的东南沿海，地下金融素来十分发达，有效地解决了国有金融机构对民营中小企业贷款不足的难题，甚至可以说是江浙市场经济的引擎。除了 20 世纪 80 年代温州地区抬会风波之外，这些民间融资方式相比于国有金融机构要好得多，尚未遭遇重大诚信危机。

2006 年中国股市大牛，想来吴英也曾数次得手，否则精明的商人不会把巨资交到她手里。但资本市场盈亏不定，吴英成不了巴菲特，资金链绷紧无法维持信用的结果就是，让当地常见的地下金融形式上升为非法吸引公众存款的大罪。

从根本上来说，这何尝不是金融机构对民企歧视性融资政策与目前的市场化程度不足以吸收民间流动资金的过失！如果中国的城市商业银行允许民间投资并给予全面的产权保护，如果政府的监管着重于秩序而不是对于民间资本的打击，民间资金何至于成为四处流窜的过街老鼠？

吴英目前以“非法吸收公众存款”的罪名被刑拘。早在孙大午案件的讨论中，非法集资、非法吸收公众存款罪等罪名定义中的模糊之处就已暴露无遗。这些罪名至今大行于世的唯一理由大概是，政府找不到更好的方法规范地下金融市场。在禁行之间，地下信贷急剧膨胀，据2005年末中央财经大学课题组的抽查数据，中国地下信贷规模已接近8000亿元，地下融资规模占正规途径融资规模比重达28.07%。

货币如水，择地而生，堵不如疏。通过吴英案件，政府真正应该做的是，给民营企业贷款与民间资金尽快找到市场化的出口，这才是杜绝后患的治本之道。

2007年2月13日

事件

重庆市彭水县教委借调干部秦中飞，因一则针砭时弊的短信诗词涉嫌诽谤而被刑拘，继而被逮捕。此事成为 2006 年的热点话题，引发舆论关于“引言获罪”的讨论与讨伐。随即秦中飞命运出现逆转，被撤销一切指控并获得国家赔偿，当地相关党政官员被处分乃至免职。然而事件并非因此告结，仅仅半年之后，被处分免职的官员又获得新的任命。

观点

从“彭水诗案”的教训中，政府是否在保障公民权利方面显示了诚意、公开，显示了施政理念和程序的改进与转变？如果没有这一点，蓝庆华的重新任命，就是对公民权利的嘲弄。

对“彭水诗案”免职官员履新的质疑

轰动一时的“彭水诗案”本来似乎尘埃落定，不料平地再起惊雷。在这桩“党政领导非法干预司法的案件”中负有主要责任的县委书记蓝庆华于去年底已被免职。但是不过个把月，他便于今年 2 月 14 日被任命为重庆市统计局副局长。另外一名涉案的主要领导、前县长周伟，则于 2 月 2 日当选为该县的县委副书记。

国内多家媒体在大年三十披露了这条新闻，可以想见，“彭水诗案免职书记履新重庆统计局”这样一则新闻的阅读率、转载率，估计比春节前发布关注度相应要低一些。的确，春节是欢乐时光，不宜争论国是，免得坏了气氛。不过，虽然主流媒体都报道洋溢着节日气氛的消息，网络上的相关质疑声音却不断，不少网友在论坛、博客撰文，质疑免职官员如此履新是否合理。报道称，该官员春节后将正式履新，此时公众也不能不重新检点追问。法学专家们刚刚才将“彭水诗案”列为2006年度最重要的宪法案例之一，并把它看作是保障中国公民言论自由权利方面的一个标志性事件。循此方向的认真反思尚待深入，那些因为动用公检法机关粗暴践踏公民权利而被免职的官员，却已经摇身一变而成新的部门领导了。主其事者难道真的天真到如此地步，以为不会在公众当中引起强烈质疑吗？

必然而且已经引起广泛质疑的第一点，是免职官员重新任用提拔的程序与标准问题。在干部制度的改革中，官员的任用选拔制度正越来越朝向民主、透明的方向不断完善和发展。官员必须为违法违章行为承担行政责任、政治责任乃至刑事责任，这方面的观念正在逐步确立，制度上也开始形成各种“硬约束”。但是蓝庆华的这个案例，给原来似乎乐观的制度建设带来一片浓厚阴影。如果官员犯了错误被免职，旋即可获得新的领导职务任命，那么，“官员问责制”方面的各种约束显然不硬。不仅如此，犯了错误刚刚被免职的官员旋即获得任命，那么，官员选拔任用方面的那些漂亮程序立即变得意义可疑，失去公信力。

引起质疑的第二点，是政府处理犯错误官员的诚意问题。为什么如此匆忙地重新给蓝庆华新的任命？有关方面并不作出公开解释，不提供理由。在这种政务不公开面前，单方面猜测内幕反倒会陷自身于不智。但是，从行为逻辑上推论，显然不能否认，政府关心官员的命运甚于其他，操心之急，甚至可以不顾公议。如果是这样，那么，所谓“问责”，所谓处分，不管多么隆重其事，其实只具有符号的意义和象征的意义。也就是说，只需要有一种形式，表明已经作出处理了，已经向各方面有交代了。然后，最重要的实质性问题，还是怎么保护官员的问题。

与第二点相对应，必然会有质疑的第三点，就是政府在保障公民权利方面的诚意问题。具体地说，彭水县政府，以及面对类似问题时的各级地方政府，是否真正认识到了，所谓“依法行政”，最重要的就是为公民运用《宪法》赋予的各项权利提供保障与服务。按照重庆有关方面联合调查后的认定，“彭水诗案”的性质，是党政领导非法干预司法。其具体表现是，党政领导指挥司法机关按照自己的意愿办案，严重损害了公民的合法权利。从《宪法》至上和保护公民权利的角度来看，这是非常严重、非常恶劣的“政治不正确”。要根除这种施政恶习，需要做大量的工作。对有错误的官员免职，只是其中一种手段，更重要的是以此而警示，必须改变一些根深蒂固的观念和程序。但是，彭水县方面以及有关方面，有没有按照调查组的意见，认真对案件作出反思呢？从反思中得到了哪些认识提高呢？似乎并没有看见，但愿这也只是一种“不公开”，而不是根本没有任何新认识。

真正重要的问题不是个别官员的任免问题，更加不是非要罢免哪一个人不可。重要的是，从“彭水诗案”的教训中，政府是否在保障公民权利方面显示了诚意、公开，显示了施政理念和程序的改进与转变。如果没有这一点，蓝庆华的重新任命，就是对公民权利的嘲弄。这种任命方式，就使公民权利的保障方面依然存在不可预期的隐忧。而这对社会主义民主法制建设，对于和谐社会的建设，是一种祸害。

2007 年 2 月 25 日

事件

2007年2月26日，春节假后的广州《××晚报》报道，土生土长的广州人莫戴维在网上发帖，用最地道的粤语形容广州春节“车少人少贼少”，让他“真系（是）好舒服”。他感叹“可惜舒服嘅（的）日子只有短短几日”，并由此声称，“广州政府应该寻找更有效的方式控制外来人口了”。

观点

在外来人口问题上，放弃敌意，消除歧视，提升服务，加强管理，是当前城市政府应该着手去做的工作。一味考虑设置门槛，消极抵制，不但会伤害城市的生命活力，也会因为其没落保守的价值理念，为国民所弃。非但城市政府不应考虑以设置门槛圈地自保，公共媒体也应放弃逢迎炒作城乡对立、外来歧视，以最大的诚意和善意促成社会的开放、国民的融合。

摒弃无谓门槛之争
媒体炒作宜作检讨

春节长假结束，外来工回流高峰又开始显现。车站、机场到处人潮汹涌，春运进入下半段进行时。城市在春节的短暂宁静之后，再次迎来喧腾的日常生活。有同城媒体报道，有网友在论坛感言，春节的广州，“车少人少贼少”，远胜于平日喧闹嘈杂的广州，甚至还建议控制外来人口，留住这城市的美好时光。

如果说有个别市民作此无谓的喟叹，自有其认识偏颇之处，不足为奇；而一家主流大众媒体选择外来工回流之际，铺陈作这样的重点报道，表面上引用双方意见，看似公允却让人如鲠在喉。春节是国人最重要的传统节日，政府机关、社会机构、大中小学纷纷放假休息，各类企业中的外来工也都返乡度假，许多人走亲访友、出门旅游离开广州，偌大的城市处于半运作的状态，诸多城市问题自然就隐匿不发。将春节的宁静归于外来人口的离去，将平日嘈杂无序的广州，单单归咎于外来人口的到来，这在逻辑上就说不过去。身为主流媒体，此时把一个逻辑不通、毫无公共价值指向的话题再度炒作，或可吸引眼球，但也只能说，这是城乡歧视、外来歧视的间歇性发作，尽管形式怀旧、表现委婉，也仍旧脱不了歧视保守的底色。

最令人难以释怀的，莫过于媒体操作这类题材的屡屡得逞。例如，在广州，“每年抓获的犯罪嫌疑人近80%是外来人员”、“全市70%以上乱摆乱卖人员属于外来流动人口”，进而推出，“调查显示：七成广州本地网友赞同提高城市门槛”之类的报道，都在隐晦地表达指责，悄然加重误解，是置国民平等的历史大势不顾，为早已人心尽失的户籍歧视找到变相的寄存之地。而到了春节“车少人少贼少”时，也要跟进报道出“控制外来人口的建议”，媒体的价值立场和报道策略无疑值得检讨。

这些无谓的争论实在应该早日从主流媒体的版面退出。当前，户籍捆定的城乡差别长期存在，区域发展水平失衡亦属事实，在这些结构性矛盾未能根本改善之前，城乡矛盾、先发地区与后发地区的矛盾，始终是转型中国的隐痛和伤疤。以开放融合的历史姿态，站定自由发展的价值立场，这样的媒体发言，对陷于制度贫困的国民而言，才是有力的精神救济，才能走向最终的平等和谐。也只有站定了这样的基本立场，社会治安的治理、教育资源的分配、公共交通的改进、医疗保障的提升，才能从价值迷乱的地域歧视与城乡敌意中走出，回复其作为公共治理方案的正常讨论。

广东省劳动部门一项最新调查表明，过去的一年，广东六成企业严重缺工，平均每 1.5 个岗位争夺 1 名求职者，许多企业必须在招工和留人上想更多的办法。在广州，普通工人的需求缺口亦很大。这些都说明，在民众轻浅的观感背后，客观的劳动力供需状况在更深刻地影响城市和地区的经济面貌。因此，无论是转型时代的历史大势，还是发展时期的需求现实，如今都不再是争论城市是否应设门槛的时候。以更人性的管治、更切实的诚意服务国民，包括户籍意义上的外来人口，从而以前瞻的眼光凝聚智慧，推动发展，方是当下正题。

就此而论，在外来人口问题上，放弃敌意，消除歧视，提升服务，加强管理，是当前城市政府应该着手去做的工作。一味考虑设置门槛，消极抵制，不但会伤害城市的生命活力，也会因为其没落保守的价值理念，为国民所弃。因此，非但城市政府不应考虑以设置门槛圈地自保，公共媒体也应放弃逢迎炒作城乡对立、外来歧视，以最大的诚意和善意促成社会的开放、国民的融合。时间也会证明，放弃无谓争执，拥有开明远见的城市终会被历史铭记。

2007 年 2 月 27 日

事件

电视剧《大明王朝 1566——嘉靖与海瑞》2007 年新年伊始在湖南卫视热播，每集片尾，都打出“中央纪委监察部电教中心、北京天风海煦影视文化传媒公司联合摄制”的字幕。中纪委监察部电教中心主任王萍说，除了查处官员的腐败大案要案外，廉政文化建设也是中纪委的一项重要职能。《大明王朝》的题材正好与这一职能吻合。据《大明王朝》的编剧刘和平介绍，2003 年，时任中纪委书记的吴官正到海南考察工作，突然决定去海瑞故居参观。吴官正对海南省的领导说：“海南为什么不宣传海瑞呢?”

观点

“清官情结”的出现和高涨实则是现实社会的尴尬，它代表着社会正义的普遍失落。“清官”不过是在一个制度腐败的朝代里，无力抗争的蚁民所能期盼的最后一点慰藉。“清官”情结之难舍难弃还在乎法度不立，法治难行。我们期待着一个没有海瑞，人们也不再对清官顶礼膜拜的时代。在那个时代里，贪官的倒台，只是社会生活中最正常不过的东西。

期待一个没有海瑞但有法治的时代

“粉身碎骨全不顾，只留青白在人间”，走进位于海口市的海瑞墓，游人所看到的第一幅海瑞字画就是这两句。

2007 年新年伊始，电视剧《大明王朝 1566——嘉靖与海瑞》在湖南卫视热播。海瑞，这个在中国家喻户晓的名字，已经成为“清官”的化身。在当前中国政府不断加大反腐力度，廉政建设进入关键期的时刻，《大明王朝》的推出，不免让人多一层联想，尤其是中纪委直接参与该片摄制工作，更让人有理由赋予其特殊的意义。中纪委监察部电教中心主任王萍说，除了查处官员的腐败大案要案外，廉政文化建设也是中纪委的一项重要职能。《大明王朝》的题材正好与这一职能吻合，中纪委参与摄制也就顺理成章了（中新网 3 月 4 日报道）。

联想起近来中纪委高层不断透露出要加大防腐工作力度，创新腐败预防形式等声音，一部倡导廉政的影视作品，即便是由高层所刻意推动也并不让人感到意外。毕竟，廉政文化建设与作为时下主流大众文化的影视联姻，在很多法治国家也是再正常不过的文化形式。

然而，作为“清官”的海瑞及其所处的时代，如果说对今天的廉政建设还能有所裨益的话，也绝非海瑞式的“倡廉就会一无所有，反贪只会粉身碎骨”的无奈。海瑞的确堪称廉政楷模，也的确被几任皇帝立为廉政楷模，但“两斤肉请客”的千古佳话并未带来全国官吏的争相效仿，“抬棺大骂皇帝”的传奇也只落得个百姓称颂而同僚讥笑的结局。清官海瑞只是大明王朝的异端，一个清官既不能改变朝野上下贪腐枉法横行的现状，更无法挽回一个深陷贪腐之中的王朝的没落与衰亡。

《大明王朝》的编剧透露，塑造海瑞的目的，是“为正气立传，为廉政立威”。只是，一个“正难压邪，贪反压廉”的王朝，影视作品又该如何改编才能承担此等重任。如果看一部清官戏就能倡廉、反腐，并收犯罪预防之奇效，那么天天浸淫在海瑞精神中的海瑞墓工作人员，岂非个个都有了百毒不侵之体？那些时时与革命精神为伴的红色景点的工作人员，岂非也人人都有了金刚不坏之躯？若真如此，并不鲜见的革命景点工作人员集体贪污门票款事件又该如何解释？

榜样的力量是有限的。这是海瑞和与海瑞类似的诸多清官以他们一生的际遇，贡献给我们的启迪。“清官情结”的出现和高涨实则是现实社会的尴尬，它代表着社会正义的普遍失落。这一论断只需对历史加以粗略的考察便可得到佐证——千古流芳的“包青天”，恰恰诞生在中国历史上最腐败的朝代，与包拯齐名的“海青天”则生活在一个腐败的朝代里最腐败的时期。“清官”不过是在一个制度腐败的朝代里，无力抗争的蚁民所能期盼的最后一点慰藉。

古时稍开化的皇帝也都懂得，“有道之主，不求清洁之吏”。要清官来为民做主，前提就是多数官员已不为民做主。当清官难以为民做主时，谁又来为清官做主？也许《大明王朝》的另一重意义在于，他告诫了当下的“清官”们，反腐斗争还很复杂，要反腐，不仅要有远离物质诱惑甘于两袖清风的淡泊之心，更需具备“粉身碎骨全不顾”的勇气。当“青天”情结在今天通过海瑞这样一个特殊的历史人物来凝聚和传承，它显得略带迷茫，亦倍加沉重。

于一个宣示要实现“法治”的国度里，我们不能让反腐者除了“清白”之名外一无所有，更不能让反腐者在与腐败者的较量中时刻准备着“粉身碎骨”。“清官”情结之难舍难弃还在乎法度不立，法治难行。我们需要大力宣扬或践行的，正是要使“不唯权，只唯法”在每一位执法者心中都成为行事的普遍准则。贪官的倒台，不该是仅仅因为他偶然遇上了个把清官，而清官又恰恰在机缘巧合之下得到了上级的支持——我们需要的，是被置于法治之下的普遍、持续而制度化的正义。

我们期待着一个没有海瑞，人们也不再对清官顶礼膜拜的时代。在那个时代里，贪官的倒台，只是社会生活中最正常不过的东西。

2007 年 3 月 5 日

事件

第十届全国人大五次会议于2007年3月16日上午高票通过《物权法》。这部法律历经13年的酝酿和广泛讨论，创造了中国立法史上单部法律草案审议次数最多的纪录。《物权法》规定："国家、集体、私人的物权和其他权利人的物权受法律保护，任何单位和个人不得侵犯。"这部法律被认为对于推进经济改革和建设法治国家都有着重大意义。

观点

目前的《物权法》显然只是改革进行到一定阶段的产物。而所有人都知道，改革还要进一步推进。立法机构不得不面对一个严峻的问题：本次人大会议即将通过的《物权法》是否过几年之后，就要再修改一番？如果确实如此，则《物权法》作为社会经济之基础性法律的地位，就无法树立起来。

引入判例制，
让《物权法》成为"活"的法律

全国人大正在对《物权法》进行最后审议，该法草案在经过几次反复修改、全国人大常委会破天荒的八次审议之后，预计将在本次全国人大会议上毫无悬念地通过。不过，在《物权法》即将通过之际，最为重要的是考虑该法的规范如何在现实中发挥作用，以及其中的规范如何适应社会经济变化而不至于成为绊脚石。

应当说，当代中国的社会变迁模式与法律规则确定方式之

间，存在着深刻的矛盾。一方面，近代以来，中国深受大陆法与苏联法传统影响，采取了立法机构集中制定成文法的模式来为人们的各种活动确定法律规范。这要求立法机构深思熟虑，同时也要求社会现实的法律关系相对稳定。但中国的现实恰恰不是如此，中国转轨走的是一条渐进之路，所谓“摸着石头过河”。所以，明天的财产关系究竟是怎样的，大概立法机构心里也都没有底儿。但改革又需要法律配套，因而，立法机构根本难以从容地深思熟虑，使成文法典像在欧洲大陆那样，能够体现法典的内在逻辑。

于是，多年来，我们看到了一个奇特现象：立法机构匆忙地制定各种各样的成文法律，但通常情况下，这些法律只是当时所采取的政策的总结。而改革在不断往前走，这样的法律当然就会很快变得过时。过不了几年，法律就得拿出来修订一番。时间是一个东西赢得尊重的重要因素。现在民众看到，隆重制定出来的法律条文却变来变去，他们不免要问：这样的法律值得尊重吗？

当下要考虑的一个紧要问题是：《物权法》会不会面临同样的命运？考虑到目前中国的改革还没有完成攻坚，中国社会的财产关系必然还要发生变化，其基本方向就是扩大个人财产权覆盖的范围，让个人对自己财产的支配趋向完整。比如，目前广东等地进行的农地流转尝试就表明，未来农民对农村集体土地的权利将会趋向完整。这样的巨大变革也许未来几年就会发生。

因此，目前的《物权法》显然只是改革进行到一定阶段的产物。而所有人都知道，改革还要进一步推进。立法机构不得不面对一个严峻的问题：本次人大会议即将通过的《物权法》，是否过几年之后，就要再修改一番？如果确实如此，则《物权法》作为社会经济之基础性法律的地位，就无法树立起来。当然，若法律不进行修订，显然又与现实脱节，从而无法发挥其作为法律的功能。解决这一冲突的可行办法是，让《物权法》尽可能超脱一些。

为此，《物权法》应当以尽可能抽象的法律语言对看起来必然会发生重大变革的那些财产关系仅作一般性规定，或者仅仅排除现在已经公认为最坏的那些做法。对于那些现在争议最为激烈的财产关系，或者人们公认将会消失的财产权利，只作最一般的规定，或者干脆不提。通过种种立法技巧，使《物权法》具有较大的灵活性，对未来开放出足够的空间。

至于因此而留出来的法律空隙，则基本上可以通过该法实施之后的司法活动予以填补。长期以来，中国的法律制度过于迷信实证主义，忽视了司法机构在确认法律规则方面的重大作用，因而才出现了有些案件因为法律没有规定所以法院不予受理的天下奇闻。法院等候立法，但立法机构不可能立刻对所有新出现的法律关系给予规范。尤其是像《物权法》所覆盖的那些法律关系，必然是极度复杂的，远非立法机构所能事先全面设想。

要解决这一难题，就必须承认法院可以审慎地行使确认及创造某些法律规则的职权。其实，中国已有最高法院的司法解释制度，但此制度仍比较僵硬。最高法院已在探索“指导判例”制度，即公布一些具有法律规则创新意义的判例，对其他法院具有指导意义。可以预料，这一制度在《物权法》领域最有用武之地。这样的制度，将可让《物权法》成为一部“活”的法律，避免要么频繁修订，要么过时无用的宿命。

2007年3月10日

事件

2007 年 3 月 5 日，第十届全国人民代表大会第五次会议在北京人民大会堂开幕，国务院总理温家宝向大会作政府工作报告。报告中，最突出、最鲜明的亮点是关注民生。报告指出，要切实把国家基础设施建设和社会事业发展的重点转向农村，今年财政支农投入的增量要继续高于上年。中央财政安排用于“三农”的资金 3917 亿元，比去年增加 520 亿元。在全国农村全部免除义务教育阶段的学杂费，在全国范围建立农村最低生活保障制度，在教育部直属师范大学实行师范生免费教育，加大财税等政策支持，建立健全廉租房制度等。

观点

担心惠民政策把民众的胃口吊得太高，其实误判了民众对于政策的期望。惠民政策出台，民众自然是欢迎的，至于说民众如何翘首以待，以致可能失望而致社会不稳定，则充满了稳定政治观下的长官意志。民众的希望与失望，无不自民众切身的利益诉求而起，不是官员的避而不谈，或政策的虚与委蛇所能最终解决。

惠民政策：何来吊高民众胃口之忧

总理温家宝在今年两会上的工作报告，以“惠民”政策主打而得到重点解读。这些惠及民生的政策意向，包括全国范围内的义务教育免费、覆盖城乡的最低生活保障体系、继续扩大的新型农村合作医疗试点、部属师范院校的师范生免费教育等等，受到各界高度关注和热烈讨论。这其中有些言论，对我们增进对于惠民政策的现实理解，不无裨益。

其一，惠民政策虽好，但应该考虑基层操作的可能性，如果无视基层政府的承受能力，可能会起到反作用；其二，在西方高福利国家都纷纷退却的情况下，当前提倡全民福利并不务实，如果政府“口惠而实不至”，实则有损政府信用；其三，惠民政策不能把群众的胃口吊得太高，如果基层政府无力执行，反而可能引发民众的失望情绪，造成社会不稳定。

如何看待这些所谓务实的言论？国内的政治生活中，常见一种唯现实论调，声称如果改变现状，后果必将不堪设想。此种言论，用以化解各种改革方案的推行，推迟革新不堪的现状，常有奇效。我们觉得不尽然。基层政府无力执行惠民政策，一方面可以为政策推行大打折扣找到原因，另一方面也可以说明惠民政策何以如此急迫需要。基层官员在惠民政策上心存抵触，固然有地方财力无力维持的原因，然而更深的体制原因，却是地方政府有不同于中央政府的获利模式。基层官员所操心的，并非以惠民政策争取政权合法性，其更多关注的是地方利益与仕途升迁。在此情形下，基层官员有着不同的惠民政策感受不难想见。因此，与其说基层政府无财力，毋宁说是无压力真心诚意将中央的惠民政策执行到位。在当前缺乏制约的地方财政制度下，无效率的财政浪费，显得再多的财政分配都捉襟见肘，要将有限财政从“政绩”消耗的黑洞中抢救出来，转而投入“无形”的民生工程，目前并无有效的监督机制助其实现。

惠民政策可能步西方福利国家后尘的忧心更显迂阔。对所谓惠民政策一说，已有言论认为，现代政府制订公共政策，必定是要惠民而无损民的，基于皇恩浩荡而言的“惠民”一词，实在是过去时代的残存物，唯愿其早早退场而不得。事实上，今日所谓惠民政策，其背后所集聚的社会问题与民生压力有目共睹，正如人所说，与其说是两会找到了民生，不如说是民生找到了两会。高层的惠民举措，正是在改革步入艰深时段，各种矛盾引而待发的时候所推出。如果不看到惠民政策背后的现实压力，就会误读决策高层的英明正确，而忘记当下的紧迫命题。就此而言，总理温家宝所宣布的种种惠民举措，不能以西方福利国家的公共政策相比拟，更不是什么中国步福利国家后尘的征兆。这无疑是回应社会转型的要求，而对长远的发展稳定作用重大。

至于担心惠民政策把民众的胃口吊得太高，其实误判了民众对于政策的期望。惠民政策出台，民众自然是欢迎的，至于说民众如何翘首以待，以致可能失望而致社会不稳定，则充满了稳定政治观下的长官意志。民众的希望与失望，无不自民众切身的利益诉求而起，不是官员的避而不谈，或政策的虚与委蛇所能最终解决。今日民众的权利意识高涨，对于种种民生和社会问题的求解，自然希望政府能因应时势，提出切合民众利益的治理方案。这种期望既为现有政治框架所容纳，又为现实政治提出指引，只有真正以民生所系，解决民生困扰，才能构建政府与公众的良性互动。除此之外，无论是压制还是敷衍，都不是求得社会与政治稳定的正道。

此番政府惠民政策的许诺，将民生议题变作了当前政治生活的主题。然而，现实究竟如何演化这些惠民政策，民生改善又如何真正从字面到现实，还有漫长的政策渠道要走。政治当然不是空想，惠民也不是幻觉，待民生难题一一化解，政策实惠一一落定，才能说今日对于惠民政策的种种疑虑不只是枉然。

2007 年 3 月 14 日

事件

2007年3月，29岁的宁夏女孩李燕在网上公布《安乐死申请》，引起强烈的轰动。李燕因患“进行性肌营养不良症”，经历了28年的病痛折磨。她的吃、喝、拉、撒、睡都需要父母帮助。李燕父母是宁夏一化肥厂的退休职工，靠退休金生活。她想通过人大代表提交《安乐死申请》，推动安乐死在中国合法化。李燕说：“我希望能够有尊严地活着，如果不能，我宁愿死去。”安乐死是一个世界性的争议话题，目前，仅有荷兰、比利时、瑞士等少数国家法律允许对病人实施安乐死。

观点

如果说，无法医治好这些人的病痛，是人类医疗技术的局限，那么，没能照顾好这些病人，让他们感觉到生不如死，或者恐惧自己有一天将会生不如死，这就是社会的失败。

李燕：这是生的困境，不是死的难题

患重病的宁夏女孩李燕，因为在网上呼吁安乐死立法而引起关注。两会期间，李燕在央视著名节目主持人柴静的博客上留言，引起博主注意，随后有网站为此制作专题，一场网络讨论热烈地展开。讨论围绕着两个主题：一个是安乐死立法这一抽象的命题，涉及哲学、医学和法学等多个领域；另一个则围绕着李燕个人的生活命运，有人劝说她莫要轻生，有人表示理解但是惋惜，有人佩服她执著坚强，也有人出谋划策为她寻找生存的希望。

中国学界早在1987年就开始讨论安乐死。但是学者认为，讨论安乐死的最佳情景是国家经济、法制、医疗保障和公民的观念达到一定的发达水准，根本问题是病人的自由意志能够在物质和精神高度文明的基础上得到保障。就是说，我国社会目前不具备讨论安乐死的理想条件，从立法上来讲，各种条件也还不成熟。当然，网友的讨论距离立法还很遥远，网友要发言不需要任何条件。不过也要承认，安乐死的问题不是中国目前最迫切需要解决的问题，甚至也不是中国目前有能力解决的问题。在社会范畴内，死的问题就是生的问题，生的问题解决完，解决好，才有空间有条件去讨论死的权利、死的方式。

单从李燕本人的个案来看，安乐死也不是她的唯一选择，更未必是她的最佳选择。李燕说："我热爱生命，但我不愿活。"这句话听着让人心痛。看她描写自己淋雨的感受，看她画的那些美丽的花朵，那些鲜艳的图景，你可以确信，这个姑娘懂得体会生命的美好和喜悦，她有强烈的生存欲望。而她不愿活的原因，不过是一个非常具体的恐惧，担心父母死后自己无人照料。可是，和她那难以医治的病不一样，她作为一个病人的生活保障，是一个可以解决的问题。

有很多人面临与李燕相似的困境：身患重病，无法痊愈，但是通过医疗手段可以维持生命。这期间病人将会成为家庭的巨大负担，在身体的病痛、心理的负疚之下，病人很容易萌发轻生的念头。2001 年，就有 9 名西安的尿毒症患者投书媒体，诉说了自己的困境，表达了安乐死的愿望。如果说，无法医治好这些人的病痛，是人类医疗技术的局限，那么，没能照顾好这些病人，让他们感觉到生不如死，或者恐惧自己有一天将会生不如死，这就是社会的失败。

对危重病人，对不能自理的残疾人，政府和社会有很多事情可以做。例如增加对重病患者的医疗保障，例如发展社会慈善、设立基金会、倡导社区义工、建设疗养院。李燕在回答网友提问时表示，自己此举并不是为了成为"社会看顾的德育标本”，不是为了让自己获得社会资源生存下去。她说她是想替那些无奈者说出心声。其实，无奈者的心声，与其说是对死亡的渴望，不如说是对生存的绝望。一个像李燕那样热爱生命的人，要为同命运者呼喊，就应该呼吁社会更加关心残障人士，要提交建议要求立法，就应该立法保障重病患者和残疾人的社会福利。与生理疾病不同，社会生活里没有彻底的绝望，总有一方生存的空间可以争取，值得争取。

支持安乐死的人认为，应该让一个无法活下去的人有尊严地死去。而反对安乐死的人则总是反问，你如何判定一个人无法活下去？这个问题在各种层面都有不同的技术解答，经常还会陷入不可知论。但是在李燕的故事里，这个问题的答案一目了然：李燕远没有到活不下去的地步，只要政府和社会多给出一些实质性的关爱，李燕们根本没必要去讨论安乐死。

2007 年 3 月 15 日

事件

2007年3月，年销售总额近1500亿美元的12家跨国采购商，在深圳参加买家专场采购会时表示，将拒绝使用童工、严重超时加班的中国工厂作为供货商。跨国采购商的关注点转变，相应地引起国内一些代加工厂在生产中的变化。有国内厂商表示，提高工人工资，减少加班，无疑使工厂生产成本大为提升，但如果不这样做，将为丢失订单付出更高的成本。

观点

面对今天国内企业的“血汗”现状，远未发达的公民社会意识，以及备受压制的各类非政府组织，我们与其空谈国内企业的社会责任，不如敦促政府，积极作为，让法治兑现，令每一家违法企业都无处躲藏，让每一位血泪的打工者都得到及时救济。

没有法治社会　何来企业责任

近日，年销售总额达1470亿美元的12家跨国采购商来到深圳，参加在这里举行的买家专场采购会。这些采购商中，包括欧美最大的几家电子零售商。组织者表示，与过去相比，最低价已经渐渐对跨国顶级买家失去吸引力。采购会上，几乎所有的买家都拒绝严重超时加班的企业订单。因为欧美已广泛推行企业社会责任，企业一旦采购这种严重超时加班或者使用童工的企业产品，可能产生非常严重的后果。

在“世界工厂”的今日中国，超时加班、欠薪逃薪、环境恶劣的“血汗工厂”不在少数，如果不幸而为这其中的经历者，必定会对欧美采购商如此的态度瞠目结舌，甚至感激涕零。以拒绝超时加班、雇用童工、强迫劳动和消除歧视为主要内容的企业社会责任运动，由西方的非政府组织所发动，与次第展开的劳工运动、人权运动、消费者运动、环保运动生发促进，而成今日欧美文明的重要组成。有打工者对此感叹，“外国采购商成了救世主，国内企业倒成了资本家”。从这一点上讲，我们确实难以面对愤怒而无奈的血汗打工者，更无从对他们说出“崇洋媚外”的指责和说教。

血汗工厂不是今天才有。之所以长久难除，甚至打工者的血泪也已难让社会动容，大抵有两点认识横亘其间。其一，大量廉价的劳动力，正是今日中国的主要竞争力。如果过度强调劳工权益，提高企业门槛，中国将丧失在国际市场上的竞争力。这可以称为经济发展阶段决定论。其二，西方采购商所谓的企业社会责任，不过是“劳工贸易壁垒”的代名词，是发达国家实行贸易保护、企图削弱中国优势的借口。这可以称为意识形态阴谋论。这两种以务实自居的言论，都反对就当前严重的血汗工厂问题进行积极的社会干预。

然而，这些都不是纵容血汗工厂存在的全部理由。一些人以为，欧美推销的企业社会责任是多么高调而刁难的标准，明显是和国内企业过不去。殊不知早在1998年国际劳工大会上，就通过了四个方面的劳工权利，即有结社自由并有效承认集体谈判权利，消除一切形式的强迫劳动，有效废除童工，消除就业歧视。这一宣言获得了中国政府的支持。另一方面，这些基本权利，在我国的《宪法》、《劳动法》、《工会法》中都有明确规定。可以这样说，所谓企业社会责任，并不是高不可及的道德苛求，在当下最切实的，不过是要求企业履行自己的法律责任。因此，如果说某些人对西方的社会责任标准心怀敌意，那么，对于自己国家的法律难道也可以视若无物？

欧美的企业社会责任，源自劳工组织、消费者团体、人权组织、环保组织等非政府组织的矢志推动，而独立公正的司法体系，确保了劳工权益始终可以通过法律得到及时救济。在此基础上，终于促使唯利是图的企业，不得不在压力之下，宣示在图利的同时，必须恪守和创造社会利益。正是这种法治社会下的公民努力，使企业非但不敢在本国违逆自己的社会责任，即使成为跨国企业迈出国门，其在国内庞大的消费者群体和人权顾虑，也使其不得不将企业的社会责任，随其全球化的经营链条延伸自律。

虽然在经济全球化浪潮下，跨国企业也可以是先进文明的传送者，然而，我们难以指望这样的商业影响，在没有国内健全法治的前提下，能促使企业与血汗工厂说再见。因此，面对今天国内企业的“血汗”现状，远未发达的公民社会意识，以及备受压制的各类非政府组织，我们与其空谈国内企业的社会责任，不如敦促政府，积极作为，让法治兑现，令每一家违法企业都无处躲藏，让每一位血泪的打工者都得到及时救济。无论如何，只有在法治不是口号的社会里，才能生长出货真价实的企业责任，也只有在真正的公民社会中，公民的意志才能促成企业社会责任的提升和发展。

2007 年 3 月 16 日

事件

2007年3月13日，十届全国人大五次会议在人民大会堂一楼发布厅举行记者招待会，劳动和社会保障部部长田成平在回答记者提问时表示，他不同意“大学生毕业就意味着失业”，但现在大学生就业确实遇到了很多新的情况。田成平认为解决这个问题，要从三方面努力。第一，劳动和社会保障部要为大学毕业生就业做好各项服务工作。第二，教育部门在招生和教育全过程中加强指导。第三，大学生本人也要转变就业观念。

观点

大学生就业早已不再由学校和政府部门包办了，学生与用人单位因此享有充分的选择自由，这是一项重大的改革成就。但是，如果让你自由了，你就没有工作了，那么改革将蒙上浓厚阴影，难以推进。遗憾的是，政府部门包括中央部门，面对数量广大的自由选择的人群时，多年来几乎没有实质性的进步。仅仅要求别人转变观念，等于委婉承认了自己的束手无策。

大学生就业困难　主管部门切忌空谈

中国的经济、社会发展和教育发展，有许多辉煌；辉煌背后，也有许多内伤。高校毕业生就业困难，便是这种内伤之一。最近有媒体报道，去年全国有120多万大学毕业生未能就业，今年的毕业生人数约有495万。加起来，今年求职的大学毕业生总量将超过600万人。已经日渐明显的大学生就业困难，可能会变得更严峻。

劳动和社会保障部部长田成平在全国人大举行的记者会上

对此回应说，要有三个方面的努力。分别是：首先，劳动和社会保障部要“做好各项服务工作”，开展“促进就业的各项活动”；其次，教育部门在招生和教育全过程中要加强指导，使高校毕业生能够适应社会经济发展对于人才的需求；再次，大学生本人也要转变就业观念，“应当愿意”到基层去，到中西部地区去。

仅从报道文字上看，田部长承诺的三项努力，十分原则也十分空洞。首先，劳动保障部的存在本来就是要针对就业人群做好“各项服务工作”，如果没有解决当前特定困难的新措施，那么这种话说了等于没有说。其次，如果田部长主动倡议或牵头，成立劳动保障部与教育部之间的部际协调机构，专门解决大学培养规格与社会用人需求之间的衔接困难问题，相信会获得很多喝彩。仅仅要求教育部“加强指导”，而教育部又是另外一个部，这就只能看作是对兄弟部门的善意提醒而已。最后，大学生的就业观念应不应该转变，姑且不讨论，劳动保障部打算用什么措施来转变大学生的就业观念呢？依然语焉不详。

大学生就业早已不再由学校和政府部门包办了，学生与用人单位因此享有充分的选择自由，这是一项重大的改革成就。但是，这也对政府的政策能力提出了更高的要求。精心设计的政策要保证自由，但要通过传导作用，使自由行动的各方达到多赢。如果让你自由了，你就没有工作了，那么改革将蒙上浓厚阴影，难以推进。遗憾的是，政府部门包括中央部门，面对数量广大的自由选择的人群时，怎样形成新的政策模式，多年来几乎没有实质性的进步。仅仅要求别人转变观念，等于委婉承认了自己的束手无策。

事实上不应当束手无策。借鉴其他国家的经验，通过平衡的政策设计，有可能既增加个人自由，包括坚持自己的就业理想不改变的自由，同时也增加每个人的成功概率。这有三个方面的平衡需要建立，分别对应于本科、硕士与博士三个培养层次。这主要是教育部的工作，但是也非常需要其他部门的积极配合。

第一个是专业学习与社会实践的平衡。近年来，国外大学的一个重要动向是，投放重金开辟实习机会，鼓励本科生积极参与社会实践，其实习网络与去向遍及全球。创一流大学的口号叫了很多年，政策制定者似乎没有意识到，学生的实习环节，是我们与一流大学相比的重大落差之一。精心组织实习，是提高学生综合素质，提供某种工作经验的重要途径。要推动各行各业接纳学生实习，包括提供各种灵活计酬的工作机会，一定能够缓解就业方面的尖锐矛盾。

第二是硕士培养模式，需要以全日制为中心，重建政策与配套措施的平衡。这里涉及的问题很多，单讲一点。扩张硕士规模是许多大学的一个发展方向，但是与此同时，在职招收的硕士也在扩张。这两个政策是打架的。面对拿着工资来读书的学生，自己掏钱读硕士的学生必是输家。现在有数据显示，硕士生就业率低于本科生与专科生的就业率，这是一个不良信号。教育部也好，劳动保障部也好，其他任何部也好，与其呼吁学生改变观念，为什么自己不带头改变观念，接纳经过严格训练的全日制学生，而不是花钱给本部门官员去读硕读博？

第三是大学之间要平衡，专业之间要平衡。国家重金扶持几所超级大学，强者通吃，这个模式给博士生的毕业去向带来隐忧。已经走到最高点的人，很难往下走。如果大学之间相对平衡，或者如英国模式一样，一所大学的整体排名可能较低，但不妨碍拥有国内甚至国际最高水平的某些专业与研究所，那么，博士，甚至博士生导师的流动性将可以大大增加。平等可以促进生产力，不平等的做法难以为继，这是重要的政策教训。

可能找到的改进对策绝不止以上这些。有所列举，只是为了说明，只要勇于面对真实的问题，就一定有对策。主管部门请给出具体政策，实践它，评价它，改进它，方为正道。

2007年3月18日

事件

2007 年 3 月，教育部部长周济接受记者采访时表示，“高校破产说”言过其实，不过，教育部要认真对待高校现存的贷款问题，“这些问题将会得到逐步解决”。周济说：“应该看高等教育固定资产增加多少，现在我们固定资产增加了 5000 多亿元。”有关专家认为：“按照严格的财务核算制度，一些高校其实已经破产。”

观点

市场化改革深入至今，所谓“计划经济的最后一个堡垒”，一直是外界对于高校改革的不满评价，而高校在管理体制、学术体制等各方面暴露出的恶果，已足令社会感到痛惜。大学丧失了自主和独立，政府说扩招就扩招，说建城就建城，说借贷就借贷，大学校长不过帮政府领导背书而已。

关键问题不是高校会否破产

国内高校近年的急速扩张，有评论认为是又一次非理性的大跃进。大跃进的背后，则是持续扩招欠下的巨额债务。中国社科院近期发布的《2006 年中国社会形势分析与预测》报告显示，2005 年以前，我国公办高校向银行借贷总额达到 1500 亿—2000 亿元，几乎每所高校均有贷款。有熟知国内高校负债建设内幕的人士则称，保守估计国内高校实际负债达到 4000 亿元。按照严格的财务核算制度，一些高校其实已经破产。教育部部长周济日前对此作出回应，认为部分高校破产一说言过其实，教育不会成为第二个国有企业，高等教育固定资产有 5000 多亿元，目前存在的高校贷款问题会逐步解决。

高校破产说将高校视同市场主体，且资不抵债，自然就与破产不远。其实，我们的高校是不会破产的。这不仅因为高校并非纯粹的市场主体，不能全然以经济理论解释其行为，而且公办高校的东家是政府，事实上，今天高校负债累累的现状，很大程度上即出于各级东家的意志，有了政府兜底，高校无论如何是不至于破产的。

我们并非毫无立场地反对高校负债发展。高校发展的资金来源，无非政府拨款、收取学费、高校自筹、社会捐助，在历史欠账严重、财政支持不够的情形下，高校适当举债发展不可避免。众所周知，高校负债改善了校园环境，提升了硬件水平，这些都是高等教育进一步发展的优质资产。问题是由谁来判断，什么样的负债是在高校良性发展的必需范围之内，什么样的负债是高校盲目扩张留下的包袱？当下作出这个判断的，显然不是最熟悉高等教育发展规律的大学自身。当前，高等教育发展完全为政府主导，大学丧失了自主和独立，政府说扩招就扩招，说建城就建城，说借贷就借贷，大学校长不过帮政府领导背书而已。因此，如果要为今天高校巨债缠身的窘况追根溯源，第一板子并不能打在大学校长身上。

有专家指出，高校扩招贷款实际上是高校、地方、银行三方谋利。大学有政府撑腰，乐得广建楼台馆所；地方政府有政绩粉饰，乐得向上邀功请赏；国有银行有财政担保，乐得从此无险无忧。如此的利益同盟，如果不是高校抱怨政府财政支持不力，令到大学还本付息也气力不支，恐怕没有谁会对高校发展的真正问题予以关切。事实上，比之今天的破产之忧，高校体制的改革要急迫得多。

市场化改革深入至今，所谓“计划经济的最后一个堡垒”，一直是外界对于高校改革的不满评价，而高校在管理体制、学术体制等各方面暴露出的恶果，已足令社会感到痛惜。直至今日，政府对高校仍然采取集权模式进行管理，几乎垄断高等教育的发展命脉，严格意义上的民办或者私立大学，并没有真正出现。大学与政府的行政级别相套而分为副部级、省厅级几类；大学校长仍然由行政长官任命，只须向上负责；大学的专业设置由教育部统一规制，政治理论统一必修，各类统编教材强令推行；行政权力向学术领域侵入，学术资源分配由行政程序主导，学术评价听命于权力暗示……唯此种种，才有今日大学不堪承受的债务缠身，才有骇人听闻的“汉芯一号”科研作假，才有丘成桐批评伪劣的人才引进，才有钱学森所说，“现在中国没有完全发展起来，一个重要原因是没有一所大学能够按照培养科学技术发明创造人才的模式去办学，没有自己独特的创新的东西，老是冒不出杰出人才”。

高校破产一说，无疑是中国高等教育发展忧思的再次涌现。所谓破产，固然有其分析视角的强调侧重，并不必然成为现实。在高校体制积弊日深却改善乏力的今天，它再次释放出社会各界对高校改革的强烈焦虑。综观历史，大学制度早已随人类文明的发展日臻成熟，成为现代文明的共同成果，睁眼看世界，实在没有理由漠视这些先进制度，耽误中国高等教育的大好前途。

2007 年 3 月 19 日

事件

高耀洁系河南中医学院附属医院退休教授，1996年在会诊中发现一名农村妇女因输血感染艾滋病，由此揭开中国一些地区因卖血导致艾滋病大规模蔓延的真相。10多年来共花费100多万元自费印刷防艾宣传资料、救助艾滋病患者和艾滋孤儿，包括获得几个国际大奖的奖金8万美元，以及她个人的稿费、讲课费和全部个人积蓄。她的非凡勇气和崇高道德，广受国内外舆论称道，被誉为“中国民间防艾第一人”。2002年被美国《时代》周刊评为“亚洲英雄”，2004年当选中央电视台“感动中国”2003年度人物。在获得赞誉的同时，高耀洁也遭到地方官员的打压，据说凡报告高耀洁下乡调查行踪者，可获得奖金500元。2007年1月，美国非政府组织“生命之音”宣布高耀洁获得年度女权活动人士奖，一些地方官员到她家劝阻她去美国领奖，并指责她是在“制造恐慌，说假话，说故事”。在胡锦涛的亲自批示下，高耀洁于2月25日飞往美国。临行前，卫生部副部长王陇德代表吴仪副总理到高耀洁在北京下榻的酒店拜访，承认地下卖血的情况在中国仍然很严重。2007年3月14日，高耀洁在华盛顿出席颁奖典礼，“生命之音”组织的荣誉主席、美国前总统克林顿的夫人希拉里表示，她很高兴能在美国见到高耀洁。2007年4月，高耀洁回到国内。

观点

荣誉颁发给说出真相的勇士，羞辱就落在了虚假者的头上。高耀洁能够突破阻碍，站在荣誉的领奖台上，这就足以证明虚假掩盖不了真实，乌云遮不住太阳。那一个画面真应该出现在中国的电视屏幕上，好让追求真相的诚恳之人感到希望，感到安慰；好让遮蔽真相的虚伪之人感到羞耻，感到恐惧。

高耀洁：荣誉属于说出真相的人

高耀洁去美国领了奖。当地时间3月14日晚，在华盛顿肯尼迪中心，世界妇女权利组织“生命之音（Vital Voices Global Partnership）”将年度“全球女性领袖”奖颁给高耀洁。与她一起获奖的 7 位杰出女性中，还有 3 位同样来自中国。但是高耀洁赢得了媒体更多的关注。因为她高龄厚德，贡献杰出；更因为她得奖容易领奖难，之前 5 次获得国际大奖，却均未成行；还因为媒体人对她心有戚戚，因为她所从事的，几乎是一个记者的工作：揭示真相。

她被誉为中国“民间防艾第一人”。1996 年以来，高耀洁一直为改善中国艾滋病防治状况而奔走，她帮助了很多病人，还帮助了很多病人留下的孤儿。这里有很多感人的故事，这是慈爱仁善的高耀洁。

她还说了很多真话，揭穿了很多谎言。她以 80 岁的天真和机敏，打游击、搞突袭，打开一个又一个被层层掩盖的艾滋村。从矢口否认，到欲说还羞，再到公开承认，艾滋病在中国逐步公开化、透明化，这个过程里写满了抗艾人士与谎言作斗争的故事。这是勇敢正义的高耀洁。

当高耀洁和她的抗艾事业渐有声名，她的主要工作便是应付骗子、隐瞒者、说谎者。只有辨清了骗子，突破了隐瞒，找到了真相，她才能够去帮助病人。慈爱仁善的高耀洁必须首先是勇敢正义的高耀洁。作为妇科医生的高耀洁首先必须是社会医生的高耀洁。一个医生因为社会事务而不是专业成就而获奖，这背后隐藏的，是中国艾滋之祸多层病痛轻重缓急的逻辑。

骗子想要骗高耀洁。有人要跟她合作开医院，有人声称自己八代中医专治艾滋，有人把她寄给艾滋孤儿的钱拿去赌博，有黑血站的血头在她面前冒充受害者……这些骗子她得看穿，她不能让他们利用了她的善良。她干净，但是她不得不明白什么是脏。

隐瞒者想要阻止高耀洁。在有艾滋病患者的村子里，如果有人举报高耀洁来了，村干部会奖他500元钱。她出现在村子里，村干部便将她拦下，“热情招待”。她到村子里她开了博客讲艾滋，随后便有人取消了她既定的演讲。

说谎者想要高耀洁陪他们一起说谎。高耀洁拒不配合，她反复强调：不要说瞎话，不要做假事，不要做假货。有人跟吴仪副总理说，中国艾滋病传播的主要途径是吸毒传播和性传播。高耀洁认为这是蓄意掩盖血传播的事实，她直接跟吴仪说：“他们在骗你。”

“村骗乡，乡骗县，一骗骗到国务院。”高耀洁不断引用这句话，因为这欺骗就是她所经历的现实，这欺骗就是她一直在面对的敌人，甚至是这欺骗成就了她的勇敢、正义和荣耀。因为，本来说真话应该只是一个小学生都懂得的道理，一桩普普通通的德行，一件理所应当的事情。但在特殊的环境里，说真话需要巨大的勇气，讲真话的人就是勇士。

高耀洁因为对中国抗艾工作做出了杰出贡献而得奖，但是实际上她的工作更像是抗击瞎话、假事和假货。荣誉颁发给说出真相的勇士，羞辱就落在了虚假者的头上。高耀洁能够突破阻碍，站在荣誉的领奖台上，这就足以证明虚假掩盖不了真实，乌云遮不住太阳。那一个画面真应该出现在中国的电视屏幕上，好让追求真相的诚恳之人感到希望，感到安慰；好让遮蔽真相的虚伪之人感到羞耻，感到恐惧。

2007年3月20日

事件

据英国《星期日泰晤士报》报道，伊拉克战争 4 周年之际，英国著名的民意研究公司（ORB）于 2007 年 3 月 18 日公布了一份民意调查，调查对象为 5019 名 18 岁以上的伊拉克人。结果显示，49%的受访者都表示，尽管目前伊拉克仍面临安全危机、公共服务缺失等问题，但与萨达姆政权相比，他们更愿意选择目前的马利基政府。只有 26%的人认为萨达姆政权更好，而 16%的人对两位领导人表示了同样的反感。承担此次调查的民意研究公司经理约翰尼·希尔德表示："我们从 2005 年就开始在伊拉克进行民意调查，最令我们吃惊的是有那么多伊拉克人对现政府表示支持。考虑到目前伊拉克暴力事件不断，人们表现出的乐观实在是出乎意料。"

观点

没有什么比摆脱强加于自身的独裁政治，以自己的意志来选择自己信任的政权和满意的体制更加珍贵了。我们可以加入反对伊拉克战争的示威游行，却不会再回头去支持伊拉克曾经的萨达姆政权，更不会为其所犯下的屠杀罪行辩护。在现阶段的大多数国家中，民主制度虽然不是最完美的，但确是弊端最少的。

伊拉克人认同民主政府并不意外

在伊拉克战争 4 周年之际，当世界上有许多人都在示威反对那场战争的时候，英国著名的民意研究公司（ORB）进行的一项民意调查却显示：大部分伊拉克人认为与萨达姆统治时期相比，他们的生活得到了改善。其中有 49%的受访者都表示，尽管目前伊拉克仍面临安全危机、公共服务缺失等问题，但与萨达姆政权相比，他们更愿意选择目前的马利基政府。只有26%的人认为萨达姆政权更好，而16%的人对两位领导人表示了同样的反感。这让许多媒体大感意外。

媒体以“意外”一词来形容这个民意调查的结果，在我们看来倒是最大的意外。对于一个自20世纪70年代以来，被迫多次与周边国家开战的国家来说，对于一个历经两伊战争、海湾战争并长期陷入经济封锁和国际制裁的民族来说，没有什么比摆脱强加于自身的独裁政治，以自己的意志来选择自己信任的政权和满意的体制更加珍贵了。质疑这种历史理性，本身就是一种不理性的行为。

的确，目前伊拉克国内局势十分复杂，冲突和爆炸频繁发生，也存在爆发大规模派别冲突的危险。但是伊拉克现政权的产生方式，却是大部分伊拉克人冒着危险走出家门投票的结果。仅就2005年1月的伊拉克国民大会和政府委员会选举来说，投票率超过了57%，乐观者甚至估计到了72%。这样的数字说明，至少就现政权的产生方式来说，是一种多数伊拉克民众意志的反映。这也是伊拉克民意调查结果的历史基础。

我们同样必须承认，由于美军在伊拉克战略失当，对伊拉克局势判断有误，拖延从伊拉克撤军的时间，目前伊拉克国家政权存在一定的弱点，充满权力斗争和教派分裂，甚至缺乏足够的政治影响力和行政执行力来管理这样一个复杂的国家。但是民意调查同样显示，有64%的伊拉克人希望在中央政府的努力下，建立一个团结的伊拉克。这就意味着，一个世俗的、稳定的、团结的民选政权可能并非最完美的政权，却是目前伊拉克最需要的。

再退一步来说，我们都知道民意测验有一定的主观性。不同的问卷设计和样本选择都有可能影响结果。但是今天的伊拉克，已经走出了萨达姆时代的阴影，进入了复杂的过渡期。历史不可能倒退，现有的政权是通向一个更加稳定和平的伊拉克的必经之路。因此，无论民意测验准确率有多高，伊拉克都无法也不必再承受一场革命性的战争。这个时候，完善现有的民选政权，使得它能够最大限度地代表伊拉克民众的利益，才是伊拉克人最迫切的渴望。我们不能因为伊拉克现有制度中仍然存在的某些弊病，就要求伊拉克人回头吃“二遍苦”，受“二茬罪”。

伊拉克战争和伊拉克人对政权的选择是两回事。在伊战 4 周年之际，我们可以加入反对伊拉克战争的示威游行，却不会再回头去支持伊拉克曾经的萨达姆政权，更不会为其所犯下的屠杀罪行辩护。我们不能因为实现政权更替手段的争议，就忽视了伊拉克人也是全世界的普世民主理想，想当然地把过程的合法性争议，延伸到无辜的对象和事实结果上。这样不但与新闻专业主义的客观平衡擦肩而过，而且常常会陷入替伊拉克人作选择的情绪倾向中，甚至对伊拉克人的民意视而不见。其实这才是我们在报道和判断国际事务时最大的意外。

这个世界对于安定生活的向往没有意外。在现阶段的大多数国家中，民主制度虽然不是最完美的，但确是弊端最少的。伊拉克人能够开始为一个稳定的现代国家努力，这本身就是一件值得肯定的事情。他们和这个世界上其他人一样，有权利选择民治、民有、民享的政权与体制。只要这是民族自治，是他们自己选择的方式，我们就不必为此感到意外。

2007 年 3 月 20 日

事件

2004年10月，重庆市民吴苹所在的重庆九龙坡区鹤兴路片区被开发，她与开发商前后进行了30余轮的谈判，开发商异地安置、货币安置的方案均被她拒绝。2006年9月之后，吴苹成为唯一未搬迁的“钉子户”，并被断水断电。其间，法院多次发出勒令搬迁的通告，但吴苹不为所动。“钉子户”处于市区“孤岛”的照片在网络公布，并经《南方都市报》率先报道后，引起巨大反响。恰逢《物权法》刚获通过，“史上最牛钉子户”具有的象征意义，引来全国数百家媒体齐聚重庆。

观点

“史上最牛钉子户”与《物权法》的巧合让人激动，让人有试水的冲动：保护私有财产，到底只是说说看，还是真要做起来？不论这个故事的结局如何，一切都才刚刚开始。但是一切已经开始。这个红旗招展的浪漫开头给了我们足够的信心和斗志，一往无前，义无反顾，我们能够猜到那个结局。

钉子户，挺住！

“史上最牛钉子户”的战斗，在昨天凌晨时分达到高潮。与来自全国各地的记者一起、与热烈跟帖的上万网民一起、与密切关注的无数民众一起，重庆市民杨武、吴苹夫妇挺过了法院要求“自行拆迁”的限期，那栋已经被视为私人物权纪念碑的小楼依然屹立在工地大坑之中，等待着尚且未知的命运。依据重庆九龙坡区法院的裁定，法院将强制执行拆除该房屋。

中国网民已经很久没有这样亢奋了。网友自发在论坛上做现场直播；跟帖涨至“结扎”；那张国旗挥舞的图片随处可见；有人写文言，有人自制示意图，有人转国外案例，有人条分缕析说道理——更多的人很简单，只是顶！钉子户，你不是一个人在战斗，网民支持你——网络难得没有争论，异口同声，群情高涨，众志成城。

各大媒体齐聚重庆，职业的敏感告诉他们，这是最好的新闻。这对极具个性的夫妇，是在为他们自己争取权益，也是为中国所有的物权人争取权益，更是在为刚刚通过的《物权法》争取尊严；这栋小楼的结局，将被公众当作符号来体会，将被历史当作标本来解读。新闻是历史的初稿。即使“史上最牛钉子户”不能改写中国物权改革进程，也必将作为最具说服力的案例被写进历史：中国此时的物权状况，民众的维权意识，都在这个故事里。

《物权法》审了8次，自起草起经历了13年，媒体把种种历史性的宏大话语都反复用了几遍，最后在毫无悬念的情况下，迎来了一部“原则性”的法案。《物权法》满足了社会发展的现实要求，但媒体显然更加看中它的符号性意义，毕竟这一步已经迈出去，而且似乎这一步迈得越是大张旗鼓、郑重其事，未来就越是一往无前、义无反顾。

这大张旗鼓、郑重其事的气氛，带给民众的就是一种理直气壮、天经地义的情绪：我的财产就是我的，我对它的权利是受法律保护的，任凭你是政府还是开发商，是国王还是法院，都不能随便拿走、随便侵犯。这种激昂的、类似自卫的、略带英雄主义的情绪，在杨武、吴苹夫妇身上有，在众多跟帖网民的发言中有，在媒体亢奋的热情中也有。这一次，情绪和理性是统一的，它不仅合理、合法，而且指向未来，大势所趋。在一个舆论与政策合理互动的社会里，这情绪足以改变它所指向的规章和制度。

“史上最牛钉子户”与《物权法》的巧合让人激动，让人有试水的冲动：保护私有财产，到底只是说说看，还是真要做起来？虽然《物权法》要到10月才开始施行，虽然在事件之初人们并不清楚杨武、吴苹夫妇的要求是否合理，虽然这栋小楼的拆迁并不能检验《物权法》的承诺，但是人们还是很激动，媒体很激动，没有比这更好的案例了。

媒体想说的话很多：中国现行的拆迁条例对被拆迁人不利；《物权法》的颁布不会直接改变现实；公民要懂得用法律保护自己；权利要自己去争取；最牛钉子户就是网民的榜样。和以往一样，媒体力图借题发挥，开启民智。现在至少这个目的已经达到了：更多的人都明白了私有财产的正当性、正义性和神圣性；更多的人知道了英国的老妇、德国的磨房——人们已经开始提议，要把这栋房子永久地保存起来，作为中国的物权法纪念碑。

重庆市杨家坪鹤兴路17号的命运，至今还很难看清楚。它今天不被拆掉，也许明天就被拆掉了，或者后天——其实这和昨天凌晨拆掉没有分别；或许开发商与房管局迫于压力会重新考虑业主的要求，或许双方会达成协议——那么这个个案是胜利了，但是私人物权的现实还在等待改进。不论这个故事的结局如何，一切都才刚刚开始。但是一切已经开始。这个红旗招展的浪漫开头给了我们足够的信心和斗志，一往无前，义无反顾，我们能够猜到那个结局。

2007年3月23日

事件

2007 年 3 月 23 日，监察部在北京召开特邀监察员座谈会，会议称 2007 年全国各级纪检监察机关将全面清理政府机关近年来兴建办公楼、培训中心等情况，严肃查处违纪违规行为，对典型案例进行曝光。同时，严格控制会议、公务接待和差旅费等行政支出，严禁用公款大吃大喝、游山玩水和进行高消费娱乐；严格控制节庆和评比达标表彰活动；继续整顿规范地方政府机关驻京办事机构；严格执行“四大纪律八项要求”等廉洁从政各项规定。

观点

反腐多年，公众看在眼里，记在心里。这些花样翻新的政策强调，究竟在多大程度上能调动公众信心，哪怕是调动政府公务员的关注兴趣，恐怕也已经成了问题。年复一年媒体对于制度反腐的常识重复，日复一日公众对于反腐创新的无言冷漠，虽千万句，难表民间的无奈失望之情。这样的解决方案，目前只有一个，名字就叫民主。

“要字诀”念不来政府廉洁

监察部昨日召开会议称，今年全国各级纪检监察机关将全面清理政府机关近年兴建的办公楼、培训中心，严肃查处违纪违规行为，对典型案例进行曝光。北京市也在近日提出，今年要厉行节约行政成本，压缩政府部门经常性项目支出资金10%，其中包括，坚决制止超标准盖办公楼，不得批准新建培训中心项目，不再安排政府预算内投资对现有培训中心进行扩建和改造。

如果把上述政府部门的表态，视作两会主题的延续，监察部和北京市的反应可谓迅速。今年两会期间，关于各地政府兴建奢华办公楼、公款浪费严重、行政成本急升的讨论，几乎贯穿始终。审计长李金华也表示，为遏制官员滥用公款、铺张浪费，国务院正在制订《楼堂馆所管理办法》，还将出台《官员职务消费标准》，各级官员可以使用的公款数额、公款用途，都有定性标准。

反腐多年，公众看在眼里，记在心里。这些花样翻新的政策强调，究竟在多大程度上能调动公众信心，哪怕是调动政府公务员的关注兴趣，恐怕也已经成了问题。总结类似的运动式反腐或技术翻新，无不可以总结为一套“要字诀”，即要查办，要严惩，要禁止，要反对，要坚持，要树立……至于能不能查办，能不能严惩，能不能禁止，能不能树立，大抵不在政策的讨论范围之内。因此，在当下的政治生活中，类似的部门表态已经遭遇明显的关注疲劳。公众虽无从反对政府部门这样的表态，却多数选择漠然置之，政治的冷淡气氛令人无言。

公众如何进行他们自己的政治探讨？关于奢华办公楼，在网上有一个叫做《中美政府办公楼之比较》的热帖，点击率常年居高不下，比今年两会政协委员叶大年展示的各地豪华办公楼相册，还要早出许多年。在帖子里，与国内气势恢弘的地方政府办公楼相比，欧美的地方政府办公楼完全称得上寒酸。然而，正是这些寒酸的办公楼，成为国内网民欣羡的所在，欧美公众骄傲的资本。在这些寒酸的建筑背后，是高效的行政、廉洁的官员、法治的政府、井然的秩序和自由的公民。因为政府建筑越寒酸，说明有限的公共财政就越可能投入到公共服务中去，为民造福。相反在国内，地方政府的豪华办公楼所对应的，不是齐全的公共产品与优质的公共服务，却常常是背弃民意的一意孤行。可见，这些问题并非初来乍到，所谓严肃查处，也不必有恍然大悟的政策表情。公众虽不能声震庙堂，却着实有着雪亮的眼，足够识破有名无实的政治应声虫。

关于政府奢侈浪费、铺张腐化的治理文件，如果有人做一次文献回顾，便会理解公众何以有今日的政治冷淡。早在若干年前，停建楼堂馆所，限制公款消费、出国旅游、公务用车，提倡四菜一汤、廉政账号、亲情反腐，政策可谓无微不至，只可惜无不黯然收场。选择性失明的制度设计，始终未能在分权制衡的反腐思路上有所突破，徒然在政策细节上耗费智慧，与公众认同背道而驰。试想，年复一年媒体对于制度反腐的常识重复，日复一日公众对于反腐创新的无言冷漠，虽千万句，难表民间的无奈失望之情。

总理温家宝说，造成腐败的原因是多方面的，其中最为重要的一点，就是权力过于集中，而又得不到有效的制约和监督。解决这个问题，首先还得从制度上入手。这样的认识，无疑是清醒而有自知之明的。秉此理念，奢华的楼堂馆所，腐败的培训中心，跑部钱进的驻京办，铺张的公务接待，不知节制的公车消费，堕落荒淫的官员习气，无不可以一举纳入解决日程，再也无须这些伪饰的强调、无效的创新。这样的解决方案，目前只有一个，名字就叫民主。

2007 年 3 月 24 日

事件

2007年3月28日，中铁十二局第二工程公司在承建北京市地铁10号线2标段施工过程中，由于对施工复杂的地质情况了解不清，当施工断面发生局部塌方和导洞拱部产生环向裂缝的险情时，未制定并采取保护抢险人员的安全技术措施指挥作业人员实施抢险，导致发生二次塌方，造成6人死亡。5月8日，国家安全生产监督管理总局、建设部联合发出了对北京地铁10号线“3·28”重大塌方事故的通报。通报指出，事故发生后，中铁十二局第二工程公司及项目部有关负责人隐瞒事故情况，未按规定向政府有关部门报告，性质恶劣。

观点

在工头眼里，逃脱责任比工人的性命重要。为什么工头们认为人命不重要？为什么他们认为只要封锁信息，自己终究会有办法免责？制度与人心的关系是相互的，制度塑造人心的后果就是，人心的沦落会拖延制度的进步。

工头隐瞒事故，他们的“智慧”从哪来？

3月28日上午9点30分，北京市地铁10号线工程苏州街车站东南出入口发生一起塌方事故，6名施工者被埋。当天下午4点39分，北京警方接到报警。截至发稿时，北京市有关方面仍在组织抢救，除非发生奇迹，否则6名工人生还无望。

这么大一桩事故摆在北京西三环路上，这新闻捂不住。距离奥运会开幕不足500天的北京，也没打算藏掖。虽然各大新闻网站“意外”地低调处理，但是北京官方的新闻发布会并没有表现出隐瞒的意向。尤其耐人寻味的是，这一次想要藏掖的是施工方。

从事故发生到警方接到报警，直到有工人将险情告知其家乡警方后，北京警方才获悉此事，中间拖延了 7 个多小时。这期间工地大门紧锁，工地负责人多次向警方否认发生事故，工头将工人手机收缴。不必怀疑，施工方应该在这期间努力自救，他们有足够的动机这么做。但是，根据救援现场指挥部相关负责人的说法，在瞒报的 7 个多小时内，现场环境发生了很大变化，导致救援工作更加困难。就是说，所谓的自救，不仅耽误了时间，而且使情况恶化。情况恶化的意思就是，6 名工人生还的希望更加渺茫。

施工单位，准确地说是掌握决策权的几个工头，他们在事故发生之时，面临的是这样的选择：一、立即报警，承担事故责任，6 名工人生还的希望更大。二、封锁消息，努力自救，一旦救出来，就跟没事发生一样；甚至即使救不出来，也可以想办法给家属一些赔偿，私了。工头们肯定认为自己很果断，事情一发生就锁住了大门，毫不迟疑充满自信地选择了第二个选项。这一选择证明，在工头眼里，逃脱责任比工人的性命重要。

我们当然可以说自私是本能，胆小怕事是本能。我们当然不能把生产安全建立在工头的道德之上。但是工头们的行为仍然让人无比沮丧。在任何情况下，救人都应该排在第一位，人命关天，这是基本的价值底线。现在这条底线被如此果决地突破，其中暴露出的人心猥琐，到底还是让人无法原谅。即使矿难常年发生，也还是无法原谅。

事实上，在工头的决策智慧中，也不全是本能。或者说，国民性的道德败坏，也不是无缘无故的。人们在利益权衡之时，都是无比精明的。他们对事件的处理，反映的是他们的生存智慧；而他们的生存智慧，是生活经验、是这个社会的运行机制教给他们的。

为什么工头有信心可以将事故隐瞒？事情发生在信息时代、无线通信时代，事情发生在首都北京的西三环上，为什么他们仍然认为可以隐瞒？其实我们不能想象，如果真的所有人的手机都被没收，如果没有人给老家亲属打电话，事情的结果会是怎样。不难相信，他们在生活经验中，亲历或目睹过成功的例子。官方已经逐步开始信息公开，但是秘而不宣的习惯还留存在民间的记忆里、民间的行为方式中。应该承认，这种习惯在当前的社会现实中还非常普遍，因此才能够制造出一个相应的激励机制，因此它才能够以社会常识的方式渗入国民性：一定是有人因隐瞒而获益，这样的例子估计还不少。

为什么工头们认为人命不重要？为什么他们认为只要封锁信息，自己终究会有办法免责？仔细追究起来，我们要回答的问题是，我们这个社会到底都在让怎样的人成功，它的回馈机制到底在鼓励怎样的品质、怎样的价值观？社会风气之说，制度不健全之理，有时候看起来就像是人心沦丧的挡箭牌，但其中仍然包含了一些真实的道理。制度与人心的关系是相互的，制度塑造人心的后果就是，人心的沦落会拖延制度的进步。当我们从文件法规上已经读到一个文明进步的中国，当我们从官方姿态中感觉到一个文明进步的中国，现实还在偿还历史的债务，那个文明进步的中国才刚刚蹒跚起步。

2007 年 3 月 31 日

事件

备受世人关注的重庆杨家坪鹤兴路旧城改造项目拆迁纠纷——“史上最牛钉子户”，于 2007 年 4 月 2 日晚 7 时开始施工，22 时 37 分，“最牛钉子户”建筑物轰然倒塌。据悉，杨武、吴苹夫妇在 4 月 2 日下午与开发商达成和解，并签署了拆迁安置协议，选择实物商品房安置，并获得 90 万元营业损失补偿。

观点

群众和媒体畅所欲言，哪怕是情绪发泄和理性反思夹杂在一起，也未必导致事件扩大恶化。事实上，在一个自由言论的气氛里，人们更容易进入理性的状态。

钉子户事件善始善终 各方诉求各得其所

2007 年 4 月 2 日晚上 10 点 37 分，重庆市杨家坪鹤兴路 17 号那栋孤岛一样的小楼，倒了。这一事件的民间说法是，“史上最牛钉子户”，拔了。

3 月以来，从网络而媒体，从媒体而全社会，中国乃至世界的注意力都被这颗“钉”牵扯。人们的关注点逐渐扩大，社会各界围绕私人财产权、公共利益的边界以及司法秩序等问题展开讨论。但是事件的核心仍然在那栋小楼上，如今，拆迁双方已经达成协议，“事情已经妥善解决”。前述重大命题还有待进一步的讨论，但是这一轮的激情和理性已经一并落幕。在这个时刻回头去看，发现这竟是一场前所未有的社会运动：它命题重大、参与广泛，更重要的是，它高亢舒展，善始善终。半个月的纷争激辩、斗争博弈，参与的各方都找到了自己的角色，都尽了自己的职责。每个人表现都很好。

杨武、吴苹夫妇，在媒体关注以前，已经坚持了两年半。保护自己财产的冲动几近本能，事态发展，便逐渐生出了维权的意味：不只是钱的问题，更重要的还有尊严。当这对自发自主维权的夫妇遇到了热切的媒体，他们更是很快地找到了自己在公共事件中的角色，他们明白利用媒体的力量，他们也明白人们期待什么。他们在坚持的时候坚持，在协商的时候协商，在激情的时候激情，在理性的时候理性。

法院、政府和开发商，在这一事件中或许会大呼倒霉，但是难能可贵的，他们没有气急败坏。法院虽然屡次下发强制拆迁的裁决，但是事到临头一拖再拖，不仅没有和激昂群情硬碰硬，而且还不断组织调解，耐心尽责，这当然是明智的态度。开发商最终与杨武、吴苹夫妇达成协议，也可以说是看清了形势，明白这已经是一桩不能激化的社会事件，在经济压力和舆论压力中作出妥协，这也是明智的决定。

最为难得的是政府，从重庆市政府，再到全国各地，都对舆论采取了包容开放的态度。此事所涉及的无一不是敏感话题，但是这一次官方没有紧张，没有过度干涉，更没有把群众、媒体和政府放在对立的立场上。而事实也证明，群众和媒体畅所欲言，哪怕是情绪发泄和理性反思夹杂在一起，也未必导致事件扩大恶化。事实上，当钉子户进入僵持状态之后，更多的人都希望事情尽快解决平息，因为这样对大家都有利。事实上，在一个自由言论的气氛里，人们更容易进入理性的状态。

在官方对舆论的包容之下，钉子户事件在很大程度上更像是一场舆论风波。

网民和大部分媒体，是这场舆论事件的主角。他们借题发挥，从一开始就看中了钉子户的象征意义，看中了这一时刻的节点效应。对私人财产权的伸张，再放而大之便是对个人权利和自由的伸张。现实总是要求耐心，但是这渴望不可能总是被埋藏。这渴望要从现实中争取，要在可能的时候为自己发言。表达这渴望，就是媒体的责任。

在事件的后半段，法学家对舆论的高度情绪化表达了来自理性的批评。同时，学者们也就事论事地指出了这单具体事件的复杂性，中国涉及房屋拆迁的法律条文是否合理是一回事，公共利益的边界如何裁定是一回事，尊重现有司法程序是另一回事。在厘清这些概念的过程中，学者们再次重申了法治社会的基本理念，坚守了自己的专业精神。

这场舆论事件看起来有所谓各方冲突，但实际上各方只是各自伸张自己的诉求。一颗“钉子”引发的争论，实际上是一颗“钉子”刺激了表达欲，人们分别说出了自己的观点，舆论才呈现出复杂的全貌。交流比交锋更加重要，谅解比说服更有意义。一颗“钉子”引发的争执，演变为一颗“钉子”所要求的和解。因为舆论助力，杨武、吴苹夫妇获得了相对更为对等的谈判权，让协商在众目睽睽之下成为可能。也因为舆论助力，所以这个案例有点特别，但却仍然不能低估它的示范价值，不能伤害它在历史上的标志性地位。因为它到底还是证明了，当今的中国官方对舆论的包容、对个人权利的尊重；因为它到底还是证明了，当今的中国民众有饱满的维权情绪，也有解决问题的理性能力。

2007 年 4 月 4 日

事件

根据国家税务总局此前公布的数据，截至2007年3月29日，全国各地税务机关受理年所得12万元以上纳税人自行纳税申报人数达到137.5万人，共补税15亿元。其中，截至3月30日，广东省（含深圳）2006年度年所得12万元以上自行申报的纳税人数达到28万余人，居全国前列。权威部门在此之前曾经预计，全国将会有600万到700万人在自行纳税申报人群之列。与此相较，目前已经申报的这近140万人仅仅达到了预期的20%左右。国家税务总局新闻发言人李林军4月4日表示，对未按规定期限申报的人员，将会严格处罚。

观点

任何一项制度，仅靠处罚是不可能长期维系下去的。法律的效力不只来自其强制力，更来自大多数人对法律的认可。大多数人不去违反法律，法律才对社会有效。因此，自行申报要想获得生命力，就必须争取人们的认可。不幸的是，目前的个人所得税自行申报制度恰恰是一种权利－义务配置严重失衡的制度。

个税申报不尽如人意
改革须对纳税人公平

据国家税务总局公布的数据，截至3月29日，全国各地税务机关受理年所得12万元以上纳税人自行纳税申报人数达到137.5万人，共补税15亿元。看来是一个不错的成绩，但据说个税申报人数并没有达到预期规模。

这样的结果，早在人们的意料之中。据报道，北京税务部门已经开始一对一约谈未申报者。约谈阶段结束后，对于那些达到了申报条件而拒不申报者，税务部门将进行重点稽查，并给予相应处罚。相关法规也已经规定了处罚条款。

但是，任何一项制度，仅靠处罚是不可能长期维系下去的。法律的效力不只来自其强制力，更来自大多数人对法律的认可。大多数人不去违反法律，法律才对社会有效。因此，自行申报要想获得生命力，就必须争取人们的认可。首先要具有程序上的合法性，要让纳税人相信，这种制度是他们的代表所同意的。同时具体的制度规定也必须合乎情理。恐怕正是因为欠缺这两点，才导致不少人对自行申报漠然置之，甚至有抵触情绪。

这种不合情理之处表现在，自行申报是一个只对征税机关有利而纳税人享受不到任何好处的制度。任何一个制度要想良性运转，都必须给所涉及的各方带来好处。尽管好处可大可小，但不能把好处让一方独享。不幸的是，目前的个人所得税自行申报制度恰恰是这样一种权利－义务配置严重失衡的制度。个人花费了时间、精力申报了个人收入及纳税情况之后，一无所获，那人们为什么要去做？政府只有通过“单位”进行动员，或者以处罚单位相威胁，甚至强制个人。

但这显然不是最合适的办法。人们完全可以设想另一种情形：通过自行申报，个人可以获得退税，在这种情况下，个人自行申报是否有一些激励？事实上，在大多数个人所得税制度较为健全的国家，自行申报固然是税务机关了解纳税人真实收入及纳税状况的手段，但另一方面，自行申报也确实在一定程度上是个人或家庭寻求减免税的渠道。

以美国为例，纳税人可以自由选择以个人、夫妻或家庭为申报单位，有许多扣除、宽免等优惠规定。联邦个人所得税通过总收入扣减家庭必需的刚性支出，如：合理数额的家庭生活费用支出、退休及医疗储蓄个人缴付部分、离婚或分居赡养费、高教费用、医疗费用个人负担部分、州和市个人所得税、财产税、慈善捐助、住房贷款利息、保险不赔付的家庭财产意外损失、个人职业发展费用等；还可以通过总的应纳税额扣减各种必需的税收抵免，如勤劳所得抵免、抚养孩子、托儿费、收养孩子、老年与残疾、高教奖学金、终身学习等抵免。因而完全可能出现这样一种情况：被企业代扣代缴的个人所得税，以家庭为单位申报、扣减了各种支出之后，反而可以收到税务机关的退税。

相反，在中国，自行申报是一个单行道：只有纳税人向税务机关补税的可能，而绝无税务机关退还税款的可能。这样的制度，就其内在性质而言，就有不公平的成分，也难怪纳税人缺乏足够的积极性。

实际上，近些年来进行的诸多个人所得税改革措施，呈现出这种单行道特征。大多数改革措施都是强化征管，增加纳税人的义务。相反，个人所得税的一些内在缺陷却始终不在改革之列。以本次自行申报为例，仍然坚持了个人申报制度，而没有积极地朝允许家庭申报的方向探索。这样的税制完全忽略个人的家庭赡养、抚养、购买大宗产业的支出，对于纳税人十分不公平。

单方面地强化税收征管、增加纳税人义务的所谓税制改革，确实可以增加政府的财政收入，但其负面影响却不可低估：这种做法会让纳税人以为，税是国家强制自己交纳的。而税是人们与国家直接打交道的主要渠道，国家强制征税的观念进而会影响到人们对国家的认知。

之所以出现这种税制改革偏颇，根本原因是，相关改革措施几乎完全由税务机关，最多由行政机关全面主导控制，相反，相对而言较能反映民意的人大却几乎置身事外。可想而知，税务机关当然会倾向于强化征管，当然会只考虑自己的便利，而不会去考虑纳税人的便利。单靠税务机关，不可能制定出对纳税人公平的税法、税制。要使税法、税制相对平衡，既保证政府提供公共服务的财政之需，又对纳税人便利，就必须由人大对两者的诉求予以平衡。

因为关系到每一个国民的切身利益，所以，税法、税制无小事，人大在这方面必须发挥主导、控制作用。只有这样，税制改革措施才具备充分的程序合法性，同时也有可能在实体上合情合理。

2007 年 4 月 5 日

事件

王小波，1952年出生于北京，先后当过知青、民办教师、工人、工科大学生。其后，王小波在美国匹兹堡大学取得文学硕士学位，再学电脑，于统计系当助教，回国后在中国人民大学任教，后成为自由撰稿人。1997年4月11日，王小波因心脏病突发，在北京的寓所中悄然离世。此时，他的妻子李银河正在英国剑桥大学做访问学者。王小波的作品崇尚理性、自由和富于奇思异想，在他去世后受到广泛关注。

观点

有人总是自鸣得意地说，世上没有绝对的自由。然而王小波和其他自由主义知识分子让我们知道，这只不过是一句地道的废话。一个心灵自由的人，恰是最能体谅他人的人，最具宽容精神的人，最有协调能力的人，因此从来就不会要求绝对的自由。只有专制者才会渴望绝对的自由，这句话应该去说给他们听，而不必烦扰王小波及他的追随者。

纪念王小波　争做自由人

10年前的今天，作家王小波辞世。10年来，他的书一版再版，他的话被反复引用，他的思想有人专门研究，他的文风成为一种流派，他的追随者越来越多。人们以各种方式表达对他的怀念，甚至有人发起了“重走小波路”纪念活动。除了“作家”之外，生前没有其他头衔，身后没有组织追认，在中国当代作家中，完全以作品本身赢得如此殊荣的人，王小波乃绝无仅有。

王小波用他短暂的生命给世间留下了丰厚的遗产。有人欣赏他的杂文的讥诮反讽，有人享受他的小说的天马行空，有人赞扬他激情浪漫，有人仰慕他特立独行。在这些表象的背后，他一生最珍贵的东西，是对自由的追求。

正如他的遗孀李银河所说，人们喜欢王小波，首先是喜欢他的自由精神。“王小波一生酷爱自由，不懈追求自由的价值、自由的写作和自由的生活方式”，“自由是一个最美好的词，一个最美好的价值”。

王小波用他的生活和写作，去实践这种价值，传播这种价值。他让人们看到，一个自由的人，既可以享受思维的乐趣，拥抱理性与常识，也可以跟随灵魂的舞蹈，在凡俗生活之外拥有一个诗意的世界。一个自由的人，是最具有判断力的人，同时也是最具有创造力的人。

毋庸置疑，有人对自由怀有偏见，居心叵测地进行了曲解。而这些曲解，经过反复的灌输，在很大程度上已被相当多的人认可、接受并传播。从个体心智上说，人们被暗示，自由可能导致放任和堕落；从社会组织上说，人们总是听说，自由与失序、混乱甚至动乱联系在一起。王小波以他的作品，并以他的为人和他的生活，向世人展示了一颗自由的心灵在思考着什么，在感受着什么，在渴望着什么，在给予着什么。在摆脱体制的束缚，获得自由的状态之后，他既没有吸毒，也没有上街，而是沉迷于思想的芬芳，驰骋于想象的旷野，并通过他的文字，将他收获到的美好与我们分享。他让我们知道一个基本的常识，即一个自由的人首先想要的东西是过美好的生活。

有人说，王小波只是一个特例，生活不是文学，社会不是空想，纷繁复杂的人类世界更需要法律和秩序。这些话虽然不无道理，但是暗含着很多错误的判断。首先，强调王小波是特例，意味着大多数人都既非理性且又缺乏诗意，这显然是一种歧视和偏见。其次，在谈论自由时强调法律和秩序，等于是将二者对立起来。在此我们要感谢王小波不仅创作了小说，还发表了大量的杂文。他通过这些杂文告诉人们，公平的法律和良好的秩序正是一个自由人的本能而自然的追求，而且它们不是天上掉下来的，只能依靠自由的思想和权利来完成。没有自由作为前提，秩序无从谈起。如果有，那也只是专制者的秩序。失去自由的人，也就失去了秩序。

先制定好法律再给予自由，还是先开放自由再制定法律，这并不是一个鸡生蛋还是蛋生鸡的问题。因为，当人们没有自由的思想和权利参与制定法律时，就不会产生出公平的法律来。

有人总是自鸣得意地说，世上没有绝对的自由。然而王小波和其他自由主义知识分子让我们知道，这只不过是一句地道的废话。对于一个自由的人、一个自由的世界而言，根本不存在这样的问题。一个心灵自由的人，恰是最能体谅他人的人，最具宽容精神的人，最有协调能力的人，因此从来就不会要求绝对的自由。只有专制者才会渴望绝对的自由，这句话应该去说给他们听，而不必烦扰王小波及他的追随者。

自由并不是在一条道路的尽头等待我们的花园，自由只能是这条道路本身。因此，在追求自由的道路上，并没有一劳永逸的时候。王小波的价值在于，他让我们看到自由的真相：既理性又激情，既现实又浪漫，既精英又平民，既深刻又有趣，自由是多么美好。

2007 年 4 月 11 日

事件

美国当地时间 4 月 16 日 7 点 15 分，美国弗吉尼亚理工大学发生恶性校园枪击案。凶手行凶时将该大楼多个大门锁住，阻止楼内的人逃跑和警方进入。枪击造成 33 人死亡，枪手本人开枪自尽。案件发生后，美国总统布什称枪击案令美国举国震惊。17 日，警方透露枪击案疑犯为 23 岁韩国学生。

观点

国家民族的话语、民主自由的争论总是如此强悍，束缚我们无法以纯净的人的姿态去同情这人的悲剧。美国校园枪杀案，死去 33 人，这是人的悲剧，是受害者的悲剧，也是凶手的悲剧。凶手辜负了自由，辜负了奠基在自由之下人对人的信任。

莫让新闻的喧嚣遮蔽悲剧的沉痛

美国弗吉尼亚理工大学 4 月 16 日上午发生恶性校园枪击案件。截至当日中午，33 人死亡（包括自杀的凶手），29 人受伤，成为美国历史上最惨重的枪击案。在事发一天之后，警方确认枪击者是韩国留学生，并非此前盛传的中国留学生。不过在此之前，一切详情都未披露的情况下，媒体已经自顾自地一片哗然。

在缺少具体信息的情况下，这就是一起枪击案。它最直接引起的议题就是：枪支管制。这个话题在美国已经争论多年，在中国人看来几乎不可理喻。以我们的思路惯性来看，既然校园枪击案、办公室枪击案接连不断，那当然要立刻禁枪。但是在美国人看来，公民持枪，保持对抗军队和警察的能力，这是一种基本权利，也是美国人珍视的传统，甚至可以拔高说是自由和民主的一种保证。这中间包含了对国家和政府的基本不信任，对普通人的基本信任。这种价值观可以说是美国的立国之本，深入人心，很难撼动。虽然每逢枪击案都会讨论枪支管制（远非禁枪），但这么多年下来还是没有结果。

这不是一个讲解美国价值观念的时刻。即使没有这些背景，美国人对其国内最重大的新闻，给予强烈密集的关注，抛出延展性的话题，也是情理之中的事情。那么，中国媒体也清一色做封面、挂头条，又是出于何种心态？巧合一般，同样是前天，河南平顶山煤矿发生爆炸，同样是33人，被困井下生死不明。这条新闻在中国的关注度远不及美国校园枪杀案，并非人命分贵贱，只是新闻分冷热。中国人对于矿难和它所能引发的话题，已经感到厌倦和疲劳；而美国似乎总能引起中国人的关注，美国校园枪杀案，更是提供了丰富新鲜的话题，可以自由发挥的争论空间。人们的新闻趣味说起来相当残忍，但是这趣味也并非不可分析。

中国人都从哪些角度关心美国校园枪杀案？

人们一度以为那个凶手是中国人。在事实无法确定的情况下，人们已经开始讨论中国留学生的心理健康了。有些网友还要带上民族情感强作正义和光荣，认为这凶手杀得好，认为一个中国人杀了三十几个美国人，真是英雄。另外一些人正好相反，直接以个案推广到集体，认为中国留学生的心理健康成问题，中国人的心理健康成问题，中国的教育成问题。这两种思路截然相反，体现的是中国人对自己和美国的两种极端态度，要么是恨美国人，要么是歧视自己。现在事实摆出来，不是中国人干的，但是撤销证据似乎也无法改变中国人的那两种极端心态，因为人们本来就是借题发挥。

中国人的另外一个关注点，便是所谓美国的自由，到底是真是假，又甚至，自由真有那么好么？恐惧自由或求之不得而憎恨自由的人，听闻此案相当兴奋以为找到了证据——你看，美国的自由有什么好，校园里都出枪杀案！连生命安全都没有保证，还谈什么自由！然后当然也有人出来为美国辩论，说自己在美国时觉得很安全，并没有觉得街上随时有人准备开枪杀人；有人不厌其烦地论证，枪杀案和社会自由度之间虽然有联系，但是相当复杂，不能下断言，以枪杀案否定美国自由。辩论很快脱离案情本身，变成人们排队站立场的机会：对美国、对自由，你是什么态度？

以上几乎可以概括中国人关注美国校园枪杀案件的角度和立场，其实和这场枪击案没有太大的关系，反映的都是我们自己的心结。国家民族的话语、民主自由的争论总是如此强悍，束缚我们无法以纯净的人的姿态去同情这人的悲剧。美国校园枪杀案，死去 33 人，这是人的悲剧，是受害者的悲剧，也是凶手的悲剧。凶手辜负了自由，辜负了奠基在自由之下人对人的信任。这故事最核心的恐怖在于，某一个平日貌似普通的人，心中可能爆发难以理喻的罪恶和凶残。此案带来的失望和恐惧，对中国人和美国人来说，没有分别。在美国枪支太容易获得，这不是唯一关键的问题。人们需要了解凶手的动机和心理，需要了解更详尽的案情，才能判断是哪些地方出了错，社会能够承担哪些责任。在此之前，不管是中国人还是美国人，唯一恰当的姿态便是哀悼，让死者安息。美国大学生和河南矿工一样，无辜的生命猝然离世，这事实让人悲伤。

2007 年 4 月 18 日

事件

2007年4月18日，中共中央党校主办的《学习时报》刊文指出，在过去的5年中，中国的纪检体制改革沿着强化纪检监督权的方向进行了积极的探索。按照中共十六大报告提出的“建立和完善巡视制度”的要求，2003年8月，经中共中央、国务院批准，中央纪委、中央组织部组建了巡视工作办公室和巡视工作组。2006年，在省级党委换届中，已调整的15个省（自治区、直辖市）的纪委书记中，就有10名来自外地和中央纪委，由中央掌握省级纪委书记的提名权和任命权，从而打破了过去由地方党委提名本地纪委书记的惯例。

观点

与中国循序渐进的民主进程相扣合，执政党内部更新进取的求善意识，也必定无法脱离自下而上的民意监督、真实有效的民主党派监督与开放自由的新闻舆论监督。

纪检改革的最终目标是实现党内权力制衡

近日，中共中央党校主办的《学习时报》刊文，剖析中共十六大以来中国纪检体制改革的进展。文章指出，在过去5年中，中国的纪检体制改革沿着强化纪检监督权的方向进行了积极探索，取得了五大成效。通过完善巡视制度、中央直接掌控省级纪委书记、对纪委派出机构实行垂直管理、尝试设立专门监督党委和纪委的监督委员会等系列改革，加强了对权力的监督和对腐败问题的打击力度。

中国的纪检体制重建于“文革”结束的败局之上，是在现实政治的动荡下，重拾党内权力监督的思路继续前行。在这过程中，中共因循了各国执政共产党的党内监督模式，逐步确立了纪检机构受同级党委和上级纪委“双重领导”的组织原则，并一直沿用至今。然而，执政党在今天所遇到的社会现实，已经远非 28 年前可堪想见。这期间，党的执政能力与执政水平问题被鲜明提出，更确切地说，是党的权力过于集中而引发的权力贪腐，成为危及执政合法性基础的迫切问题。这种现实的压力，既可从反腐倡廉在当前党务工作的议程设置中看出，也可从广泛的公众意见和社会心理中得到印证。中国纪检体制的改革历程即与此相伴随行。

应当说，当前执政党内权力过于集中的积弊，在广泛的政治体制讨论中已经成为常识。总理温家宝明确指出，造成腐败的原因是多方面的，其中最为重要的一点，就是权力过于集中，而又得不到有效的制约和监督，这就需要改革我们的制度。这说明执政党高层并非妄自尊大、讳疾忌医，相反，却对中国政治体制改革的核心问题有着清醒认知。但常识显然还不是共识。尤其在选择怎样的权力制衡方式上，既强调中国政情的特殊复杂性而拒绝西方民主政治的“三权分立”，又面临当前权力监督制度上的创新失效，这条路因此走得尤其步履蹒跚、民心郁结。5 年来中国纪检体制改革的进展，即是在这种曲折的制度摸索中取得。

历史地看，囿于当前“双重领导”的纪检体制，真正独立的监督力量一直未能释放出来。其原因在于，纪检部门做什么可以由上级纪委规定，但如何做却不得不听命于同级党委。这种疲弱的独立性，使纪检机构的同级监督成为不可能完成的任务。从最初的纪委隶属于同级党委，再到纪委分立于同级党委但接受同级党委领导，再到近年来对纪委派出机构实行垂直管理，中央直接掌控各省纪委书记，执政党谨慎以求的，即是这种有限独立的监督实现。在“双重领导”原则仍然得到保留的情况下，这种改善的进步之处就在于，必须使党内集中独断的权力得到制衡的理念得到了阐发，以权力分设实现有效监督的思路得到了初步体现。

不过，尽管如此，5 年来纪检体制改革的成果，依然只是权力集中思路下的党内监督。这表现为有效的监督力量，仍旧来源于最高权力的授予与指派，而非党内民主的有效推进与自下而上的广泛监督。这使权力监督的效果依然停留在执政党领导的自我评价，而非普遍的党内评价。因此，当前纪检体制改革虽有所收效，但必须看到，党内权力制衡的实现，纪检体制改革的推进，最终仍然必须落实到对党内民主的推进，方为长效保证。

与中国循序渐进的民主进程相扣合，执政党内部更新进取的求善意识，也必定无法脱离自下而上的民意监督、真实有效的民主党派监督与开放自由的新闻舆论监督。进一步说，如果能以同等的政治意志，在以上诸方面达成更有力的制度推进，则持续的党内纪检体制改革，方能不断充实其民主政治的指标意义，在从基层民主到更高层民主、从党内民主到社会与国家民主的渐变历程中，最终达致社会主义民主政治的至善之境。

2007 年 4 月 19 日

事件

2007 年 4 月，中央电视台召开了播音员、主持人管理改革工作会议，并启动了中央台品牌主持人评价体系调研工作。台长赵化勇在本次会议上指出，一些播音员、主持人政策水平低、文化素质差、节目差错多、风格不突出，职业道德水准不高。他提出要构建中央台播音员、主持人管理体系，打破频道界限，不拘一格挖掘社会人才，面向社会招贤纳士。

观点

中央电视台所面临的问题，绝对不只是主持人素质低这样简单。或者说，主持人素质低，可能只是诸多根源问题的一个表征：例如人事制度、层级体系、激励机制，又例如指导思想、电视理念、市场态度。这些问题互相生发影响，俨然一个整体，靠零敲碎打是无法改变的。

央视需要再改一次语态

中央电视台台长赵化勇日前指出，一些播音员、主持人政策水平低、文化素质差、节目差错多、风格不突出，职业道德水准不高。此事既不是新现象，也不是新发现，只不过台长亲口承认，让人以为有改善的希望。

不可否认，在社会价值日益多元，文化选择日益增多的今天，中央电视台节目主持人的集体形象，进步不大。20 世纪 80 年代末以及整个 90 年代，央视不断突破、持续创新，创造了一个耀眼的黄金时代：既有《东方时空》、《焦点访谈》、《新闻调查》这样严肃、犀利、勇敢的新闻节目，也有《正大综艺》等轻松、充实、亲切的娱乐节目。这些节目推出了一个崭新的主持人群体：崔永元、水均益、白岩松、敬一丹、杨澜、倪萍，这些主持人和他们的节目一起家喻户晓，广受欢迎。

然而进入新世纪，各省级电视台卫星电视覆盖率不断提高，本地频道不断拓展，电视行业的竞争呈现火拼的态势。各地电视台为了脱颖而出，不再单纯模仿央视老大哥，而是各自创新，试图以鲜明的特色取胜：有些走彻底娱乐的路线，有些主打电视剧，有些大量购买境外节目，还有那些有境外背景的卫星频道在各大中心城市争先落地，争夺高端观众群……一时间，中国人的电视屏幕花样翻新，难以把握的快速变革一刻不停。只是这时，中央电视台却仍处于某种坚持权威性和严肃性的思维定势中，以至于过去的地位受到了挑战。两年前，湖南卫视《超级女声》的收视率和影响力都超过了央视的《梦想中国》，当时甚至有传言说央视相当嫉妒。

虽然市场竞争尚不充分，虽然央视在各类资源上都占优势，但是央视与地方频道的差距正在缩小。这中间的道理其实很简单，各地方电视台，无论是卫星频道还是本地频道，都不像央视那样包袱沉重，都能够轻装上阵，在允许的条件下尽可能地市场化，以满足观众需求、贴近观众心理为宗旨。中央电视台的包袱，就是它作为国家大台的思维定势，作为国家大台，它不可能完全以观众的需要为导向。比较起来，中央电视台似乎底盘太大，转弯太难，所以呈现出与大众难以亲近的遥远隔膜气质。有这个气质垫底，李咏的插科打诨显得那么勉强，朱军的热泪盈眶显得那么虚假。

对于一个节目来说，主持人的素质不是唯一重要的因素。节目的宗旨、节目的创意、节目的设计安排、节目的基本态度，这些都很重要。而且，一个好的节目显然更能够吸引素质好的节目主持人，一个好的节目也更能发挥主持人的潜能、提高主持人的水平。在某种意义上讲，主持人的素质和节目的质量，有互为因果的循环关系。而中央电视台所面临的问题，绝对不只是主持人素质低这样简单。或者说，主持人素质低，可能只是诸多根源问题的一个表征：例如人事制度、层级体系、激励机制，又例如指导思想、电视理念、市场态度。这些问题互相生发影响，俨然一个整体，靠零敲碎打是无法改变的。

在播音员、主持人管理改革工作会议上，赵台长提出的改革方案全在主持人的管理层面：构建管理体系，打破频道界限，不拘一格挖掘社会人才。这方案若能全部实施，或许会对央视的竞争力有所改善。但若想重现 20 世纪 90 年代的雄风，需要的则是 90 年代那样深刻勇敢的变革。电视界认为，90 年代中央电视台的变革，改变了中国电视的语态。在语态背后，是心态；在心态背后，是思想意识、价值理念。

2007 年 4 月 22 日

事件

当地时间2007年4月23日下午3点45分，俄罗斯首任总统鲍里斯·叶利钦在莫斯科逝世，遗体告别仪式25日举行。4月25日，俄罗斯为叶利钦举行国葬，总统普京、苏联前领导人戈尔巴乔夫和美国前总统老布什、克林顿等一些国家领导人或前政要出席了弥撒和葬礼。中国国家主席胡锦涛24日就叶利钦不幸逝世向俄罗斯普京总统致唁电。胡锦涛在唁电中说，叶利钦为中俄友好事业发展作出的突出贡献将永远载入中俄友好的史册。

观点

叶利钦一生中最大的政绩，是在集权专制留下的荆棘丛中，带领俄罗斯走上自由发展的道路。尽管他大权牢牢在握，并不时重蹈旧时代的积习，但是他义无反顾地，为国家带来了自由的言论、自由的市场、自由的选举和自由的市民社会。

叶利钦最大政治遗产是面向自由

不必等待时间的裁决，叶利钦注定是世界历史上浓墨重彩的一章。他的一生如此丰富，以至在他驾鹤西去之后，各种人士都可以从中找到原料来烹制自己的美味。纵观国内舆论，要么洋洋洒洒地描绘着他的传奇故事，将那段风云激荡的历史演绎成以权谋论和厚黑学为理论基础的宫闱倾轧，要么重复着激进改革祸国殃民的老调，不顾一些学者早已深入论证其谬误，过分功利地急于为己所用。我们认为，这两种态度都不足取，而必须站在人类历史的跑道中，回头检视叶利钦的政治遗产．这时你会发现他的成败功过都维系于面向自由的姿态。

叶利钦政治生涯中最动人的身影，是在 1991 年苏联发生 “8·19” 政变之际，他一次又一次地站在戒严坦克上发表演讲，号召人们反对政变者复辟专制铁幕的企图。他的勇敢、坚定和激昂的声音，成为历史关键时刻的一面旗帜，让那些在政变中迷惘无助的人，让这个天空刚刚现出一缕曙光旋即又被乌云遮蔽的民族，清晰地听见了自由的召唤。他虽然是戈尔巴乔夫的政敌，这种姿态却使他成为戈氏新思维精神的传承者，也使他获得了一生中最大最宝贵的政治资本。在那一刻，坦克上的叶利钦，成为俄罗斯民族新的雕像，其光芒远远盖过了政变的对象戈尔巴乔夫，成为叶利钦时代的真正的起点。

叶利钦一生中最大的政绩，是在集权专制留下的荆棘丛中，带领俄罗斯走上自由发展的道路。尽管他大权牢牢在握，并不时重蹈旧时代的积习，但是他义无反顾地，为国家带来了自由的言论、自由的市场、自由的选举和自由的市民社会。他使俄罗斯有了公认的议会与总统选举，也使别的 10 多个民族获得了独立发展的自由。尽管他的市场经济功败垂成，但是他实践了一次公正的机会，建构了一个基本的框架。他没有带领国家走向公正，也没有引导人民达到自由，但是他强化了公正观念，打开了自由之门。

人们习惯于认为，叶利钦是一个破旧有功而立新乏术的人物。如果历史地看，其实破旧本身就是立新的一部分。打破 70 多年的旧体制，并不是一朝一夕可以完成的事。在他执政 5 年之后，俄罗斯人终于放心地说，我们不会再回到旧时代了，因为权力监督的基本架构已经形成，他本人也时常在权力的宝座中摇晃。这是对他的政治成就最大的肯定，也是破坏本身就是一种建设的行动、摇晃是一种真正的稳定的现代观念的证明。

叶利钦一生中最大的失误，也正是在于他没有始终坚定自由的姿态，没有彻底地兑现自由的承诺。他作为一个旧时代培养出来的政客，一旦爬上权力的巅峰，身上带有的种种旧习随时都在发痒。有人认为他的一些行为是被迫的，那么也从另一个方面说明，在建设新时代的广场时，他没有能够彻底地清扫旧时代的瓦砾，甚至随手捡起瓦砾来打人。

备受争议的是他的经济政策。苏联解体之后，俄罗斯陷入经济困境，引发了人们对所谓“休克疗法”的反思。今天，越来越多的人意识到，从私有化程度说，俄罗斯不如民主德国；从财政货币紧缩政策看，它不如波兰等东欧诸国；从市场经济的深入化看，它甚至不如中国。因此，所谓“休克疗法”的激进改革是一个难以讨论的伪命题。越来越清晰的是，阻碍俄罗斯经济发展的，是旧有的权贵势力而不是市场新兴力量形成的寡头经济。这些寡头统治，阻碍了真正的自由市场经济的建立，剥夺了人民自由创业的机会，加剧了社会贫富分化，使得叶利钦的政治声望一步步走向低谷。

正如一些学者敏锐地指出，最后使政治强人叶利钦陷入四面楚歌的不是自由民主，而是他背叛自由民主和企图建立的新权威主义。但是他所主张的自由精神已经深入人心，他所建立的民主政治已经让反对派足够强大，他的旧时代政客风格总是面临质疑，他的独断倾向总是遇到抵挡，他所放任的寡头经济最终使自己尝到了苦果。在政治生涯的最后关头，他不得不作出一个交权的选择。他的交权，是民主政治中的一个权谋。一个掌权者必须通过提前退位来确保自己中意的接班人，这本身就是对民选政治的一种尊重和依从，也正是在这个意义上，叶利钦为自己的政治生涯如释重负地画上了一个句号，为他所留下的政治遗产作了最后的注释。

2007 年 4 月 25 日

事件

2007 年 4 月 29 日，广东省人民医院院长林曙光在接受媒体采访时认为，医患关系不和谐，在于医疗行业的特点，百姓对此不了解。而医疗收费与医疗技术一样，具有复杂性，判断医护人员是否乱收费，在于是有意还是无意的乱收费。该院 2006 年多收费 500 万元，林院长认为医院多收的 500 万元只占总收入 10 多亿元的不到 1%，符合国家差错在 2%之间的规定。

观点

由计费系统的局限性推导出多收费合情合理的论调，实质上是将医患关系紧张的责任转嫁给了冷冰冰的技术，以及对这些技术非常陌生的医疗消费者；吊诡的是，它同时也将医院（医德）理应承担的义务甚至自我反省的必要性推卸得一干二净。我们还能希望什么力量唤起悬壶济世的道德良心?

“收费差错合理论”暴露医院的技术傲慢

中国的医院不乏惊人之举，其医务工作者也时常发表惊人言论。最新的案例是，广东省人民医院院长在回应该院去年多收费 500 万元时说：医院的收费技术系统很复杂也存在局限，导致了多收费的误差，但多收费符合国家 2%差错率的规定。据报道，省人民医院去年共收入 10 多亿元，差错的多收费占 0.17%、少收费占 0.16%。该院长进而还认为，医患关系紧张在于百姓不了解医疗行业的技术特点，判断医护人员是否乱收费，要看是有意还是无意的。

院长从维护医院的立场上发表言论，本无可厚非。的确，通过他的“收费技术局限论”，公众也可以了解到在医院的收费数据中，卫生材料、中西药品等有六七千条之多，收费项目更高达1.5万个，这些都在客观上增加了收费的技术难度；再加上每天数以万计的门诊量，收费系统的复杂程度可想而知。但是，舆论对医院所宣称的“自有苦衷”的理解要保持适当的距离并谨慎示以同情，毕竟，院长为“多收了三五斗”进行辩解的言辞后面，那隐约展现的潜台词更耐人寻味。

简言之，这三方面层层递进的潜在告白是：既然医院收费系统和技术都很庞杂，那么出现多收费就是在所难免的；既然差错是技术系统难以克服的，那就不该被指责为乱收费；除了多收费，技术局限也导致了医院少收费，所以医院也是利益受损者。应该说，医患关系的困局由来已久，两者之间的紧张状况似乎难以被彻底纾解，不过从医疗收费的技术角度入手，提供多收费不等于乱收费甚至多收费属合法的依据却是第一次见诸报端。可复杂的医疗项目以及相应收费技术的局限真的可以作为多收费的理由吗？医疗乱收费能够借助于“技术缺陷”——医院常常以此作为挡箭牌——得到澄清和谅解吗？

由计费系统的局限性推导出多收费合情合理的论调，实质上是将医患关系紧张的责任转嫁给了冷冰冰的技术，以及对这些技术非常陌生的医疗消费者；吊诡的是，它同时也将医院（医德）理应承担的义务甚至自我反省的必要性推卸得一干二净。但正像那名院长所承认的那样，医疗技术和计费技术都是专业而复杂的，医生因此对病患者具有天然的优势。换言之，病人不可能将自己修炼成名医再去看病，他们日常面对的是医院整体上庞大而深奥的技术系统。理想状态下，对于一个具备良好医德、善于纠偏的医疗供应方来说，病患本没有义务去了解这一系统的技术运转情况——因为这一理想中的医疗系统会自动将技术运行调整到恰当的状况；起码是，这一技术系统具有高尚医德将病人的困厄作为其中心任务。

但现实显示了别样的图景，医院的技术权威往往构成了“压迫”病患的工具，它尤其缺乏内生动力去修补技术运行中的缺陷和失误。例如具体到省医，多收费与少收费并存或许成为医院为自己辩护的堂皇借口，然而只要前者的比率大于后者，医院恐怕就不会主动去订正计费的漏洞，哪怕这种弥补是技术完全可以实现的！于是，以计费系统为代表的医疗行业的特殊技术不再是中立的技术形态，它被用来服务于信息严重不对称下的医院私利。如此，院长所强调的“系统复杂性”、“技术局限论”实际上演变成了院方的技术优势。在这一单向度的技术优势中，诸如化解医患矛盾、协调医患利益等目标很可能因医院的冷漠或敷衍，沦落为社会治理的“单相思”。

过去，民众都习惯于从医疗体制改革、纠纷处理办法、国家调控等方面讨论医患紧张的困境，省医院院长的技术论则为重新看待这一问题提供了新的视角。从技术控制的作用而言，医院账房的电脑和手术刀对病患具有相同的效果，它们都以技术要素的特殊配置巩固着医院那尾大不掉的技术地位，并促进技术与医院的利益结盟。在这样的情形下，“计费技术局限论”等说法展示了某种技术傲慢，并让这样的期待显得不无悲观：我们还能希望什么力量唤起悬壶济世的道德良心？

2007 年 5 月 1 日

事件

2007年5月5日，广州白云区京溪路“御品”楼盘20多名建筑工人讨欠薪，却惨遭楼盘保安持铁棍、扳手暴打，现场有人还公开叫嚣：“打死一个工人给20万!”最终造成9名工人受伤。最重的一个脑部遭击打受伤，其余则是手脚骨折、皮肤创伤等等。目击者称，这已经是“御品”楼盘的保安第二次殴打工人了。劳动局在2006年曾经来调解过，但欠薪问题一直没有得到解决。

观点

近年来保安与工人、业主的冲突已经发展成为城市暴力的重要种类。从责任承担的角度来说，作为“打手”出现的保安并不是元凶，他们不过是一种暴力工具而已，其幕后主要由地产商构成的隐形群体才是真正的“黑手”。

某些地产商为何选择暴力解决争端

前日，广州白云区京溪路“御品”楼盘的工人，在向开发商讨要欠薪时遭到数十保安大规模围殴。在这场力量对比悬殊的冲突中，至少9名工人被铁棍重伤，有的工人被殴打至骨折送医院急救……此事一经报道，舆论一片哗然，声讨不良保安及“匪化”地产商的烈度急剧升高。

“御品”楼盘的围殴事件不是特例，更非孤立的地产暴力。近年来保安与工人、业主的冲突已经发展成为城市暴力的重要种类。但这是一种特殊形式的暴力现象，因为在它的背后所隐含的是比盗抢、杀人等刑事犯罪更为复杂的社会原因。从责任承担的角度来说，作为“打手”出现的保安并不是元凶，他们不过是一种暴力工具而已，其幕后主要由地产商构成的隐形群体才是真正的“黑手”。谁也不能否认，众多地产商正深刻地改变着城市面貌，但作为强势利益集团的某种标志，某些地产商所引发的社会冲突正在恶化民众对这一阶层的印象，也同时腐蚀着正常的社会结构。

这是一个需要正视的问题：在包括“御品”围殴事件在内的类似冲突中，相较于开发商而处于劣势的当事人极少主动寻求政府有关部门的支持。欠薪的地产开发商在冲突初起时，虽然经过一次劳动部门的调解，但最终采取的仍不是按照有关规定解决争端。从报道看，众多工友应该知晓劳动部门等仲裁机构的，但究竟是什么理由让他们远离有关部门，采用弱势人群的非暴力去对抗地产商的暴力相加？在冲突的双方那里，理论上负担调解职责的行政和司法力量都被悬置，但态度大有差别：傲慢的地产商漠视这些约束机制，相应卑微的一方则对之不信任。

在公权力的公信力下降的背景下，存在着地产商人的私权无限制膨胀的社会心理和现实认同。在地方政治中，出于GDP 的业绩及其发展后很难加以调控的缘由，房地产业在产业结构中获得了令人瞠目的重要地位。一个悖论是，伴随着地产资本在建设、土地、信贷等公共架构内的非正常流动，本应受到有力钳制的它竟然造成地产商人的权力超出了上述公权的控制。犹如某个外国话剧所告诉观众的那样：市民并不是生活在“城市中”，这很可能是一个假象，因为市民们真正生活在“小区里”；相应地，市长并非城市的最高行政长官，城市的权力金字塔上端坐着的是大大小小的地产商。

戏剧的表达难免有夸张的成分，但地产商控制下的领域构成及其图景已牢牢地楔入市民生活。他们依靠持续的楼盘开发将城市割裂成一个又一个“模块”。在这些被称为“小区”的模块里有地产商出资的学校，有必须通过他们经手的公用品供给，还有近似于居委会功能的事实管辖，更有随时可改变护卫性质的大批保安。总之，一个个小区就相当于一个个小社会，在它们接受业已脱离公共监管的治理模式下，不断积累着完全迥异于其他类别的社会矛盾。这其中的关键是，地产商们坐拥巨量资产足可挟持甚至号令诸多行政资源，为其所用、所驱使……诸如此类。像“御品”这类地产商逐渐发明并享受这样的逻辑：他们几乎能在自身范围内，自行解决所有针对他们的挑战，即便采用的是非法的暴力手段。如此，假若没有高尚的私德约束，让地产商不“匪化”也很难。

最新的流血事件还说明，此种暴力逻辑之所以得以存续，得益于公权力那失衡了的供给。此种失衡体现在两个方面：一是整个公共行政权力在强弱不均的利益群体上无法保持中立，理应给予的救济措施让位于某些既得利益的考虑；二是体现在行政架构内部的各主管部门，出于部门利益，习惯性给予地产商优惠待遇，一旦发生类似的危机事件，它们很难根据职能作出有效干预。或者说，在涉及地产业的社会事务中，遭殴民工（或业主）与无良地产商的需求受到了有差别的对待——显然，这是一种非正义的对待，是一个对公平正义怀有美好预期的社会所不能容忍的。

2007年5月7日

事件

美国《福布斯》杂志于2007年4月7日宣布，从2007年起，《福布斯》将取消中国慈善榜。对于取消的原因，福布斯中文版市场总监张晓华接受采访时表示，中国的慈善事业不如国外成熟，很多富豪捐赠方式隐秘；不少企业家保持低调，不愿公开其在慈善领域的贡献，增加了数据调查难度。此前，《福布斯》曾推出3张中国慈善家排行榜。

观点

慈善的光彩，源于社会公正的制度与敞亮的内心，它穿透竞争社会与自私人性的遮蔽而放射。健全的法律、向善的道德与互助的文化，成为慈善事业生发共荣的社会基础。这当中的每一个方面，我们都欠账太多。关于财富生产与积聚的制度命题，以及附着其上的社会涵义，我们仍未彻底解决。

慈善的光彩，源于社会敞亮的内心

当下中国，各类榜单的发布成为复杂社会的简单索引，其存废同样耐人寻味。昨日，美国著名杂志《福布斯》宣布，从今年起取消中国慈善榜。这是《福布斯》为中国富豪排名8年来，取消的第一张榜单。对于取消的原因，福布斯中国负责人表示，中国的慈善事业不如国外成熟，很多富豪捐赠方式隐秘，不少企业家保持低调，不愿公开其在慈善领域的贡献，增加了数据调查难度。

关于中国的富豪，以及富豪的种种行迹，始终是媒体和公众的兴趣话题。社科院近日发布的报告说，在房价飞涨的时下，富豪云集的房地产业却遭到“集体丑化”。这一次，一份正面展示中国富豪形象的慈善榜半路夭折，同样牵扯敏感的社会神经，尽管这只是传媒企业的一个经营决定。更准确地说，这不是因为少了一份可读的福布斯榜单，而是为那些榜单失落背后的财富动向——我们就是这样，话题已经无趣，而对财富依然敏感。

富豪在中国的身份尴尬，福布斯榜单只是一个注脚。为什么富豪群体会有如此的社会体验，已经有无数分析可以引证。慈善捐赠作为财富使用的方式之一，不仅受制于富人群体的公益精神，也同样测试社会的财富观念。中国的富豪们在慈善行为上的蹑手蹑脚，反映出社会还缺少健康的财富观念，整个社会的财富运作始终处于隐秘不宣的混沌状态之中。只能做不能说，甚至既不做也不说，是富豪群体在慈善行为上的可能取向。不过，谁又能说，这不是整个国家面对制度改革和社会转型的基本心态？

在大众的视野里，中国的富人常被用来与他们的美国同伴相比照，以此佐证财富使用的不堪状况。如此论证，只能说明大众对奔赴现代社会的急切心理，以及在社会变迁中的速度幻觉。如果重提旧事，当然不应忘记，我们是在基础性的产权制度都缺失的情况下建设市场经济，私人财产直到近年才受到宪法的保护，保护产权的《物权法》几经波折才艰难通过，个人财富的巨量积累正是在历史的夹缝里发芽生长。更早一点，意识形态的风暴袭卷一切私心私产，“狠斗私字一闪念”，留下了社会心理的耻感后遗症。就像一位不愿公布姓名的房地产富豪所说，“不少中国富豪都在努力做善事，只不过不想公开”。中国的富豪们仍在“原罪”的阴影里，不敢寄望太远的明天。

围绕财富，更普遍的转型心理则是彼此不信任。大众不信任富豪，认为财富来路不正；富豪不信任政府，认为官员腐败寻租；政府不信任民间组织，认为别有用心；民间组织因此无法立足，不能有效组织大众。中国的慈善困境，即在这样一个互不信任的链条中聚集成形。中国富豪低调隐秘的慈善举动，正是普遍的信任丧失的结果。但社会的制度改进，一直未能打破既存的信任格局，即便有正向的制度激励，也没于失信的背景之中。因此，为慈善正名，就要为财富的运转正名，就要为社会的运作谱系正名，要为一个健全成熟的社会正名。而这无异于一次社会转型的全部任务所在。

慈善的光彩，源于社会公正的制度与敞亮的内心，它穿透竞争社会与自私人性的遮蔽而放射。健全的法律、向善的道德与互助的文化，成为慈善事业生发共荣的社会基础。这当中的每一个方面，我们都欠账太多。《福布斯》慈善榜的取消，是为富豪们模糊不清的身影而失意，但我们借此发现，关于财富生产与积聚的制度命题，以及附着其上的社会涵义，我们仍未彻底解决。

2007年5月9日

事件

2007年5月5日下午，肇庆市端州区登高路一巷15号居民楼发生了一起入室抢劫杀人案。行凶的4名歹徒一共杀死4名小孩、1名孕妇和1个阿婆。警方于5月6日下午在广州市区将两名犯罪嫌疑人邓大新（男，21岁）、邓宗命（男，22岁）抓获。据悉，被杀6口的张家，是邓大新的恩人。邓大新的亲戚认识在当地开店的屋主张某，要求张某关照在肇庆鼎湖中学读初三的邓大新。一年多来，邓大新一直在张家的关照下读书、生活。2007年4月，邓大新因搞传销经济困窘，伙同同乡邓宗命密谋向熟人下手劫财。5月5日，邓大新诱骗女事主开门后，胁迫女事主说出存折密码后，持刀将事主家中的6人砍刺致死。

观点

公共传媒的职责有别于教堂，它瞠目于凶手的丑恶凶残，感到寒冷恐惧，甚至悲观无奈，但是它一如既往地相信自己的解决之道：通过减少悲剧发生的社会诱因来减少悲剧，通过建设更好的社会来收获更善更美的人心。

制造悲剧的是人心，可堪改善的是世道

震惊世人的肇庆灭门案日前告破，案情经过已经基本明了。此案的凶残血腥、作案者恩将仇报的无耻无情，仍然让人难以接受、难以理解。与马加爵案、邱兴华案和郭云案相似，人们期待一个解释，以恢复对人群的信任及心理安全感。肇庆灭门案不仅破案神速，事因似乎也格外清楚，仿佛已经可以定论：凶手见财起意，动机是为钱；凶手受过传销“洗礼”，人性几近泯灭。

图财的动机是无可反驳的，但是想发财的人多了，没见人人都去劫杀；参加传销肯定会对人（尤其是青少年）的精神和心理造成影响，但是千万因传销破产的人，也没见人人都去劫杀。和很多类似的暴力案件相似，事情的个案性质、偶然性质仍然是核心；作案人个人的心理和品格，仍然是事发动因中神秘难解的部分。媒体惯于从社会制度和公共环境中去寻找罪魁祸首，但是人性中有些部分，并不是外部因素可以解释的。马加爵、邱兴华和郭云，留给媒体和公众的，仍然是不能理解的谜。肇庆灭门案中的邓大新和邓宗命，在他们浅显明白的作案动机内部，隐藏的仍然是这两个人本身的邪恶残忍，仍然是让人恐惧的人性之恶。

在肇庆灭门案中，有两个关键时刻，凶手都作出了指向悲剧的决定：一是动念抢劫恩人，二是动念杀人。后一个决定，似乎是情形所迫，仿佛案发时无人敲门，张家 6 口也不至于命丧黄泉。但其实他们随时可以放下屠刀，邓大新自己无法手刃熟人，只能叫同谋动手，但是他在犹豫时刻为何没有选择放手？前一个决定看起来似乎更是无奈，是贫穷、是传销、是命运把他推上绝路，但其实他的绝路是自己定义的，他一直都有别的选择。谋划抢劫违法犯罪需要胆量，恩将仇报考验基本道德——在犯罪嫌疑人的口中，只有一句，“干一笔迅速来钱的大买卖”，就这么简单？6 条人命啊！

这两人在那两个关键时刻的心理活动，我们恐怕永远无法还原、无法理解。但是在试图解释他们的时候，我们很容易联想到以下这些事实：社会价值唯钱独尊、道德沦陷、信仰缺失、欲望膨胀。从整体来看，与这样的社会氛围互为因果的便是这样的人心：情感冷漠、无知无畏、急功近利、空虚暴躁。这些因素在何种程度上塑造了嫌犯们的性格，我们很难臆断，又在多大尺度上参与了嫌犯的两次决定，我们也无法测定。但是我们不能否认，这场惨案与沦落的世道人心不无关联。最低限度，每个人每件事都深嵌于这社会，由一桩凶案而反省世道人心，也并非矫情——即使没有如此惨剧，世道人心也早该反省。不管是最好的时代还是最坏的时代，不管是蓬勃的发展期还是伟大的转型期，社会风尚和生命价值都不能简单地等同于对金钱的贪婪和物欲的放纵——这样的时代是疯狂而脆弱的，贪婪不是振奋，放纵不是解放。

一桩悲剧和一桩喜剧一样，都可以从环境与人心两个角度去解读。复杂的是，环境和人心又是互相影响的，这让事件的因由缠绕难解。公共传媒的职责有别于教堂，它瞠目于凶手的丑恶凶残，感到寒冷恐惧，甚至悲观无奈，但是它一如既往地相信自己的解决之道：通过减少悲剧发生的社会诱因来减少悲剧，通过建设更好的社会来收获更善更美的人心。

2007 年 5 月 9 日

事件

2007 年年 5 月，广东惠州街头出现一则寻人启事，一对来自安徽的打工者夫妇悬赏 5 万元寻找走失的女儿王梦雨。后在惠州郊区一片小树林里发现了年仅 4 岁的小梦雨的尸体，然而警方经过 62 小时调查发现，凶手竟然就是其母亲杜某。2007 年 5 月 8 日上午 10 时许，杜某教女儿王梦雨写字，因王梦雨淘气，杜某打骂时将其推倒，导致王梦雨后脑撞击地板，随即全身抽搐。杜某试着做人工呼吸但没有效果，便拿衣服捂住王梦雨的口、鼻。最后将王梦雨装入一个红色旅行箱后弃尸。

观点

当惨剧不可挽回地发生，有时我们只能接受这痛心与遗憾。但是，我们并不只有痛心与遗憾。我们也看到，一个有关切有行动的民间社会也在充实生长，那些细微强大的社会力量正在汇聚共识、化解阵痛。

一个有关切有行动的社会无惧遗憾

惠州的人伦惨剧，又一次令大众无言。4 岁女童小梦雨在闹市走失，父母悬赏 5 万元寻找失踪女儿的线索，当网络与媒体持续关切，孩子的尸体却在僻远的村道旁被发现。于是，民意激愤了，网络沸腾了，社会的行动也展开了——他们在网站为孩子留下祈祷的文字，他们提醒市民如何应对可能的儿童丢失，他们给受害的父母送达慰问，他们去殡仪馆送别幼小的生命。甚至，他们也以恼怒的情义责问政府，希望警方以更专注的行动缉拿凶犯。62 小时之内，这些行动跌宕推演，细节缜密交错。62 小时之后，警方宣告了令所有人目瞪口呆的结论，母亲才是杀死自己孩子的真正凶手。

事情到这里，只剩下空洞的留白。那些曾经在网络上悲切疾呼的人，不得不面对无常世事的巨大反复，必有心乱如麻。更多的人则放弃思考，放弃逻辑，甚至放弃唏嘘，而只让无言充满内心，茫然张望此刻的社会。我们也同样如此。事情因为完全突破人伦底线，所有为什么的追问，都显得徒然无力。她是一个抑郁的年轻母亲，这是外来工家庭模式下的教育悲剧，也是隔代抚养导致的冷淡亲情，或者说，这根本就是人性变态的极端事件——这些可能做出的解释都似有还无，要还原更深的因果联系，成为一件无望而残忍的事。

这不是强作推理的时刻。当惨剧不可挽回地发生，有时我们只能接受这痛心与遗憾。但是，我们并不只有痛心与遗憾。在惠州女童事件中，一个有情义有关切有行动的社会形态令人欣慰。在短短 62 小时之内，围绕失踪女童而展开的行动，显示出一个有凝聚力、行动力的社会共同体可能做成的事情。在那些或实在或虚拟的社区里，人们以一种守望相助的精神，传递爱心、表达愤怒、释放情意。

从女童失踪的第二天开始，在惠州当地一家名为西子湖畔的网络论坛上，就已经有人发出了寻找失踪女童的启事，引发热切关注。在随后的两三天时间里，越来越多的人加入到关注失踪女童的话题中来，最高点击率接近 3 万。随着事情的进展，有人发表《为王梦雨和她的家人祈祷》的文章，在“梦雨被杀害了”的消息发布后，许多人自发为她网祭。还有人发出了“呼吁全市动员起来抓出凶手”的号召、“要求公安部门成立专案组”的请求，希望以网络投票的方式令警方重视梦雨一案。更多的人，则以哀婉的陈情为一个小生命的逝去表达感伤，以对受害父母的鼓励表达对生命坚强的敬意，他们还相约去殡仪馆送别小梦雨，以更积极的方式聚集关注，表达焦虑。当然，也有一些悲极而怒的文字，指责社会的失序、治安的混乱、打击的乏力，但就整体而言，这些发言温暖热切，积极理性，展现出很强的自我组织与自我纠偏能力。因此，这整个的事件，并不只有人伦震惊的遗憾，还有社会有心的行动。这些珍贵的精神萌芽，不能只让无常的悲情所取代。

民众的关切没有落空，但警方的迅速侦破，其结果却出乎所有人意料。对此，有官员说，小梦雨遇害之后，很多人提出了偏激的观点，诸如质疑惠州的社会治安，否定公安民警的工作等等，这些都是不够理性的。事实的真相令人意外，这个意外说明，媒体、网络、大众都应该理性、冷静地看问题。然而，我们要说，如果这种对理性和冷静的强调，仅仅是指一次喧哗却有序的社会自我行动，给政府部门带来了未曾预料的巨大压力，那么，这仍然只是政府本位思考，但评价并不公允。尽管这种热烈而积极的社会行动，其所追索到的结果重如磐石，压在了整个社会的心上。

这起令人无言的人伦惨剧，几乎要封锁全部的社会思路。我们以悲悯之心默默打理，以生命的遗憾替代思索。这不是第一次，也不会是最后一次，社会为一个极端案例震悚无言。但我们也看到，一个有关切有行动的民间社会也在充实生长，那些细微强大的社会力量正在汇聚共识、化解阵痛。我们因此可以无惧于世事无常的巨大冲击，即使人性偶有失态，生命或有无言，一个互助有力的社会仍值得期待。

2007 年 5 月 14 日

事件

针对市场传言贵州茅台总经理乔洪被“双规”，贵州茅台公司于2007年5月14日以董事会决议的形式透露，乔洪将调任贵州省国有资产监督管理委员会副主任。5月18日，新华社记者从中共贵州省纪律检查委员会了解到，中共贵州省委常委会18日研究决定，对贵州茅台酒股份有限公司原总经理乔洪进行立案调查，并已对其“双规”。经过近一年的调查，贵州省纪委秘书长廖建宇于3月4日下午证实，对乔洪的调查已进入司法程序，“年前就已批捕”乔洪。据贵州省纪委此前查到的情况，“乔洪涉嫌受贿不低于1000万元”。乔洪之子乔木于2007年5月12日在北京海淀区某宾馆被逮捕，罪名是涉嫌重大经济犯罪、毁坏茅台财务证据。此前，贵州省公安厅已经对乔木发出了A级协捕令。乔木已于5月13日被带回贵阳，移交给贵州省纪律检查委员会。

观点

贵州茅台高管的“双规”疑云，又一次显示出中国社会对潜规则的集体信任。乔洪的去向，已经不是上市公司的一纸公告所能全部表明，这其中的深意，不在民意的腹诽，而在社会的失信。

乔洪去向莫测，舆论只好索隐

上市公司贵州茅台的高管异动，正从市场反应变成舆论迷思。“五一”长假过后，贵州茅台总经理乔洪被“双规”的消息开始流传，不日有媒体引证贵州省纪委人士称，乔洪涉嫌贪污受贿被调查。在当事方并无及时公开的辟谣，以及不算短暂的沉默之后，昨日，贵州茅台发布公告称，乔洪因工作原因调任贵州省国资委副主任。广泛流传的乔洪“双规”风波至此似乎平息，但疑问同时到来——深陷“双规”疑云的国有上市公司老总，何以由企业单方面宣布转任政府要职？

这样的疑问串起了舆论普遍的困惑。上市公司的市场身份，副厅级老总的国企背景，“双规”联系的党内反腐手段，以及国资委副主任的政府要职，如果要用这全部的词语来造句，会产生一个怎样扑朔迷离的句子？公众的疑惑正来源于此。早前，当市场传出乔洪“双规”的各种版本，捕捉到贵州茅台在股市的异常动向，甚至在媒体公布权威人士印证的“双规”消息时，贵州茅台显出令人寻味的沉默与忍耐，纪检机构也没有急于反击媒体报道的可能失实。乔洪的去向，因此演化成一个讳莫如深的问题。

但另一方面，公众面对这个隐晦的逻辑，产生了另一种可能的解释。一家上市公司，迫于信息披露与市场反应的压力，不得不告诉股民，他们的总经理去了哪里。贵州茅台说，总经理乔洪调去了省国资委当副主任。但与此同时，奉行政务公开的当地政府，却并没有及时宣布他们从国企调来了新任的官员。也就是说，这个由企业公告的人事消息，并没有来自政府的最终确认。至于“双规”问题，既没有得到确认而成立，也没有得到否认而推翻，纪检机构始终保持着相当的神秘与忍耐。公众据此推测，乔洪的“双规”极可能是既成事实，而迟到的市场公告不过是避免股市震荡的暂时策略。

于是，在逻辑缺失的机构行为背后，公众与股民又一次运用他们自己的经验智慧，为一个公共事件找出了另外的解释逻辑。即便上市公司的公告已经明示乔洪的去向，公众和股民也仍然抱守他们的认定，机警地相信这不过是见惯不怪的潜规则、声东击西的障眼法。正是这些自以为是的机构作为，造就了社会对潜规则长久不衰的解读欲望，以及公共生活难以解决的信任危机。

在贵州茅台的复杂猜测中，其实还有三个问题。其一，当上市公司的信息披露挑战政府的信息公开，政府如何展现诚意？其二，当党内的“双规”遇到公开的市场，隐蔽的管制如何可能？其三，当国企的利益捆绑党政的决策，现代企业制度又怎样实现？这三个问题，在茅台高管的去向疑云中一一呈现，成为当前政党、政府、市场、国企之间复杂关系的集中表达。而最核心的一点，就在于机构运作是否实现了真正的公开化和透明化。

贵州茅台高管的“双规”疑云，又一次显示出中国社会对潜规则的集体信任。乔洪的去向，已经不是上市公司的一纸公告所能全部表明，这其中的深意，不在民意的腹诽，而在社会的失信。而普遍失信于民的机构作为，无疑要首先检讨。

2007年5月15日

事件

2007 年 4 月 2 日，国家体制改革会议在成都召开，在此次会议上，关于综合改革试验区的争夺再次升温。继重庆、成都、长株潭城市群、武汉之后，杭州、台州、合肥、广西北部湾、沈北新区等也已向国家发改委相关职能部门表达了自己的愿望；而在两会期间，刚刚加入了申请大军的广州开发区、苏州工业园区、郑东新区、新疆乌昌行政区、内蒙呼包区、哈大齐工业走廊区、河北曹妃甸等也加紧了各自的步伐。

观点

设立特区的目的只有一个：取消特区，最终建成统一的大中华经济区，为特而特是对改革开放之始的特区原则的背叛。

设立特区是为了最终取消特区

有太多的城市有太多的理由争取特区身份，湖北、湖南、辽宁、广东、海南等省人大代表在两会期间极力争取本省的某个城市、城市群甚至是全部地区，成为继上海浦东新区、天津滨海新区、深圳特区、重庆城乡统筹发展综合改革试验区之后的又一个“全国综合改革配套试验区”。

从这些争夺的城市来看，特区争夺战其实是经济与政治资源争夺战，谁能获胜，谁就拥有了比其他地区更高的起飞平台。从更宏观的层面来看，我国的特区建设是改革从经济领域向全部领域逐步深化的过程，设立特区是为了减少失误成本，总结成功改革经验推广到全国所需。因此，不同时代的不同特区，应有与此前特区截然不同的定义，有更宽泛的内涵，否则，中央政府大可不必兴师动众进行特区选拔赛，只要针对某个地区实行特定的优惠政策即可。

从两税合一等举措来看，政府取消企业超国民待遇的思路十分清晰，从逻辑上来说，对各个地区也应如此，而不能在一个地区实行流转税为主的税制而在另一个地方以消费税率为主，人为造成地区之间的不公，延滞我国统一的国内市场的建成。进行特区试点正是为了摸索出一条可以推广的公平之路。在战略上是为了创造公平的发展环境，在战术上则采用先头部队分头突进的方式。

与以往的一切围绕经济而行、直接目的是为了推动 GDP 的经济特区不同，在改革涉入深水区之后，经济的发展已不纯粹是经济问题——比如允许央企在世界范围内进行职业经理人选拔，或者允许民企进入任何政府未设限的领域——而是涉及政府行政职能、金融体制改革等各个方面的综合配套试验改革工程。有关方面显然已经意识到，如果不进行综合配套改革，一些改革举措将迟迟难以到位。最典型的例子莫过于，非公经济三十六条颁布至今，民企在大多数垄断行业仍然举步维艰，遭遇的玻璃门不断增厚。再如，经济改革至今，货币改革却步履迟缓，如果不建立国际市场认可的可以自由兑换的货币制度，中国修修补补的货币政策将永远不敷所用，并且在国际市场上受制于人。此次特区被称之为“综合配套改革试验区”，其原因概在于此。此次报道的国家综合改革试验区，其改革试验的核心内容，“不仅可获得国家税收政策和资金项目的支持，更重要的是拥有部分地方自主权，可以在某些制度上先行先试”。

从根本上说，特区之特即政策之特，也就是地方在一定程度上拥有因地制宜的改革权限，这是政策权的部分让渡过程。在各地开发区同质化明显、效应不彰的情况下，加大体制改革创新力度已成各地的共同吁求。

以往的特区争夺战虽然一度被狭义解读为资金、项目与优惠政策争夺战，但从蛇口、深圳开始的试验早就表明，经济改革措施与行政改革措施在一个转型的市场经济国家是合二为一的事，当时国企行政性用人制度的变更，与市场激励机制的实行甚至包括可以发奖金，在民间更多的是当作政治信号被解读，而不是经济信号。

从目前已有的综合配套改革试验区来看，改革牵涉到政府职能改革、金融体制改革、土地制度改革、农村土地流转等多个重大方面，与其说是一种经济优惠，还不如说是赋予了改革权力。在天津等地实行的金融改革试验，则使这些地区拥有了一定的货币市场的开放度，检验金融等市场的承受能力。特区之外的改革试点也有浓厚的全面改革意味，比如目前在东北实行的增值税改革就是针对工业基地出台的不同激励措施，对于我国的经济将产生重要影响。

当然，各个地区之所以对参加特区争夺战热情高涨，并不全是误读了特区的含义。实际上，在其他地区政策被裹小脚难以创新的情况下，谁获得了特区身份谁就能获得改革的先机和抢先拥有市场，有可能成为下一轮经济发展的领头羊。如果天津、浦东等地奠定金融优势地位，不仅对于这两个地区的发展拥有了明确的目标，还有可能借中国经济发展之大势，进一步成为远东地区的金融中心。

设立特区的目的只有一个：取消特区，最终建成统一的大中华经济区。为特而特是对改革开放之始的特区原则的背叛。实际上，对于我国这么一个幅员辽阔的国家来说，很难有一刀切的政策适用于所有地区，东部与中部的比较优势不同，所适用的政策应该有所区隔，如果将不同区域强求一律地维持在同一个消费与经济发展水准上，中国经济恐怕只能集体向后转。承认因地制宜，承认不同的地区需要不同的政策，有不同的需求，也就相当于间接承认财政联邦主义的某些理念，现在以特区的名义进行的试验，可以视作一个小心求证的过程。

从目前来看，我们还无法跨越特区阶段，但终有一天，各地因地制宜的发展会成为常态，地方法律政策与上位法和中央政策在矛盾中取得和谐，特区争夺战将成为历史。

2007年5月17日

事件

2006 年 4 月 9 日，山西省运城市稷山县 3 名科级干部在当地两会期间，匿名写了一封针对县委书记、名为《众口责问李润山》的公开信，并邮寄给当地 37 个部门的负责人。当地公安机关查明写信人身份后，当地检察机关以诽谤罪为名，对 3 名写信人提起了公诉。“稷山文案”被媒体披露之后，舆论普遍认为和发生在重庆的“彭水诗案”一样，是公民因言获罪的典型案例。尽管遭到媒体一致谴责，3 名被告人还均陆续被判处有期徒刑 1 年，缓刑 3 年。县委书记李润山接受采访时表示，有人向他建议，借此机会“严惩他们，好好整顿一下风气”，但他考虑到他们年龄大了，工作了这么多年，上有老，下有小，需要同情，于是向法院“打了招呼”，提出轻判。不但轻判了，还判了缓刑 3 年，保住了他们的工资正常发放。

观点

权力结构的弊病已经是老生常谈，但是在一桩具体、荒唐、令人愤怒的县城政治事件中，我们找不到比老生常谈更好的病根。

稷山诽谤案，地方铁幕谁来戳破？

2006 年 4 月 9 日，山西省运城市稷山县人大法工委主任杨秦玉、县委退休干部南回荣、县农机局局长薛志敬，向运城市主要领导和稷山县主要领导及县镇各部门主要领导寄出了匿名信，举报稷山县委书记李润山。10 天之后，杨秦玉、南回荣因涉嫌诽谤罪被刑事拘留，薛志敬闻讯逃亡，警方随即开始网络通缉。2006 年 8 月 8 日，稷山县检察院以诽谤罪对杨秦玉、南回荣提起公诉。8 月 21 日，稷山县人民法院作出判决，杨秦玉和南回荣犯诽谤罪，均被判处有期徒刑 1 年，缓刑 3

年。2006 年 9 月 3 日，薛志敬在太原被捕，后被取保候审。2007 年 5 月 15 日，稷山县人民法院再次开庭，审理“诽谤县委书记案”第二案，被告人是薛志敬。薛志敬的命运即将揭晓。

此案今年 4 月在媒体大面积曝光，被人们称为稷山版的“彭水诗案”。其实，此案并不涉及公民的言论自由，而是关系到对举报人的保护。将两案联系在一起的，是县级领导在一手遮天骄横跋扈时的那种安然自若，是公器私用时的理所当然。将两案联系在一起的，并不是个别人对县领导的“攻击”（批评的形式当然会有所不同），而是县领导对个别人的报复，是县领导手中的工具，是县一级行政区域里的权力秩序和政治气候。

现在看起来，稷山县的权力秩序更加赤裸裸：公安局为县委书记抓人，还网络通缉，办案神速；检察院为县委书记“公诉”，虽然“受害人”完全有起诉能力；法院给举报县委书记的人定了罪，并不考虑“举报”和“诽谤”之间的区别。公检法的独立立场，公共关照付诸阙如。与此同时，县委书记为了表示自己宽宏大量富于同情心，相当有风度地说自己跟法院“打了招呼”，一点不避讳自己对法院所拥有的特殊影响力，可能根本没想到这有什么可避讳的。

现在看起来，稷山县的政治气候更具专制气息：开庭之前，杨秦玉、南回荣戴着手铐被押进县委大楼，在全县所有科级以上干部及一些退休老干部近 500 人面前检讨。这次公示检讨被称为“稷山县全体干部警示教育大会”，其恐吓意图非常明显：谁要再敢举报县委书记，下场就和他们一样！杨秦玉、南回荣和薛志敬的下场确实很惨，开除党籍、免去职务、被刑拘、和杀人嫌疑犯关在一起、出来还要交钱、要写检讨、要受羞辱、要被判刑、要去服刑……眼见先例如此，料想稷山人也不敢再对县委书记有微言。

比“彭水诗案”更让人绝望的是，这荒谬无耻的案件被媒体揭露月余，竟未见任何翻案的希望。对杨秦玉、南回荣的判刑照旧，对薛志敬的公诉也照旧，李润山照旧春风得意做着县委书记，县里的公检法以及其他各个部门应该也照旧效忠李润山——稷山县仍旧是李润山的天下。

有评论说，这些“土皇帝”暴露了地方治理的深刻危机，开出的药方无非是上级加强垂直管理，媒体加强公共监督。现在看来，群众不敢监督了，媒体监督也没用了，上级政府好像既没接到举报信也没读到报纸上的新闻和评论——“土皇帝”们泰山稳坐，好像没人管得了。

其实，县一级党政机构与其上的各级权力机构没有太大的区别，县委书记很容易表现为“土皇帝”。一方面是因为他们处在垂直管理的末端，所受到的监督压力比较小；另一方面也是因为他们管辖的天地比较小，有可能全面地为一个人所控制。再有，就是他们更多地与具体的百姓打交道，在县城的熟人社会里，他们的劣行更容易被揭示出来。

依照现在的体制秩序，不论是群众还是媒体，都只是间接的力量，最终只有上级政府能够监管这些“土皇帝”。但是上级政府的监管动力在哪里呢？如果去考察上级政府，它的权力结构与县城别无二致，正由于他们不直接对人民负责，他们所采取的手段往往是包庇而不是监管。如此层层向上追溯，便是党和国家领导人对官员无为和官员腐败痛心疾首的根本原因——权力结构的弊病已经是老生常谈，但是在一桩具体、荒唐、令人愤怒的县城政治事件中，我们找不到比老生常谈更好的病根。

2007 年 5 月 18 日

事件

2007年5月，山西省环保局和财政厅联合制定了对重点城市空气质量改善工作进行奖励的具体办法。奖励办法规定，对纳入国家考核的空气质量重点城市和山西省考核的环境综合整治城市中，退出全国污染最严重城市前五名的奖100万元，位次前移十位的奖励200万元；省考核的11个重点城市及县（区），退出全省污染最严重城市前五名的奖100万元，位次前移十位的奖励200万元。奖励对象以对个人奖励为主，主要为各重点城市的市县（区）委、市县（区）政府的主要负责人、分管领导，奖励资金来源主要为省财政专项列支。

观点

在民主政治的框架内，公务员其实只有干还是不干的选择，没有积极点干还是消极点干的选择。因为民主机制，同时也是强制退出机制，公众总是倾向于选择能解决问题的人来执掌权位。就此而言，政府重赏官员以调动积极性，是又一个中国特色的做法。

重奖之下必能治污？

在现代国家，公务员为政府打工，政府为公众打工。这中间的委托代理关系，由民主政治的运作来保证。因此，要说公务员的积极性如何调动，几乎是一个伪问题。但换一个情境，伪问题也可以真切起来。近日，山西省环保局和财政厅联合制定了一套奖励办法，要对在环保考核中改善明显的城市给予重奖，奖金的最高额度达200万元。这套办法以个人奖励为主，奖励对象是各重点污染城市的党政主要负责人、分管领导、环保部门领导及有关人员，奖励资金则来源于省财政专项列支。

山西是污染大省，去年全国30个空气污染最严重的城市，山西一省就占去13个。这一背景，大抵可解释政府重赏治污的苦心和决心。当前的环保治污，无人不知是件得罪人的事。连国家环保总局副局长潘岳也多次搬出《宪法》，呼吁公众积极行使权利，深度参与环保事务。地方政府的环保表现，实在很不景气。

不过，正因为这种官场现实，有人就说，别说奖励200万元，奖励2000万元，只要能把环境治理好，也不计较了。还有学者认为，重奖公务员是治理环境的非常规手段。山西环境污染严重，之前出台了很多政策，非常规手段也不妨一试。这些观点，都是迫于积重难返的环保困境，体恤江河日下的环境现实，也默认士气低落的政府状况，因而期待重赏之下，地方官员真能兴致高涨，扭转败局。这也称得上是无奈之下的务实态度。

但是，公务员的积极性，真的只是一个重奖问题？恐怕不然。在这些环保报道中，民众往往看到这样的政府形象：为了治污，地方政府千方百计，甚至一掷万金也不足惜，只求能遏制污染蔓延，保住碧水蓝天。地方政府成了污染企业的天敌，热爱环保的自然之友。殊不知，以问题解决者面貌出现的地方政府，同时也是最大的问题制造者。至少在环保问题上，污染企业的引进上马，环保执法的软弱无力，都是在地方政府的许可之下发生。这在由政府主导经济建设的中国更是如此。只从社会福利的维护者、建设者、提供者的角度，来看待地方政府在环保治理上的作为，我们将无法理解潘岳所说究竟是什么意思——公民要积极行使《宪法》赋予的知情权、参与权、表达权、监督权，难道政府不是更加天然有力的环境保护者么？

公众监督的急迫在这里再又出现。落实到环境治理，就不仅仅是政府调动官员积极性的内部激励问题，还是公众监督政府、有效推动环保的民主政治问题。这方面，恰恰是我们制度的软肋。换一个角度来看，民众既无法在发展之初，以公民意志来选择环保之路，也同样无法在污染造成之后，以公众的名义选择治理有方的政府和官员，甚至也没有办法让消极怠慢、不负责任的官员让出权位，抢救自然于污染日甚的今天。这正是一些地方以重赏调动官员治污的潜在逻辑。

不难想见，在民主政治的框架内，公务员其实只有干还是不干的选择，没有积极点干还是消极点干的选择。因为民主机制同时也是强制退出机制，公众总是倾向于选择能解决问题的人来执掌权位。尤其在环保这样的问题上，普遍的公民意志更是不容违逆。就此而言，政府重赏官员以调动积极性，是又一个中国特色的做法。何况，如何清楚地考核政府绩效，如何完成对官员奖励的合法授权，都是现代的国家治理问题。缺失了这些，重奖公务员的措施如何能够不负重望？

2007 年 5 月 21 日

事件

2007 年 5 月 22 日，最高人民检察院渎职侵权检察厅公布《检察机关立案查处事故背后渎职犯罪情况报告》。该报告披露，2006 年，全国检察机关共介入重大责任事故调查 1383 起，这些事故共造成 3970 人死亡，806 人重伤，经济损失 6.86 亿余元。在 2006 年检察机关立案侦查的 629 名犯罪嫌疑人中，已经对 370 人作出了刑事处理，其中，检察机关决定不起诉 8 人。法院已经作出刑事判决的有 249 人，其中判处免予刑事处罚 131 人，占判决总数的 52.6%；宣告缓刑 107 人，占判决总数的 43%；判无罪 2 人，占判决总数的 0.8%；判处实刑 9 人，占判决总数的 3.6%；还有 113 人已由检察机关提起公诉尚未宣判。数据分析显示，在已经作出的刑事判决中，判处免予刑事处罚和宣告缓刑的比例高达 95.6%。最高人民检察院渎职侵权检察厅副厅长宋寒松表示，反渎职侵权犯罪的困难还是比较多的，概括起来叫做“三难一大”：发现难、查证难、处理难和阻力大。

观点

政府官员当中，因为玩忽职守、滥用职权导致矿难等重大责任事故而真正坐牢的，100 个人里还不到 5 个。非法矿主草菅人命，当然无人喊冤。但对失责官员的惩处无能，却损害了司法正义，在政府制造出官员腐败，在企业制造出矿难频仍，在社会制造出人心尽失。

渎职官员免刑，矿难如何扼制

一再地谈矿难，谈矿难频发的体制根源，媒体是有风险的。这种风险在于，普遍的受众疲劳，普遍的体制失望，已经使矿难成为事实上无法治理的社会伤疤。昨日，最高检渎职侵权检察厅披露了一份报告，就矿难等重大责任事故背后的渎职犯罪作出分析。数据显示，去年检察机关立案侦查 629 名犯罪嫌疑人，在法院已经作出的刑事判决中，判处免予刑事处罚和宣告缓刑的比例高达95.6%，暴露出重大责任事故背后的渎职犯罪轻刑化趋势。

这些涉嫌渎职犯罪的人员，多集中在对安全生产负有监管职责的安监部门、矿区党政机关、国土资源管理部门、煤炭工业管理部门和公安机关等，其中又以安监部门和矿区党政机关的人员居多。免予刑事处罚和宣告缓刑的比例高达95.6%，说明政府官员当中，因为玩忽职守、滥用职权而真正坐牢的，100个人里还不到5个。矿难赴死之人如此之众，绳之以法的官员如此之少，政府官员几乎已到风雨不动安如山的地步。

事到如今，没有人还觉得矿难成因有多复杂。一句官煤勾结，已经可以道尽这些人间悲剧的根源所在。可是，在我们这里，老板可以治，官员却是治不了的。官煤勾结，于是成了空洞的社会常识，并不指向根本的体制改善。虽人所共知，却无人能及。官在煤在矿难在，事实惨痛如斯，现实无能为力。最高检的报告，不过是提醒公众，矿难不止的病根，到底还在少数腐败的政府官员这里。

而司法不公，则再断一条治理的生路。4月底，山西苗匠矿难瞒报事故的矿主王建军数罪并罚，被判处无期徒刑，并处罚金100万元，剥夺政治权利终身。这是近年来矿难事故责任人所受的最严重惩罚。国家安监总局局长李毅中闻讯道，这个消息令人振奋，重典治乱，这对社会是一个很好的信号。这位长年眉头紧锁、四处救火的安监局长，当时想必并没有看过最高检的报告吧。强政府的逻辑在这里展现无疑——市场之乱，首问必是无良的奸商；社会之乱，首问必是无法的暴徒。至于负有市场监管之责的政府，负有公共服务之责的官员，输送正义的司法，都在慢一步的反省检视之列，终致虚与委蛇，太平无事。

非法矿主草菅人命，当然无人喊冤。但对失责官员的惩处无能，却损害了司法正义，在政府制造出官员腐败，在企业制造出矿难频仍，在社会制造出人心尽失。逐利，本是市场中企业和个人的本性，正因为此，政府监管和厉行法治，才是市场良性发展的基础。我们的监管漏洞百出，法治一再缺位，却只以铁的手腕整肃企业，打压奸商，而非以同样坚定的意志整饬吏治，约束权力，谁能保证这会带来健康有序的市场经济？

失责官员遭公诉却多数安然无恙，最高检渎检厅负责人说，这是因为国家机关工作人员和领导干部认识不够，相当多的渎职犯罪案件被忽视、被容忍、被谅解，不少人对办案工作不理解、不支持、不配合。这些日常生活中的人际关系用语，如此高频率地从国家最高司法机关负责人的口中说出，又用来表述如此严肃的公权失范和法律失察，令人不解。

这是重复常识和考验耐心的时代。我们需要一个监管有序的市场，使矿难不再是些等待到来的事实；我们也需要一个有责任心的政府，权力得到约束，官员不敢贪腐懈怠；我们还需要公正的司法，官民犯事，受到不偏不倚的同等审判。这些都从同一条根系向上生长。矿难以及躲藏在矿难背后的种种世相，不过是无根的大树长出来的奇花异果而已。

2007年5月23日

事件

2007年以来，中国食品、药品安全问题频遭西方媒体质疑，引发“巴拿马药物中毒”、“毒牙膏”等一系列事件。2007年5月23日，国家质检总局有关负责人表示，中国政府一向高度重视食品、药品安全工作，致力于建立健全食品药品安全监管体系，并加强执法监管，坚决打击食品、药品违法违规生产和经营行为。

观点

我们应该建设一个更安全、更有保障、更有信用的社会，我们应该为本国和国外的消费者提供更好的产品、更美好的生活。我们如果可以严厉地对待自己，如果可以认真地反思并解决问题，今天产品质量的耻辱，也许可以帮助塑造一个更有质量的明天。

食品安全的压力不妨也出口转内销

《纽约时报》披露“有毒”止咳糖浆的风暴还未平息，美国又掀“中国食品威胁”论。2007年1—4月已有298次来自中国的船运食品遭美国FDA（食品药品管理局）拒绝入境，媒体以此为由头，严重质疑中国出口食品的安全。与此同时，《纽约时报》再推连续报道，称巴拿马和多米尼加相继查出含有二甘醇的牙膏，并初步判断来自中国。可以说，5月以来，中国出口的食品和日用品在美国面临着声誉危机，而且可以想见，在更广的范围内，“中国制造”的产品信誉都将会受到伤害。

时值第二次中美战略经济对话在华盛顿举行，我们不能排除美国媒体此举意在向对话中的中美双方政府施压。近几年来，美国经常以反倾销等手段抵制中国商品，美国民间和官方都存在反中国制造的舆论。这一次媒体言之凿凿，无疑会加剧美国消费者的疑虑，同时影响美国政府的对中贸易政策。就是说，中国产品质量安全问题在短时间内高密度地爆发，这一舆论事件可能不只是针对那些牙膏、苹果干或者宠物食品，它针对的也许是中美贸易状况。

但是，对美国媒体动机的分析，不能成为中国产品质量和产品安全的辩护词。只要美国媒体说的是事实，中国政府、贸易商和生产商就必须认真面对。或许在美国方面来看，食品安全和产品质量的问题只是事件的导火索，但在中国方面来看，食品安全和产品质量的问题就是事件的核心。即使没有美国媒体的质疑，也还有中国本土的悲剧，从苏丹红辣酱到有毒多宝鱼，从大头婴奶粉到齐二药惨剧——食品药品安全问题如此频繁，以至于中国消费者几乎放弃追究：既然不知道吃什么才安全，干脆就随便吃吧。

中国针对食品威胁论而展开了危机公关，中国质检总局副局长李传卿说，中国政府“极为关注消费者的安全，当局一直努力工作，以保护产品的质量和人们的健康”。在这段话中，“人们”之前没有定语，中外消费者没有区别。事实上，从人类健康的角度来看，中外消费者也不应该有任何区别。但是，从社会对他们的保护程度来看，中外消费者其实很有区别。美国人经过调研，认为中国的家禽养殖环境恶劣，以此为重要理由拒绝向中国开放鸡肉市场；中国专家在 2000 年经过研究，认为即使长期使用二甘醇含量为 15.6％的牙膏，也不会对人的健康产生不良影响，但是依据美国的标准，二甘醇没有被批准用于牙膏生产中。就是说，美国官方对食品药品的安全检测标准，在某些时候会比中国高一些。虽然“问题牙膏”的来龙去脉还未查清，但是质量标准的区别再加以沟通不充分，也许便是出口产品不合格的一个成因。

此处并非要讨论中国人命和美国人命的贵贱有别。基于特定发展阶段的实情，我们的社会心理已经默认，外国人的要求更高一些：即使是一件衬衫，商家都会打出“外贸货”“出口转内销”这样的标签来证明质量。现在产品的质量问题伴随着产品一同出口转内销了，中国人必须认识到的问题便是：如果我们内销的产品存在质量问题，同样一套机制（同样的政府监督和企业管理）恐怕也难以生产出质量合格的出口产品。

以严肃的态度面对中国食品安全和产品质量问题，我们应该抛开贸易摩擦这一视角，而将其当成是我们自己的问题。我们应该建设一个更安全、更有保障、更有信用的社会，我们应该为本国和国外的消费者提供更好的产品、更美好的生活，而这与美国无关。与美国有关的是，我们在开放的过程中，在面对来自他国的要求和监督之时，不能懈怠，必须进步。如果可以严厉地对待自己，如果可以认真地反思并解决问题，今天产品质量的耻辱，也许可以帮助塑造一个更有质量的明天。

2007 年 5 月 24 日

事件

2007年5月21日，中国互联网协会公布了《博客服务自律公约》(征求意见稿)。《公约》称，鼓励博客服务商对博客作者实名注册。互联网协会解释说，博客作为网民表达思想和感情的平台，在网民的工作和生活中发挥着重要作用，但互联网的开放性、互动性、渗透性和无国界性，使其成为“双刃剑”，也有一部分人利用博客发布不良信息内容，严重扰乱了社会秩序和公众利益，污染了网络环境。业内人士分析认为，在中国不是实行不实行的问题，而是根本无法实施。在IPV4的架构中，中国没有足够的IP，大部分是虚拟的动态IP，无法把IP和身份证号进行捆绑。

观点

博客实名制虽被暂时击退，但离真正的进步尚且遥远。那些自认为有必要、有权力窥探博客们的力量不会自行消失。事实上，那么多理论上能够突破社会控制的网络力量，好比它们所观照的社会实况那样，仍须面对漫长的突围之路。

博客实名黯然退场
网络管制宜有反思

网络实名制正在走向全面“溃败”，最新的进展是信息产业部放弃推行博客实名制。中国互联网协会日前公布《博客服务自律公约》(征求意见稿)，不再对博客实施强制性的实名注册，而仅仅是“鼓励”博客在后台注册时使用真名。这意味着，我们可能避免了“犯下互联网有史以来最大的错误”，并再次削弱互联网管制的强硬意志。不过，问题也许并不如此简单。

根据现有的信息分析，信息产业部之所以在博客实名制上让步，主要原因在于遭到了互联网行业和网民的强烈反对。博客服务提供商认为，在技术上不可能把博客的 IP 和身份证号进行捆绑。而网民则没有这么“委婉”，他们大多直截了当地指摘实名制违背博客精神。其实，类似的抗议在对网络其他领域采用实名制时同样发生过。比如 2005 年底深圳曾要求对 QQ 群主实施实名登记，去年 6 月有关部门要求网游玩家实名注册等。

需要注意的是，博客这一技术形态带有其他网络产品所没有的特殊性质，这也使得反对博客实名制从一开始就具备了更深刻的意蕴。用业内术语来说，博客实质上是一种“自媒体”，博主本人就是信息、言论等的生产者和传播者，这让博客获得了堪比大众媒体的属性。虽然也有部分博客的火爆恰恰是因为名人、名流采取实名而获得的，但博客赋予个人的言论权利和表达空间是网络最重要的馈赠。博客被珍视的举动背后，反映出舆论在现实中的某种境遇。既然如此，任何有违博客特质的管理计划必定要遭受舆情的反弹或抵制。

博客实名制没能被采纳，一方面是包括互联网运营商和网民在内的“庶民的胜利”，另一方面也显示了网络管理者对这种民间意志的尊重。当然，管理者的自信并不在于他们能够掌控或者筛选博客的全部内容，而在于借助技术手段的支持，管理者仍可以轻易地对匿名博客的不当言行进行惩戒。有了这样的保证，在一味地激怒网民和有限度的妥协之间，在施行事先登记和事后追罚之间，管理者当然更倾向于后者。从某种程度上说，这种妥协有着积极含义，起码它可以在顾及互联网商业利益的同时，疏导网民的情绪。而自互联网登陆中国以来，管制与反管制的紧张就从来没有停止过。博客实名制的取消暗示了某些正面效应。

伴随博客实名制的胎死腹中，一种技术的民主转化进入了公众视野。这一转化过程的发动与发展，离不开网络社会的强硬管制一再被挑战的现实。从网络实名制肇始，历经高校 BBS 实名、QQ 实名、网游实名和博客实名。除了自给自足的高校 BBS，其他的实名制意图均未在反对声中占据上风。QQ 实名因为深圳的地方约束不能推及全国，很快就无疾而终；网游实名则摧毁了整个游戏世界，其用户转投无需身份验证的私人服务器。凡此种种莫不说明，博客及其他网络形态所代表的个人自由和网络责任，不是通过强迫管制就可以实现的。管制规则的设计不在于创造新的管制技术，而在于控制观念上的删减和取舍。

网络世界和现实世界从来都不是可以割裂开来的。网络上的愤怒或许正是现实中的郁闷，博客上的抱怨或许恰好是对现实的不满。有关网络管制的所有理由，无论听上去多么充分，实际上都不是技术问题，而是隐藏在技术后面的其他问题。所以，博客实名制虽被暂时击退，但离真正的进步尚且遥远。那些自认为有必要、有权力窥探博客们的力量不会自行消失。事实上，那么多理论上能够突破社会控制的网络力量，好比它们所观照的社会实况那样，仍须面对漫长的突围之路。

2007 年 5 月 25 日

事件

广州市海珠区江南中街道办事处一个普普通通的办事员赵广军，10年来，他从一个城市边缘青年成为一名青年志愿者，几乎把业余时间全部用于志愿服务，服务对象1万多人次，劝解和引导200多名轻生者走上正确的人生道路。省市各级部门要求广泛开展向赵广军同志学习的活动，组织“赵广军同志先进事迹报告团”到全省各地巡回演讲，举办“广东省各界青年向优秀青年志愿者赵广军同志学习座谈会”等。

观点

事实证明，我们在时代精神的树立上一直深陷于旧的模式难以自拔。无论是部门立意，还是媒体宣讲，都依循了无意识的历史惯性，却无视这样的精神推广，给社会带来的究竟是进取还是空洞，给个人带来的究竟是荣誉还是伤害。

对公民的肯定，唯有歌颂是多余的

赵广军是谁？今年5月以前，赵广军是一名普通的青年志愿者，现在他是全新树立的一个社会典型。这位30岁的物业公司管理员，同时还是广州青年志愿者协会外展队的总队长。在广泛的媒体报道中，赵广军10年做义工5万小时；他悉心照顾过66位老人，为其中的5位养老送终；他义务帮教了1200多名走上歧路的问题青少年；他开通生命热线，为有自杀倾向的青少年提供心理咨询服务，成功让200多名轻生者重返新生。他甚至不吝金钱，在当上志愿者的几年时间里，花掉自己近30万元。

这是一个公民令人震撼的事迹。赵广军的出现，令广州62万青年志愿者的形象即时生动。他超于常人的奉献与付出，被不断地强调和传播；他毫不利己、专门利人的精神，被不断升华和树立；他近乎偏执的坚持和严重透支的身体，更被描画成英雄的轮廓。人们如此惊讶，难以相信喧嚣逐利的世风之下，还会有赵广军这样的人物；大家又如此熟悉，因为赵广军身后的成名之路似曾相识。他重复的是一条社会倡导学习的老路——部门深入挖掘，媒体集中报道，领导接见表彰，巡回报告讲演，群众座谈讨论，广泛号召学习。大树典型的政治传统与宣讲手法，又一次在志愿者赵广军身上展开成形。

在媒体的普遍报道中，志愿者赵广军迅速地标签化。一种新的精神——赵广军精神被命名和宣讲，各种荣誉纷至沓来。赵广军说，我很害怕别人把我当作神。这是每一个公民的责任，我只是做得比较积极一些而已。可是，此时此刻，巨大的宣传机器已经启动，一个人被指定扮演神圣的楷模角色，他怯弱的内心要放大为社会的精神写真，有谁真正聆听他的想法，对这一切大声喊停？媒体有意无意地只把公民赵广军的话当成一个英雄缓缓站立的谦词，决意要为他送上歌颂的篇章。社科专家们则说，雷锋精神属于计划经济时代，只讲奉献不讲回报。赵广军精神不应成为现时代的雷锋精神，志愿者做到没饭吃，没钱花，最后自身都吃力，这对社会也是很心疼的事。

事实证明，我们在时代精神的树立上一直深陷于旧的模式难以自拔。无论是部门立意，还是媒体宣讲，都依循了无意识的历史惯性，却无视这样的精神推广，给社会带来的究竟是进取还是空洞，给个人带来的究竟是荣誉还是伤害。

只要有足够的耐心和诚意，我们显然都能知道，志愿者赵广军需要的其实并不是歌颂，而是来自社会的尊重和帮助。这个人脉深广的志愿者领袖，一定知道10年的志愿活动，团队努力才是志愿精神所在，因此，他也一定不愿意人们只记住赵广军，而忘记身后的60多万青年志愿者。赵广军一直在叙述：志愿活动没有经费来源，常常要自己凑钱；税收制度对公益资助缺乏支持，志愿服务拉不到企业赞助；志愿队伍人员流失严重，持续发展难以为继，人员培训、项目策划举步维艰；专职社工缺乏保障和政策支持，难以成为志愿服务的上升通道……如果我们只有歌颂，只把赵广军遭遇的困境，虚化和美化成英雄诞生的浪漫背景，甚至将其视为衬托精神、考验意志的合理存在，那么，这些歌颂对赵广军毫无意义。

公民赵广军的行动无疑令人敬佩。正因为此，我们需要以更人性、更亲近的方式来保存和发扬这种精神。大树典型的政治风尚由来已久，我们都曾看出个中的不妥之处。拔高宣传，集中报道，固然造就了一批社会楷模，可是，当凡人敬而远之，自愧不如，飘于云端的楷模，让立于地面的凡人无法学习，到底也只会将英雄逼上绝路。志愿者赵广军，如此真实地存在于这个社会，我们能否以更富诚意的行动，让他感受到我们的敬意和温暖？

2007年5月29日

事件

北京市第一中级人民法院于 2007 年 5 月 29 日上午对中国国家食品药品监督管理局原局长郑筱萸案作出一审判决，以受贿罪判处郑筱萸死刑。经最高人民法院核准，郑筱萸于 2007 年 7 月 10 日被执行死刑。这是自 2000 年之后被执行死刑的最高级别的中国政府官员。国内外舆论普遍认为，单纯从受贿数额来看，郑筱萸案并非最大，而是郑筱萸作为国家药监系统的“掌门人”，却以权谋私和玩忽职守，导致上行下效，使得药监系统成了腐败的重灾区，给公众用药安全造成了极为严重的后果和极其恶劣的社会影响。

观点

实际的情况可能让人失望，郑筱萸被判死刑，其威慑力的范围、力度和持久性，恐怕都远不足以解决中国医药官员的腐败问题，更不要谈中国人看病难吃药贵的问题。

郑筱萸被判死刑不仅是个人悲剧

昨天上午，北京市第一中级人民法院对中国国家食品药品监督管理局原局长郑筱萸案作出一审判决，以受贿罪判处郑筱萸死刑，剥夺政治权利终身，没收个人全部财产；以玩忽职守罪判处其有期徒刑 7 年，两罪并罚，决定执行死刑，剥夺政治权利终身，没收个人全部财产。

这死刑距离执行还有一段时间，郑筱萸的命运尚有悬念。但单只是这一审判决，已经令人震惊。根据我国《刑法》，贪污受贿 10 万元人民币、情节特别严重者就可判处死刑。但是这个结果还是出人意料，因为在胡长清、成克杰之后，近几年来，如此级别的官员，已鲜有判处死刑的案例。因此，人们对这一判决的反响，在惊讶之余混合了两种情绪。

其一是习惯性的猜疑揣测，国家对高官动以极刑，是为了抚慰民心？是为了警戒后来者？是彰显反贪腐的决心，还是另有别的我们无法领会的理由？其二便是痛快、解恨，民众对贪腐的厌恶甚至仇恨以及对社会秩序的其他不满，似乎都可以发泄在郑筱萸被判死刑上。这社会情绪里包含一些可批判的成分，但是我们不能否认它真实而广泛的存在，我们甚至不能否认这种情绪在当下社会中有它生发和传播的必然性。

只是，郑筱萸被判死刑其实是个悲剧，而且不仅是他一个人的悲剧。虽然表面上看起来大快人心，可是我们这些人都是这个悲剧的一部分。郑筱萸被判死刑，这是我们这个社会、这个时代的悲剧。

郑筱萸被判死刑，这是他的人生悲剧。虽然还没有人给我们讲述这个人 63 年的生命故事，但是看起来他曾经也是一个普通人，一个普通的青年大学生，一个普通的工程师——如果不是后来手握大权，他可能就像个普通人一样安度一生、怡然终老。虽然我们不知道是他主动拥抱了权力，还是权力主动诱惑了他，但是在贪污受贿的时候，他恐怕没有想到过被判死刑的下场——生死攸关问题上，人都是理性的。郑筱萸贪污数目惊人，在这个过程中他不可能没有考虑如何收场，一定是有些事情让他产生了这个误会：我尽可以贪污，我不会死的。同样可以推定的是，他为官贪腐的数年中，未曾有过有效的威慑警戒，让他迷途知返。现在像一个人民公敌一样被判处死刑，郑筱萸的人生已经是一个不争的悲剧。唯一值得探讨的便是，这悲剧是从何时开始的？是事情败露之日，还是他开始为官开始贪污之时？

郑筱萸被判死刑，这也是欢呼着的民众的悲剧。不管现实情况有多复杂，民众很容易把药价贵的问题简单地归罪到郑筱萸身上，或者稍微宽泛一点，归罪到医药官员贪腐的问题上，正如人们很容易将社会秩序中的种种问题都归咎为腐败，仿佛那就是问题的策源地和追问的终点。而实际的情况很有可能让人失望，郑筱萸被判死刑，其威慑力的范围、力度和持久性，恐怕都远不足以解决中国医药官员的腐败问题，更不要谈中国人看病难吃药贵的问题。然而所说的悲剧在于，以此时此境，民众的抱怨甚至愤恨，很难找到一个更明确的发泄对象，而民众对于清明之治的期待，也很难找到一个比判贪官以死刑更加振奋的寄托。

郑筱萸被判死刑，这其实是防腐制度的悲剧，是权力部门无力自清的悲剧。反腐重在防腐，腐败大案频出，已经证明防腐系统出现漏洞；亡羊补牢之时，未见防腐规制细致缜密，更未见权力结构从根源处作出调整，民众殷殷期盼之下，不过是以一人之死罪震慑贪官、慰藉民心，让人不得不叹一声悲剧。

郑筱萸被判死刑，这也许是一件大快人心的事，但同时又何尝不是一桩可以读出许多时代谬误的悲剧。

2007 年 5 月 30 日

事件

2007年5月30日，厦门市人民政府刘赐贵市长主持召开了第五次常务会议，会议发布公告，称决定暂缓建设海沧PX化工项目。PX项目是2006年厦门市引进的总额达108亿元人民币的腾龙芒烃（厦门）有限公司的一个化工项目，选址于厦门市海沧区，距离厦门市中心和国家级风景名胜区鼓浪屿均只有7公里，项目投产后每年可为厦门市增加800亿元人民币的工业产值。此前的全国两会上，由厦门大学教授赵玉芬院士牵头，105个政协委员联名签署了《关于厦门海沧PX项目迁址建议的议案》。

观点

实际上，就像很多地方政府一样，在这次反对PX项目上，当地政府也对民间运动一直抱有习惯性的成见：似乎众人相约必定造成社会动荡，似乎百万短信的背后一定是有组织有预谋，甚至有图谋不轨的反动分子在煽风点火——按照这个思路，PX项目缓行平静民意之后，就应该秋后算账，警戒后人，预防未来民意再聚集。

厦门PX项目暂缓
政府且莫误读民意

昨天上午，厦门市政府宣布缓建海沧PX（对二甲苯）化工项目，并将委托权威机构在更大范围内进行区域规划环评。

厦门PX项目的争论由来已久，早至今年全国两会上105名政协委员联名上书，6名院士合力阻拦，厦门政府都岿然不动，一边强调这一项目建设手续完整，程序合法，加强对PX工程的正面宣传，一边“统一思想认识，要抓紧速度干”。在这样令人沮丧的情形下，厦门市民展开令人感动的自救行动。前几天网上爆出新闻，称厦门有上百万市民都在转发同一条短信，其主要内容是反对 PX，爱护厦门。不必避讳的是，在这条短信中还号召反对 PX 项目的厦门人集体行动，以佩戴黄丝带为标志，响亮地喊出民意。

在群情酝酿的关口，厦门市政府突然放缓建设 PX 项目的步伐。几乎可以确定，政府的这一决定与日渐沸腾的民意之间存在一定的因果关系。这让反 PX 人士既感到振奋，也感到担忧。振奋的是，民众的呼声不是白费；担忧的是，缓建是否还是要建，待到民众热情退去，PX 还会卷土重来？

昨天上午，厦门市政府还通过新闻发布会以及媒体通稿，对学者和市民的看法和建议、对舆论的积极关注都表示理解和肯定，遗憾的是，这语调和态度没有表现出正面回应，不包含任何承诺。就是说，政府虽然已经决定以缓行来冷却民意，但是没有任何事实证据表明它已经接受民意，并且将在未来的决策中尊重民意。因为我们无法推测缓建的意图，了解真实的态度，所以 PX 项目的命运、厦门这座美丽城市的命运，其实还是一个让人牵挂的悬念。

情形未必乐观，欢呼胜利肯定太早。厦门市民如果坚持守护自己的城市，那么就必须保持民情热度，维护话题活跃。但是在规划这份坚持的时候，我们不得不再次考量政府的心意。

如果当地政府有诚意面对公众的诉求，那么就有必要坐下来，与政协委员、学者以及民间各界人士，进行公开坦诚的讨论交流，而不是仅仅通过一纸公文式的通稿或单方面的“暂缓建设”通知终结这个全城人热切关注的环保议题，不能对民间舆论保持着防御的姿态。实际上，就像很多地方政府一样，在这次反对 PX 项目上，当地政府也对民间运动一直抱有习惯性的成见：似乎众人相约必定造成社会动荡，似乎百万短信的背后一定是有组织有预谋，甚至有图谋不轨的反动分子在煽风点火——按照这个思路，PX项目缓行平静民意之后，就应该秋后算账，警戒后人，预防未来民意再聚集。

可是其实事情很简单很明朗：厦门人百万人相约佩戴黄丝带，反对的是将会危害他们健康的PX项目而不是政府；厦门人的诉求是一个绿色、清洁、美丽的家园而不是社会动荡。实际上，民间反PX运动最让人印象深刻的也正是这一点，不论是街头涂鸦，还是论坛跟帖，不论是QQ互联，还是短信群发，从已知的厦门民间活动中，我们嗅不到暴力的气息，也没有将话题扩大升级的趋势，我们看到的是和平的诉求，理性的声音，就事论事的焦虑。到目前为止，厦门人要求的和反对的，都聚焦于PX项目停或建，没有任何其他企图。到目前为止，厦门人对这个城市都怀抱着最深的感情和最恳切的责任心，对这个社会都怀抱着美好的善意——政府能否体会到这一点，能否真诚地接受这汹涌的民意，政府未来的决策和行动将给我们答案，PX项目的命运，厦门这座城市的命运，都在这个答案里。

2007年5月31日

事件

2007 年 5 月 30 日 0:06，新华网公布，财政部决定从 2007 年 5 月 30 日起，调整股票交易印花税税率，由现行 1‰调整为 3‰。受此消息影响，5 月 30 日股市一路猛跌，31 日，沪指一度跌破 4000 点，单日震荡 320 点，创 15 年纪录。此前的 5 月 11 日，针对市场上有关股票交易印花税率将提高的传闻，《中国证券报》、《国际金融报》等媒体采访了中国税务学会副会长安体富，得到的答复均是“未听说近期将调整印花税”。5 月 22 日，《中国证券报》、《上海证券报》等媒体再次采访了财政部、国税总局有关负责人，得到的答复是：“确实没有听说过将要调整股票交易印花税的消息。”

观点

公共政策的公正、透明和公开是其生命，对政府而言，出台什么政策不是最重要的，关键是政策出台前后如何对所有股民保持公平。市场的这种悲壮的表现，与其说是政府政策调控的结果，不如说是股民对政府的决策程序和公信力无情地投了不信任票。

印花税上调意外　部门诚信受质疑

5 月 30 日零点，新华社突然发布了上调股票交易印花税的消息：从 2007 年 5 月 30 日起，财政部决定将股票交易印花税税率由现行 1‰调整为 3‰。这是继 4 月 29 日央行提高准备金率、5 月 16 日央行加息及再次提高准备金率和扩大人民币汇率浮动区间“三率”联动后，政府采取的直接针对股市过热的调控措施，频率之繁，力度之大，前所未有。

股票交易印花税是专门针对股票交易发生额征收的一种税，是投资者从事证券买卖所强制交纳的一笔费用，通常也被当作宏观调控股市的一项直接政策工具。在此前的加息、上调存款准备金率、反复提示投资风险、对市场违规行为进行整顿等措施屡屡无法奏效的情况下，政策的边际效应递减使政府未来可以选择的调控项并不多。和征收资本利得税需要全国人大批准、直接进行行政干预会遭受各界质疑相比，调整印花税税率似乎成了一个不错的选择。

但像这次选择夜深人静的半夜公布如此重大的政策，实属罕见。中央政府历来出台有关资本市场发展的重大公共决策，为了让市场有正确解读和消化的时间，基本惯例是在周末出台。远的有国务院关于暂停国有股减持的决定，近的有最近央行的货币政策。更让市场费解的是，5 月 22 日，财政部、国家税务总局新闻办有关负责人在答复三大证券报关于上调印花税的传闻时，都一致信誓旦旦地表示近期不会调整印花税。市场据此判断政府近期不会出台一些直接的干预措施，导致指数继续高歌猛进。如今却在半夜悄悄突袭式出台这样的政策，是政府官员误导了三大证券报的记者，还是三大证券报误导了全国的股民？

公共政策的公正、透明和公开是其生命。对政府而言，出台什么政策不是最重要的，关键是政策出台前后如何对所有股民保持公平。对一个长期处于熊市中的市场而言，反弹性上涨过程中伴生的投机过度和内幕交易等行为一般会呈现几何指数增长，对此打击不力，将会引起股市的暴涨暴跌，成为市场发展的瘟疫。要抑制股市过热其实很简单，一切都可以先打预防针，可以明确告诉市场，如果股市上涨过快，国家要出台政策，没必要一方面否认出台政策，而等到股市真正上涨后又出尔反尔，自己打自己的嘴巴。财政部作为证券市场的管理部门之一，在短短的时间内，在有关市场的重大政策的信息披露方面出尔反尔，这就是管理层保护投资者利益的具体表现吗？面对上市公司的虚假信息和“阴阳公告”，责任人需要承担民事、行政甚至刑事责任，但对于政府的“阴阳政策”，普通民众怎么办？是相信政府明里的话，还是黯然接受潜规则怨自己没有后台？

从根子上说，政府这次上调印花税，在程序和时间选择上如此怪异，无非是避免自己的调控措施遭遇之前央行政策一样的命运。从 4 月 29 日央行上调准备金率以来，市场和政府政策对着干的局面非常明显，任何利空都被解读为利好，市场和政府博弈的心态跃然纸上，政策遭遇“死也不卖”的尴尬境地，这对于一个威权主义的政府而言显然是一种挑战。政府就像一个斗牛士，手中的政策如同那块晃动的红布，不过，被激怒的不是公牛，而是政府监管部门，这在上调印花税的时间选择和方式上都体现得很明显。

曾任美国首席大法官的约翰·马歇尔说得好：“征税的权力事关毁灭的权力。”从当天市场对政府上调印花税的表现来看，盘中跌停个股超过 800 家，上涨个股仅 98 家，上证指数全天下跌 281 点，创下历史之最，两市共成交 4152 亿元，创出历史天量。市场的这种悲壮的表现，与其说是政府政策调控的结果，不如说是股民对政府的决策程序和公信力无情地投了不信任票。

归根到底，中国股市真正的隐患仍然是政府的不当干预措施，正如诺斯的“国家悖论”所言，国家的存在是经济增长的关键，然而国家又是经济衰退的根源。蜚声中外的中国“政策市”让股市一度成为投资者烧钱的祭坛，而不是分享经济增长的盛宴。在一个永远有着政府阴影的市场，投资者的行为永远是短期和非理性的。作为一个理性的经济人，民众的博弈政策，以实现其自身利益最大化最正常不过，政府不必以为挑战了自己的权威而大加光火。否则，只能影响政府政策的公信力和政策目标的实现，引起股市的报复性暴跌，这是和政府调控股市的初衷背道而驰的。政府需要以壮士断腕的勇气和决心，最终退出市场博弈，安心做好监管和制度建设，市场自会恢复理性。

2007 年 5 月 31 日

事件

2007年6月5日，国务院办公厅下发的《关于加快推进行业协会商会改革和发展的若干意见》，其中明确规定，行业协会要从职能、机构、工作人员、财务等方面与政府及其部门、企事业单位彻底分开，目前尚合署办公的要限期分开。现职公务员不得在行业协会兼任领导，确需兼任的要严格按有关规定审批。

观点

由于民意缺乏有力的表达渠道，更缺乏坚定的利益领袖和扎实的组织架构，单凭不稳定的行政善意，显然无法阻击行业利益的饕餮野心。

培育利益团体，政府有退须有进

日前，国务院就行业协会的改革制定新办法，试图通过推动人事、经费、布局等方面的重组，厘清行业协会与行政权力的归属关系，即实现“政府的归政府、社会的归社会”。其中，新办法规定，现职公务员不得兼任行业协会的领导。很自然地，舆论把这一条款看作是改革中最强烈的诉求。有论者认为，改革行业协会将彻底扭转社会治理的模式，但在中国特色的行政环境下，类似的判断尚有待检验。

长期以来，行业协会大多作为行政机关的代名词，一套班子两块牌子，行政首脑兼职协会会长司空见惯。行业协会其实就是行政权力的附庸，在人事与财政等方面严重依赖行政机构，日常以“伪民间组织”的身份履行官僚职责，根本谈不上什么独立性。然而，随着社会治理的复杂程度提高，行政机关在履职的时候面临越来越多的挑战，仅仅依靠单一的行政权力无法应付。事实上，在很多具体行政中，行业协会与行政权那剪不断理还乱的瓜葛始终是一种困扰，不仅削弱行政权力的合法性，更成为饱受民众非议的话柄。

国务院的改革努力，主要在于为旧的行业协会的生态“解套”，实质上就是希望剥除行业协会的官僚色彩，打压其官僚习气，确保它与行政架构保持必要的距离。当然，对于形形色色的行业协会来说，这是一个转变其角色的时机，也可能遭遇痛苦的转型。乐观的看法是，如果转型得当，行业协会将借此实现华丽的转身，朝着自治、拥有独立话语权的民间组织转变。进而，在一种分散了的治理框架内，行业协会能够以一种平等的身份参与社会治理，通过利益代言成长为社会新势力。

不过，行业协会从行政附属品过渡成行业利益鼓吹者，其带来的新弊端理应被充分认识。需要理解的是，无论行业协会怎样重组，它与行政权的联系都不可能被完全断绝。在改革的名义下，民间社团与行政组织的“纠缠”也可能更隐蔽。对照国办的办法，现职公务员禁止兼职行业协会只是原则规定，尚留下特例许可的政策“活扣”。此外，对于退休公务员兼职行业协会向来缺乏约束。实际上，很多行业协会都聘请退职的高级公务员做领导，其中隐含的行政潜规则暂时还没有规章能够破除。这些技术漏洞，不是单一的新办法可以全部弥补的。

除此之外，行政权从行业协会“撤退”，在分散的民众缺乏利益代言人的情况下，这将进一步造成民间组织及民间社会的发展不平衡。这不是杞人忧天，一些事例可作说明。年初，是否取消煤气初装费曾引发一场省内的行政博弈，物价局早已取消初装费，但广东油气商会挟行业利益逆势而上，一度造成部分市的煤气管道安装陷入停滞。最新的案例是，在打的费高昂的情况下，深圳出租车协会仍提出涨价的听证请求，招致恶评如潮。

在这些事例中，行业协会的做法不管多么嚣张，其实并不违法。而以价格影响公共政策恰恰是它们参与利益谈判的重要手段。问题仅仅是，在行业协会屡屡发起的利益冲锋前，普通民众、公共利益的代言席上始终空空如也。政府的职能部门，比如物价局，其日常行政可能会顾及一般市民的利益，但其长期效果无法保证。由于民意缺乏有力的表达渠道，更缺乏坚定的利益领袖和扎实的组织架构，单凭不稳定的行政善意，显然无法阻击行业利益的饕餮野心。如此，即便行业协会真能从行政权中解脱，形成的社会治理依旧是失衡的治理，区别只在于换了一套游戏规则，但民众仍旧是心有余而力不足的旁观者。

政府退一步，行业协会可能就获得更多自由；政府也须进一步，以公民利益为考虑，优化治理结构中的权力分布。不过，从即便历经13年酝酿和广泛讨论的《物权法》，也未能赋予业委会独立法人地位，在利益失衡的格局中业主自治组织名分仍难以落实的现实看，政府在进退之间还见犹豫、尚留不足。

2007年6月7日

事件

2007 年 6 月 6 日，八国集团首脑峰会在德国海利根达姆举行。2007 年八国峰会有三大议题：关注气候变暖、全球化与自由贸易以及非洲发展问题。中国国家主席胡锦涛出席八国集团同发展中国家对话会。

观点

没有一个国家会重复其他任何国家的发展模式，但这并不意味着每一个国家不会遭遇同样的挑战。中国在这次 G8 峰会上，拥有一个十分有利的观察角色。今天 G8 国家所讨论的许多命题，很可能就是明天中国所遭遇的命题。

中国应从 G8 峰会中学会“补课”

G8 峰会的前身七国峰会曾被视为西方发达国家最高级别的经济会议，原本是一个发达国家间对话和博弈的平台，甚至在过去许多时候，这种对话带有一定程度的排外性。随着时间的推移，G8 议题逐渐拓展到了政治和安全领域，越来越呈现出其多元的全球化合作治理面貌。胡锦涛主席也应邀出席 6 月 8 日举行的八国集团同发展中国家对话会，并将就气候变化问题发表演讲。

短期来说，中国仍然是 G8 的旁观者和对话者，也没有加入 G8 峰会的打算。但是与 G8 国家的对话过程，对于一个迫切需要学习崛起经验和教训的国家来说，却拥有多重含义。至少我们可以了解到，成为一个有国际责任感的大国，是需要培养良好的国际政治习惯的。

作为一种崛起的动力，我们一直在谈软力量，并将其视为今后一段时间内国际政治的重要因素。这并不是因为软力量自身在过去的时间中获得了多么突飞猛进的变化，而是因为在今天这个世界上，硬力量已经没法万能地解决所有的问题了，也是因为这个世界上出现的许多新问题，如气候变暖、自由贸易等，早已超过了传统的力量范畴。因此，我们只有通过软力量，才能确保一个国家的积极形象。

但是一个国家的形象，更多的时候是通过政策体现出来的。强大如美国，尽管投入了大量的人力、物力，从一个专业性的角度来建设其国际形象，但是仅从布什政府退出《京都议定书》，甚至拿中国作为全球变暖问题的挡箭牌一举来说，决然无益于其国际形象。当然，布什政府既不愿参与为发展中国家的气候保护项目提供资金补贴，也不愿履行《京都议定书》中规定的排减义务，这样做是为了更好地保护美国国内利益和政党利益。但是就这个议题来说，美国获得的利益，显然不足以弥补它在国际责任中所失去的声誉。而在将来的某一个时刻，无论发达与否的国家，都要为全球性的事务埋单。这就是长远发展与短期利益之间的权衡，这也就是政治家的智慧。

在这个世界上，没有一个国家会重复其他任何国家的发展模式，但这并不意味着每一个国家不会遭遇同样的挑战。至少从目前来看，这种全球性的挑战指向极为明显的意义——民生。5—10 年以前，G7/G8 峰会的讨论焦点是贸易问题和配额问题，但是 5—10 年之后，个别政府的需要，正在让位于世界性的需要。《联合国气候变化框架公约》提出了“共同但有区别的责任”的原则，在这个文字上，其实我们更看重“共同”二字。因为这种责任性的养成，实际上是培养一个大国良好国际政治习惯的开始。

这是一种集体性的“补课”。同样的情况其实也发生在一个国家内部，当我们面对地方利益和长期发展问题的时候，多数地方领导人会选择以满足眼前利益来推动地方经济的发展，甚至忽视环境、气候、民生等多个问题。而问题的积累却容易滋生看不见的压力。G8 峰会正提醒我们，这个世界上最发达国家在经历了各种阶段之后，不得不用最具体的排放指标来约束他们曾经消耗的资源，弥补发展过程的巨大代价。假如一个国家在参与世界体系的过程中，就能够对国际事务尤其是公共事务展现出良好的责任意识，那么即便有一天我们落实《应付气候变化国家方案》，能够承担具体的排放指标，那也是一件好事。

因此，中国在这次 G8 峰会上，拥有一个十分有利的观察角色。今天 G8 国家所讨论的许多命题，很可能就是明天中国所遭遇的命题。“发展中”不是一个永恒的名字。这是一个会被超越的阶段。当我们超越这个阶段之后，很可能我们遭遇到的问题具备同质性，为了不要再“补课”，就是我们必须从 G8 峰会中得到的启示。

2007 年 6 月 8 日

事件

2007年4月，杭州娃哈哈集团创办者及掌门人宗庆后称，法国达能公司最近欲强行以40亿元人民币的低价并购杭州娃哈哈集团有限公司总资产达56亿元、2006年利润达10.4亿元的其他非合资公司51%的股权，称中方将丧失对娃哈哈的绝对控股权。达能亚太区总裁范易谋则称达能并没有涉及行业垄断，收购行为也都是按照法规进行的。6月9日，宗庆后宣布辞去娃哈哈合资企业董事长职务，并发表致法国达能集团公开信，称无法忍受达能公司的欺凌与诬陷。

观点

在中国特定的社会、商业环境中，宗庆后这样的强人企业家深谙商业的政治化操作手法。在企业合资、自己成小股东之后，仍保持了一人独裁的强势作风。而一旦与合作伙伴发生冲突，则本能地用起了商业的政治化操作手法。

宗庆后一怒，尽显中国企业家之短板

今年4月，达能集团与宗庆后在娃哈哈合资企业问题上的矛盾在媒体公开化，此后双方冲突日益激烈。最新的进展是，宗庆后向达能提出辞职，达能接受其辞职并由达能亚太区总裁范易谋接任董事长。宗庆后随即发布言辞激烈的公开信，直数达能十大“罪状”。

究竟是达能公司仗势欺人、试图强行收购宗氏股份，还是宗庆后违反合资条款，非法生产、销售达能产品，局外人难辨其中的是非曲直。不过，双方在此问题上的处理方式迥然不同。一方面，达能集团一直强调，双方应当遵守当初签订的合资合同条款，在宗庆后对此置之不理后，则首先向斯德哥尔摩仲裁院申请仲裁该纠纷，继而又在美国法院向宗庆后女儿旗下公司提起法律诉讼——这两地均属第三国，仅此一点即显示出达能的布置十分精心细致。除了这些动作及例行的声明之外，达能公司相当低调。

宗庆后则十分高调。他首先在公众媒体上大声疾呼，警告民族品牌将要沦陷，这种说法在媒体上激起强烈反响，毕竟，在中国，任何事情只要诉诸民族情感，就总是能够动员起强大的支持。这次他又发表公开信，痛斥达能集团各种罪状。更有趣的是，娃哈哈的经销商、业务员等等也纷纷发表声明，不少地方政府也声援宗庆后。不过，不管怎样，一起商业纠纷已经变成了一个引人注目的公共事件。

这是部分中国企业家的典型行为模式。宗庆后是 20 世纪 80 年代崛起的一代创业者的典型。经历了商业文化的断裂之后，他们从头开始。他们所能学习的唯一模板就是政治的运作方式。在企业内部的经营管理过程中，他们习惯于一人独裁的人治，依赖自己的人格魅力及出色权谋，而不是稳定的规则。他们就是企业内部规则的创建者，当然不会把任何规则放在眼里。

在代表企业对外发言时，他们喜欢高谈企业对社会的贡献，高谈自己对官员政绩的价值，在营销过程中则大打“自主品牌”牌。当然，这类话语也广受欢迎，因为，对于政府来说，企业的发展壮大确实是一件有助于增加自身政绩的事情，因而，他们乐意与强人企业家建立密切关系，而这也正是强人企业家扩张业务的重要支持。普通民众作为消费者时计算的是自己收益的最大化，但在公共空间中，则多少表现出民族主义，在这类企业家与外方发生冲突时本能地站在自家企业家一边，让他们有一种一呼百应的英雄感觉。

可以说，在中国特定的社会、商业环境中，宗庆后这样的强人企业家深谙商业的政治化操作手法。在企业合资、自己成小股东之后，仍保持了一人独裁的强势作风。而一旦与合作伙伴发生冲突，则本能地用起了商业的政治化操作手法。

就个案来说，达能诉诸独立仲裁和司法裁决，与宗庆后的政治化操作手法，都是企业家基于自身条件约束而采取的旨在实现自身利益最大化的策略。如果在法国，达能也很可能诉诸政治化的操作手法。毕竟，这个时代，没有哪个国家能够避免经济爱国主义。

严重的问题是：放眼中国企业界，企业家、管理者几乎都只熟悉商业的政治化操作手法，而无人掌握达能那种比较专业的法律操作手法，甚至没有多少人具有学习这种操作手法的意愿。国内企业之间发生冲突，企业家们也习惯于找关系，习惯于作阴谋论的解释，习惯于将对方从道德上予以否定，利用媒体相互攻击，将个人的得失与某种宏大叙事联系在一起。

这确实不能完全怪罪企业家。长期以来，中国社会各领域严重地行政化，成长于这种环境中的企业家，更相信实力，而不相信规则。他们更相信权谋，而不相信合同约定。他们会利用官员的权力来解决自己的难题，当然要将自己个人的得失与宏大叙事联系在一起。在现有制度背景下，这种行为模式确实是有效率的，人们对此也已经习以为常。但一旦与成熟法治环境中发育出来的商业惯例相遭遇，就会形成十分刺眼的对比。

在全球化时代，商业的政治化操作手法显然不利于企业的发展。不要说与外国企业合作、交易，即便是国内企业之间的合作、交易，这种操作手法也平添了诸多不确定性。每个企业家都以为自己的利益最大化了，但社会整体的交易成本却相对较高。

市场体系要正常运转，首先需要企业家们像企业家那样行事，比如信守合同，尊重合作伙伴，尊重规则，尤其是与政府保持距离。当然，企业家的特定行为模式直接取决于其成长的具体制度环境。假如人们希望企业家遵守规则、信守合同，那社会本身就应当是法治的；假如人们希望企业谨守企业的本分，在发生纠纷的时候在商言商，那就需要政府与企业间不存在亲密关系。只有在这样的制度环境下，中国才有可能逐渐成长起一代相对纯粹的企业家群体。

2007 年 6 月 9 日

事件

2007年6月上旬，广东省普降大到暴雨、局部大暴雨，一些地市受灾严重。暴雨中心主要在北江中下游、东江中下游、韩江中上游及珠江三角洲一带。据省三防办最新统计，受强降雨影响，6—10日，河源、梅州、汕尾、清远、揭阳、云浮共6个市19个县（市、区）186个乡镇先后受灾，倒塌房屋5843间，死亡16人，造成直接经济总损失7.405亿元，受灾最严重的梅州市直接经济损失5.938亿元。

观点

年复一年，受涝遭灾的民众都习以为常，防洪预案怎么制定？又如何落实？干部、军警驾着冲锋舟在楼宇间劈波斩浪、屡屡施救，这样的场景固然感人，但对其可有反思的必要？能否从水利基建的源头上加以杜绝呢？

南粤雨灾频现　暴露水利欠账

广东已经全面进入汛期，跟往年几乎一模一样，暴雨及洪涝灾害再次侵扰大小城镇、冲击各式堤防。从本月上旬至今，粤北、粤西北、粤东及珠三角都出现持续强降雨天气。据统计，7日8时—10日1时，全省平均面雨量94毫米，其中韩江流域平均面雨量168毫米，北江流域平均面雨量116毫米。暴雨中心累积雨量超过20年一遇，个别地区短时降雨达50年一遇。

据省三防办的数据，受本轮强降雨的影响，河源、梅州、汕尾、清远、揭阳、云浮等市的19个县（市、区）186个乡镇，逾 150 万人受灾。迄今为止，已有 16 人在雨灾中死亡，超过 5000 间房屋倒塌，直接经济损失 7 亿多元。去年受灾最重的是韶关，目前受灾最严重的当属梅州，灾情已波及 94 个乡镇逾 75 万人口。

眼下，受灾地区的民众正在当地政府的协助下，开展抗灾自救。省里紧急调拨的冲锋舟等物资已向灾区输送。国家防总及省里派出的工作组已经抵达梅州开展工作。受内涝、泥石流、山体滑坡等衍生灾害的冲击，广梅汕铁路长时间中断，另有几十处国道和省道被迫封闭，10 多万人被转移至安全地带。如果降雨持续，雨情继续恶化，不排除上述灾情有扩大的危险。

凡此种种，并非今年雨灾独有。稍微检索资料就可发现，广东每年发生雨灾的模式都差不多，区别只在于损害的程度轻重不等。2003 年，梅州、河源、韶关因暴雨山洪造成 182 个乡镇近 92 万人受灾，倒塌房屋 5720 多间，大批基础设施被毁，28 人死亡、2 人失踪。去年，强热带风暴挟风裹雨席卷广东，受其外围环流和西南季风影响，韶关、惠州、河源等市不同程度受灾。其中，韶关出现有气象记录以来的最大日降雨量，10 小时内降水达到 333.7 毫米，导致乐昌城外洪内涝，成为泽国孤城，损毁十分严重。

一个被反复证明的规律，广东灾情与是否遭遇大洪水并不必然成正比。现实的情形往往是，即便是 20 年一遇甚至是 10 年一遇的低标准洪水，对南粤也会造成巨大“伤害”。粤北正在发生的雨灾就是一个例证。大多数地级市无法抵挡 50 年一遇的洪水，绝大部分县区的整体城防标准不足 20 年一遇，更不要说抗御 50 年一遇的洪水。在灾区采访的记者就反映，一些城镇本次遭遇的虽是 5 年一遇的雨灾，但街面的积水竟然达 4 米多深。由此可见，城镇防洪标准建设普遍较低，外来洪水挡不住，内发涝水排不出去，这样的城镇差不多就成了被动的泄洪区。

在广东防洪涝的水利体系中，除了城镇基础设施这一“短板”，由流域性河道、小水库、水电站等“关节点”所提供的抗洪“框架”也远未达标。以遍布全省的小水库为例，在4年前就列入整修加固的2783个小水库中，在建和未动工的至今高达34.7%，已验收的不到三成。不仅整体进度很不理想，其中汕头、揭阳、惠州等市还未完成小水库前期报修工作。所以，我们会看到这样的新闻：雨灾中一些关键水库（如兴宁市水口镇邹洞水库）出现堤坝坍塌，但危急时刻却找不到合乎规范的工程道路前往加固。

水利基础设施与防洪紧急预案互为依托，一同构成社会化减灾系统。但在前者薄弱的情况下，政府发动和承担的抗洪救灾会受到极大牵制，很难发挥出预期效果。由于防洪“硬件”欠缺，广东有些地区经常是整个城镇被淹，这恐怕就怨不得雨患，只能从地面预防工程上查找漏洞。问题是，年复一年，受涝遭灾的民众都习以为常，防洪预案怎么制定？又如何落实？干部、军警驾着冲锋舟在楼宇间劈波斩浪、屡屡施救，这样的场景固然感人，但对其可有反思的必要？能否从水利基建的源头上加以杜绝呢？

因雨致灾当然包括不可抗力的成分，举全省之力解救灾民于洪水困厄中，是南粤抗洪谱系中值得赞美的部分。任何雨灾水患都有终期，不过，一旦它们形成了肆虐的固定模式，就该设法从基础上削弱它们的危害，破除其积弊循环。南粤汛期未尽，但夯实水利基础设施、避免水利欠账，应当成为与抗洪救灾并行的筹划，以及下一个行动计划，全面复兴。否则，怎能消除这样的疑问：去年雨灾韶关最重，今年是梅州，明年又轮到哪里？

2007年6月12日

事件

2006 年年初，32 名外地农民工被骗到临汾市洪洞县广胜寺镇曹生村一个由该村村支书的儿子开设的黑砖场打工。他们在那里受到难以想象的折磨，一人被打死，另有 8 人痴呆。经媒体披露后，中共中央政治局委员、全国人大常委会副委员长、中华全国总工会主席王兆国亲笔作出批示，要求严厉查处。后有媒体调查发现，至少有 1000 名河南孩子被骗至山西黑窑厂做苦工，最小的只有 8 岁，最大的 13 岁。百位河南父母自发组队，遍访山西运城、晋城、临汾等地的数百家窑厂，但遭遇阻力。当地劳动监察部门涉嫌倒卖童工，一名劳动监察队员甚至把被解救童工补发的 300 元装进自己腰包。

观点

基层政府对公民保护的失职，对违法犯罪的迟钝，对公共责任的推诿，甚至是间接侵害，已经到了忍无可忍的程度。基层政府公共立场的实际架空，使任何法律法规、政令强调都如坠虚空，名存实亡。但事实上，却无人对此负责。

渎职失职官员必须为公民悲剧负责

近日，山西两起非法用工的报道震惊全国。一起是山西洪洞县黑砖场残酷奴役、虐待 31 名外地包身工，行为令人发指，堪比人间地狱；一起是河南媒体披露，山西众多黑砖窑拐运、扣留大量未成年人充当苦力，惊动河南上千个失子家庭。百位父母自发组织，遍访山西数百家砖窑，揭开血泪黑工之路。目前，中央领导已就洪洞黑砖场案作出批示，全国总工会负责人也已赶赴当地督促调查，由公安部协调豫、晋两省，更大规模解救黑工的行动正酝酿展开。

从上述报道来看，两案情节之悲惨，手段之残酷，实属罕见。而由零星个案，发展至横跨两省的社会现象，且存在多时，其发生发展的社会气氛离奇诡异，应有的政府管制荡然无存，证明当地基层官员的渎职失职，已非局部现象。这表明，基层渎职失职所抽空的执政能力，已经形成一种体制性的迟钝。这使地方政府不仅在社会风险管制上丧失先机，同时也在公众权利救济时姗姗来迟，所累积的执政恶感不容小视。

残酷奴役黑工的现象，所涉及的政府部门，至少包括劳动监察、公安、计生、工商、税务、工会等诸多部门，任一基层部门执法或运作有效，都可以成为阻遏这一残暴现象长期存在的力量。然而，山西当地普遍存在的黑窑黑工，并没有基层政府及时施手整治，甚至还有当地劳动监察人员将获救的黑工转手获利，地方公安也一度以管辖不当拒绝施救。于是，这一罪恶蔓延的黑工链条，直至失亲的父母孤身寻找，义愤的媒体深入调查，所谓“非常震惊，令人发指”的罪恶才得以昭示。基层政府保护公民的主动救济，竟然落后于家长与媒体的“越俎代庖”。

如果当地政府不转移视线、敷衍塞责，接下来，公众必然要问，这些渎职失职的基层官员会受到怎样的处理？山西洪洞的黑砖场，以及那些狼狗当道、监工把守的黑厂黑窑，完全可以等同于一场不小的人道灾难，而这些人道灾难的发生，即在于基层政府保护公民的失责。就在此事曝光、高层追查的同时，媒体报道，山西洪洞各级政府层层转包，层层强调，最后竟将善后责任转到了事实上的行政末梢——山西省临汾市洪洞县广胜寺镇曹生村。村里的处理方式更加令人惊愕，这些遭受一年多非人待遇的“黑奴”，竟被每人打发200元路费，送到当地火车站和汽车站之后不知去向。

基层政府对公民保护的失职，对违法犯罪的迟钝，对公共责任的推诿，甚至是间接侵害，已经到了忍无可忍的程度。对这种普遍的失责，已经有诸多分析，或是条块分割，或是政出多门，或是地方保护，分析的预设似乎是地方政府为民谋利而不得其旨，是方法不当的问题。然而，基层政府是否真正围绕公民利益而运作，这却是最大的疑问。基层政府公共立场的实际架空，使任何法律法规、政令强调都如坠虚空，名存实亡。但事实上，却无人对此负责。

就在山西奴役黑工事件的同时，据称是中国首部保护农民工权益的法规——《山西省农民工权益保护条例》即将于下月起施行。条例涉及农民工政治、经济、精神文化等方面，是重点保护农民工权益的省级地方法规。两者并提，并无抵消法规价值之意。但两相对照的结果提醒我们，徒有法律法规，而无有效运行的机制，其不过是一件空洞的摆设，是公共生活的奢侈品。当法规声言要积极保障农民工的权益，现实中的黑工却想要免于恐惧、殴打、奴役的起码人权而不得。基层官员的渎职失职，制造了这些离奇撕裂的社会现实。

山西黑窑黑工事件，事实上表明了当前基层政府运作与公民利益之间的背离。政府之职能，最低目标为保护国民，最高目标为创造福祉。黑工遭奴役甚至殒命的悲惨事件，在一地呈现出普遍态势却久无遏止，可见基层政府与公民利益的疏离与隔膜，官员渎职失职可能制造怎样的公民悲剧。因此，我们谴责无良残暴的个人之恶，也尤其要揭露，那些不能容忍的基层官员的失职渎职之恶。

2007 年 6 月 15 日

事件

山西省一些黑砖窑非法用工的严重问题在2007年6月经媒体披露后，引起中国高层领导人密切关注。胡锦涛、温家宝、吴官正、李长春等领导同志都作了重要批示。山西随即全面开展“打击黑窑主，解救被拐骗民工”专项行动，表示要从保护农民工和未成年人合法权益，维护社会稳定的高度，坚决打击违反劳动法的黑窑主，解救被拐骗的民工和童工。截至6月15日，山西、河南两省通过专项行动，共解救出了468名黑窑工。

观点

今日的局面，定要有人负责。这不容含糊，也无从商榷。许多人议论，许多人分析，写下各种各样的理据，要为事件找到出路。可是，这并非一道复杂的社会分析题，而是一道简单的文明判断题。那些普遍的愤怒，已经标定底线，也给出答案。

以国家名义捍卫文明底线

山西黑砖窑奴役、虐待工人事件，点燃了举国上下普遍的义愤。昨日，国家主席胡锦涛、总理温家宝及国家其他高层领导相继就此事作出重要批示。截至昨日上午，山西、河南两省通过专项行动，共解救出了468名黑窑工，目前行动仍在继续。这一数字，从侧面验证了这场灾难的规模。这一场人道危机，以愤怒的民意推动，正演化成高层意志主导下的政治行动，要以国家名义，捍卫文明底线。

这些天，我们亲见愤怒在全社会、各阶层燃烧。这人道的愤怒当中，也有敏感的抑郁，也有现实的忧心，还有难言的忌讳，但都无须掩饰。如果这愤怒仍要克制、仍要掩饰、仍要辩证地指导，要么是社会的底线已经完全失去，要么是社会根本就没有底线。

这些燃烧的愤怒，是社会底线失守的普遍疼痛，是进步幻觉中蓦然惊醒的惶骇——我们以为自己在向文明飞奔的路上，却发现竟是赤膊上阵，羞愧难当。社会尚未剥夺殆尽的羞耻感，是它仍然活着的生命自证。我们不能阻止它感到羞耻和愤怒。

今日的局面，定要有人负责。这不容含糊，也无从商榷。许多人议论，许多人分析，写下各种各样的理据，要为事件找到出路。可是，这不是一道复杂的社会分析题，只是一道简单的文明判断题。那些普遍的愤怒，已经标定底线，也给出了答案。

社会创制法律，每一个乱法者都要服法；公民委托政府，每一个玩忽职守者都必须解职。这是社会恢复秩序、维系信心的基本前提。在这场人道灾难中，无良的黑窑主、暴虐的包工头、邪恶的拐骗者、凶残的打手，一个也不能宽恕。还有那些官员，散漫的、失职的、贪腐的、丧失责任心的官员，没有理由强奸民意，霸权占位，这些人必须受到道义的谴责与政治的追惩，以及民众和法律的问责。

可我们的社会显然缺乏信心。甚至，这份无望的压抑，本身就构成今日愤怒的大部分。虽然这无声蔓延的愤怒，并未站定在公共舞台上朗声发言，可如果这澎湃的愤怒，仍要领受虚言和周旋，仍要观看敷衍和推脱，我们的政治恐怕会变成闹剧。

我们努力呈现这压抑而扭曲的愤怒，只因感念社会前进全赖真实。尽管这真实常常令人不悦。今天的事实，是只有政治高层确认的愤怒才可以成为驱魔降妖的真实的愤怒。那么多失子家庭的父母悲呼，他们目睹暴行，直击残酷，他们的忍耐近乎悲壮。那么多民众同心呼应，他们痛斥践踏人权的恶人，更厌恨辜负民意的官员，他们的忍耐同样近乎悲壮。这种忍耐，本能地在渴望一种起码的政治尊重。现实需要回答他们，他们的忍耐是因为坚信，坚信这个制度仍在不遗余力地修复，修复他们因愤怒而塌陷的信心。

在国家与公众之间，我们需要重申一些常识。个人之恶，从来就不曾消亡。国家之善，即在于以公共名义遏制个人之恶。不得不承认，黑砖窑累积的罪恶，最刺人耳目的并非个人之恶的极度暴虐，而是那些接受公民委托、担当保护之责的官员，如何背信弃义，如何临阵脱逃，如何自私自利，将垄断的公权败坏成公民权利的惨剧。

为骇人的山西黑砖窑写下结语，只能是个人之恶所叠加的公器之恶。为恶毒的人性，我们只留一声悲叹；为反噬其主的公器，我们却要喊出大声的愤怒。检讨人性，这是每时每刻的个人修为；检讨公器，却是此时此刻全社会必须做的工作。

那么多小心翼翼的愤怒，喧腾躁动，他们在彼此交谈，彼此相识。这愤怒必须被听到，必须被理解。在今日的公共生活中，它在等待来自政治的确认和回馈。民愤，以及平民愤，逐渐成为今日中国的政治游戏原则。愤怒，就此成为道义的武器，为民众参与找到一条委婉的路线。也许要说，不幸的是，我们只有愤怒；也许要说，幸运的是，我们仍有愤怒。

2007年6月16日

事件

2007年6月14日晚，山西省已经成立“打击黑窑主，解救被拐骗民工”专项行动领导组，明确由山西省公安厅三位副厅长带队，山西省劳动和社会保障厅、山西省总工会组成联合调查组，15日分赴运城、临汾、晋城三市，对打击黑砖窑主、解救被拐骗民工专项行动进行督察指导。按照山西省委、省政府的部署，在7—10天之内，必须无条件解救，不留一个死角，不留一个被困民工。如果10天后仍然发现有被拐骗民工没被解救的，省委将按失职渎职处理有关市、县领导。

观点

一系列人参与、一大群人默认、成百上千地发生、长年累月地运转——这悲剧里的罪魁祸首是谁呢？难道涉及的人都天生是坏坯子？难道他们不是爹娘生养或不懂疼痛、不解人情？是什么东西败坏了这些人的性情？

必须正视山西黑窑里人性的集体沉沦

山西黑砖窑的血泪故事，震动了中央。在国家领导的批示下，山西省委、省政府立即展开行动，要求在7—10天之内必须无条件解救所有被困农民工。有中央指示高悬，问题迎刃而解，看起来毫无困难。如果不出意外，这一场风波即将结束。再过些日子，判几个窑主，抓两个人贩，事情便了结了。

但是问题有没有解决？甚至，即使如民所愿，惩戒得彻底一些，追究所有相关失职渎职人员的责任——问题就解决了么？真正的问题是什么？

在有关山西黑窑的报道中，我们看到的是相当完备的“产业链条”：拐骗绑架，集中运输，讨价还价——这是贩卖人口的链条；黑窑主打点当地“关系”，应付手续和检查；包工头雇用打手，买奴生产——这是黑窑运转的责任分工。在黑工陈述的故事中，在记者披露的经历里，我们看到许多直接或间接的参与者——人贩、司机、中介、包工头、监工、窑主、帮窑主应付手续和检查的人——这些人丧尽天良。我们看得到或想得到许多故意沉默或者无奈沉默的知情人——只允许家长解救自己孩子的警察、监工窑主们的家人朋友、黑窑所在地的村民——这些人的良知，或者已经泯灭或者只是昏睡，但是这有什么区别？这些人实际上仍然是同谋，因为他们的沉默纵容已经是让邪恶蓬勃生长的土壤。这些参与者和知情人在一起，已经构成了一个完整的小社会。从宏观讲，这是民间自治能力的瘫痪；往深里说，这是人性的集体沉沦。

所有的愤怒都在指向惩罚，然而法不责众。政府过失、官员失职，这些当然要谴责；人贩黑心、监工残忍、包工头人性灭绝，这些当然要惩罚；但是其他人呢，那些间接参与的人呢，那些知情不报的人呢？他们有错么，他们有责任么？如果在他们的生活逻辑中，这旁观、这共谋是合理的呢？一桩简单的绑架案、杀人案甚至灭门案，我们都可以找出一个罪魁祸首，将悲剧的根源追溯到人性神秘的黑洞里，由此免去社会的责任、国家的责任。但是一系列人参与、一大群人默认、成百上千地发生、长年累月地运转——这悲剧里的罪魁祸首是谁呢？难道涉及的人都天生是坏坯子？难道他们不是爹娘生养或是不懂疼痛、不解人情的人？是什么东西败坏了这些人的性情？

一个人的丧心病狂是偶然的病态，不适合过度阐释。一群人的丧心病狂却必定有可追寻的外在因素。当然，人性与制度环境的关系太过复杂，分析难免片面，结论总有偏颇，但是我们不能因此将一群人的堕落当成是人性本恶，似乎人性恶的爆发只因为制度的管制不够严密。毕竟有很多人表现为自觉的良善，而非被压抑的顺从。我们有勇气谴责政府、有勇气指责官员，我们就同样有勇气承认，案件所涉及的大片人群，都呈现出了非常规的灾难性的道德状态。承认了这一点，我们才有可能进一步去追究，到底是什么败坏了人性？

个人内心价值的形成，至少有两种基本的外界力量在塑造：其一是舆论的褒贬，其二是利益的激励。从舆论来看，在一个常规社会里，近距离的、小环境的言论倾向、熟人之间的评价喜恶，要比高蹈的教化与宣传更为有效。这就是为什么我们总是强调中国的民间自治传统，强调“社会”具有“国家”无法取代的功能。必须承认，我国曾经经历过国家对个人过度动员、对个人生活全盘接管的阶段，在这一阶段中，社会自治功能被废止。不幸的是，社会自治功能重新生长、民间价值自发再生的时候，国家并未将权力让渡给社会，社会不得不以赎买的方式重建自己的权力，这一过程无疑滋生了腐败和堕落。更可怕的是，这个过程正值中国的市场经济在法治不够健全的情况下极速狂奔，这汹涌的经济大潮中鼓励的是金钱、欲望、不择手段、胜者为王，是颠覆文明的丛林规则。这规则一方面以现实激励直接捣毁人心，另一方面以间接的方式渗透进正在重建的社会价值和民间舆论。高蹈的道德教化逐步与现实逻辑脱节，丧失说服力和感染力，成为被架空的荒唐话语。一时间，金钱的规则没有对立面，没有什么力量能够阻止中国人去发财，以任何方式发财，包括贩卖劳力、虐待工人。

就像中国当下的许多悲剧一样，追溯根源总能找到历史的链条，不走运的脚印连成一串，似乎每一步都是无奈的必然。但是，再稍微具体一点，我们就可以看到，是国家与个人之间的不恰当关系破坏了民间连绵的自治能力，是开放时期不够健全的法治基础放纵了利欲的肆虐。而国家与个人之间的关系、民间自治能力的培养、市场经济之下的法治基础，是我们的国家正在面对的最重要的命题。正如本报昨天社论所言，我们在危机时刻唯以国家的名义捍卫文明底线，但是如何捍卫？指令自中央至省委再至市县乡镇，黑工被解放，黑窑被肃清，文明就重现了么？腐烂掉的人性如何重生、麻木掉的人性如何复苏？请回头看看来时的路。

2007 年 6 月 17 日

事件

2007 年 6 月 14 日晚，山西省已经成立“打击黑窑主，解救被拐骗民工”专项行动领导组，明确由山西省公安厅三位副厅长带队，山西省劳动和社会保障厅、山西省总工会组成联合调查组，15 日分赴运城、临汾、晋城三市，对打击黑砖窑主、解救被拐骗民工专项行动进行督察指导。按照山西省委、省政府的部署，在 7—10 天之内，必须无条件解救，不留一个死角，不留一个被困民工。如果 10 天后仍然发现有被拐骗民工没被解救的，省委将按失职渎职处理有关市、县领导。

观点

行动，只有公民的行动，才能让疼痛的人获得勇气，让愤怒的人获得安静，让失血的社会重获新生。

做一点什么

山西黑砖窑里的事情，我们已经听说。迷途少年，倒伏在脏臭的工棚里，发烫的红砖，灼伤稚嫩肩头。红的血，黑的疤，乱发如草，累累伤痕。也许第一次离家远行，少年的想象与人性黑暗无关，铁栅栏圈起的不是囚车，绑架的罪恶却将他们越载越远。

这原是邪恶对社会的偷袭。人心散乱，风纪崩圮。偷袭于是变作公然的抢劫，抢劫的并非只是人性，还有社会摇摇欲坠的信心。越过罪恶的制造者，他们会遭受惩罚；越过默许的助虐者，他们早进了人心的囚笼。今天不谈他们，说说我们自己——所有为黑砖窑感到疼痛的人。

我们需要救赎。远远地，从人心开始，从世风开始，从政治开始，从不把人当人的地方开始。这不是精神的空谈，而是世俗的挽救。务虚的精神可以选择，世俗的挽救无从逃避。没有救赎，没有行动，我们看见母亲永失所爱，孩子永失所亲，社会永失底线，政治永失人心。

一直都有母亲在行动。羊爱枝的孩子，流落在山西成百上千个罪恶的砖窑里。一次，两次，三次，这个中年女人走进狼狗当道的砖窑，与棍棒追打对视，在无助胆怯中痛哭。在孩子求生的眼里，她发现社会的失真。她的行动，联合起几百个失子家庭。最终，一位母亲穿透遮蔽与漠视，向全社会贡献出真相。

我们这些疼痛的人，感受到公民责任的人，同样需要行动。离开愤怒，离开诅咒，拆毁是行动，建设是行动，挽救是行动，阻止还是行动。网络上展开了蓝丝带活动，就是公民在行动。他们去现场，去安抚悲痛的母亲，去直击事件的真相；他们运用法律去控诉，唤起舆论去监督。不能前往的人，以蓝丝带铭记，传播黑砖窑的故事，不忘共此时代的羞耻。自愿、平等、互爱、和平、理性、非暴力，公民行动为溃烂的社会伤口止血。

黑砖窑里的事情，我们已经听说。疼痛的人只是疼痛，愤怒的人一直愤怒，而社会将故态复萌。行动，只有公民的行动，才能让疼痛的人获得勇气，让愤怒的人获得安静，让失血的社会重获新生。做点什么，为那些倒伏在血泪中的孩子，为我们难过而牵挂的心。

2007 年 6 月 19 日

事件

2007 年 6 月 18 日下午 4 点，银监会公布了“银监会查处 8 家被企业挪用信贷资金的中资银行”的消息。公布这一消息的前一个小时，沪指收盘至 4253 点，大涨 120.48 点。让这 8 家银行“中招”的是中国海运（集团）公司和中国核工业建设集团公司。除北京银行以外，其他被列入受罚名单的银行都是上市银行——交通银行、招商银行、工商银行、中国银行、兴业银行、中信银行和深圳发展银行，涉及违规资金逾 50 亿元。银监会对这些银行给予了罚款、暂停部分业务和拟取消高管任职资格的处罚。

观点

政府的强制介入，或可短期内使经济超常规增长，但必然埋下长远的祸根。

监管应盯住市场秩序而非股指

6 月 18 日，中国银监会公布了两家国有企业挪用信贷资金进行违规炒股或者打新股的案情，并对涉案 8 家银行分支进行了行政处罚。本案最引人注目的一点是，银监会实际上已在 5 月底完成对被企业挪用信贷资金的 8 家银行的调查和处罚，本拟在 6 月 5 日召开新闻通气会，但考虑当时市场正处于暴跌状态，遂推迟发布该消息。银监会解释说，这是为了避免对股市造成不必要的冲击。

表面看来，银监会如此考虑十分周到合理，对股市、对投资者、对上市公司似乎也十分负责。但这样一种考虑后面，体现的是一种不合理的监管思路。正是这种监管思路要对中国股市久已存在的种种制度扭曲承担责任，正是这种监管思路把中国股市变成政策市，并使投资者具有强烈的机会主义倾向，导致股市陷入暴涨暴跌的恶性循环难以自拔。

这种不合理的监管思路就是：政府对股市指数负有责任，尤其是，政府必须尽最大努力使股市保持持续上涨的势头。推测起来，监管层之所以形成这种思路，一方面是为了营造经济繁荣的政绩景象，当然也是为了利用这种上涨势头，达成最初设立股市的主要目的：为政府所批准的公司筹措廉价资金，其中绝大多数是国有控股企业。

也因此，财经监管机构对证券市场以及相关的银行市场，乃至整个经济体系的监管，带有相当明显的随意性。就以本次银监会查处的企业挪用信贷资金炒股行为而言，假如这样的行为发生在股市低迷的时候，监管机构很可能倾向于不闻不问。即使发现，也不会立即查处。因为，很显然，企业的这种行为虽然违规，但却有利于推动股市繁荣。而后者恰恰是监管层的政策目标。当然，一旦股市过热，监管机构准备抑制，就会立刻查处这种行为，甚至把当初睁只眼闭只眼容忍的陈年老账翻出来，为的是向市场表明监管层希望股市降温的“决心”。本案则很特殊，此举大约本来是为了抑制股市过热而查处的，孰料查出来后股市却暴跌，只好临时拖后向市场公布相关消息。

人们不清楚，此种拖后公布监管信息的做法，是否违反了信息公开的相关法规？不论怎样，监管机构如此操作，固然照顾了市场情绪，但却于无形之中把监管变成了通过行政权力达成市场繁荣的一种权宜手段。监管机构不是一以贯之地对市场进行公正监管，相反，监管活动具有强烈的机会主义色彩。

在这样的监管环境中，市场参与者当然也具有严重的机会主义心态。上市公司、证券公司、基金公司、银行肆无忌惮地违规违法操作，他们知道自己被查处的概率很低，被查处者只是倒霉的例外而已。普通投资者在这样的市场环境中，无法通过理性投资获得稳定收益，当其利益遭受侵害的时候也无法从监管机构那里获得救济，当然会转向赌博式投机。

回过头来，人们不禁要问：监管机构果真达到自己的目标了吗？尽管没有明说，但监管机构始终盯着股指进行监管。其结果却是，中国股市比任何其他地方的证券市场表现得更不稳定，投机盛行、暴涨暴跌似乎已经成为其标志性特征。

个中原因不难理解：市场是高度复杂的，不可能完全按照政府的意愿运行。监管层确实握有诸多政策手段，其中包括选择性执法。但政府要把这种手段拿捏到最优水准，却非人力所能设想。因为，政府不可能掌握实现这个过于具体细微之目标所需要的全部数据，尤其不可能掌握市场参与者的心理数据及其反应模式。因而，这些旨在托市或者打压市场的政策手段，要么因为力度太小不起作用，要么因为力度太大而导致市场作出过度反应。直接盯住股市指数进行的监管，必然会失灵。

确实，任何监管的最终目的都是为了实现市场的繁荣，但任何监管要真正地达成这一目标，又绝不可直接以市场的短期表现作为其唯一考虑目标。因为，对于采取此类措施所需要的数据，政府必然处于一种无法克服的绝对的无知状态。所以，明智的政府仅致力于维系法治秩序，从而为市场主体的创造性活动创造最优制度环境。同样，明智的股市监管，仅致力于普遍地、无差别地执行一般的法律规则，尽最大可能维持公平的市场交易秩序。这种秩序将促使市场参与者发现价值，从而实现股市配置资源的效率。

如此监管，乃是真正有效的监管。假如政府真能保持节制，则经济将会自然地增长。政府的强制介入，或可短期内使经济超常规增长，但必然埋下长远的祸根。同样，考虑到劳动生产率迅速提高、人均可支配资产逐渐快速增加等现实因素，中国股市确实具有繁荣的内在趋势。但监管盯住股指，却必然使股市深陷于政策市的泥潭而难以健全成长。

2007 年 6 月 20 日

事件

2007年6月15日清晨5时15分左右，广东佛山市南海区九江大桥遭一艘运沙船撞击，约100米桥面坠入江中，导致有4辆汽车坠入河中，9人失踪。事故处理领导小组邀请省内外专家成立专家组，于6月20日上午公布鉴定结果，称事故发生前大桥结构处于安全状态，桥梁设计有前瞻性，事故是因肇事船产生的撞击力超出防撞能力造成的。专家回答记者提问10多分钟后，主持人说，专家要赶飞机，发布会结束。

观点

公共事件的平息，场面收拾只为其一，收复民心才是善终。科学名义、专业面貌并不足以令这类公共事件的解决一了百了。

断桥事故处理还需化解公信危机

九江大桥断桥事故的善后工作仍在进行，事故的技术鉴定结果已经揭晓。昨日，九江大桥事故技术鉴定组举行新闻发布会，公布评审结果。专家明确九江大桥坍塌事故与大桥本身的设计和质量无关，是运沙船偏离航道，误入非通航孔，直接撞击桥墩导致大桥坍塌。这一结论，与民间对于工程质量的严重怀疑，形成了鲜明对照。

6月15日发生的这起事故，初步调查有4辆汽车坠入河中，9人失踪。事故发生后，政府部门迅速启动了应急预案，事故调查和善后处理紧张有序，新闻媒体亦全程报道无阻，展现政府应对突发公共安全事件日渐成熟。不过，此次事发交通要道，车行频密，且长达200米桥面坍塌，事故所引发的公众惊慌，使桥梁安全迅速为公众所关注。由于工程质量问题形成的阴影在民众中确实存在，这使九江大桥断桥事故的处理，还不得不面对危机公关的一面。

客观来说，运沙船的撞击，确实是九江大桥坍塌的主因。这是可以论证成立的。至于大桥坍塌所引发的工程质量疑问，民间有追问有怀疑也在情理之中。一起严重的公共安全事故发生，方方面面的原因都应该周到检视。九江大桥的工程质量是否不堪一击，显然是事故调查需要重点解释的方面。工程质量是否过硬，设计是否合理，实际上只是一个技术问题，交由专家的科学精神与专业主义即可解决，并不为舆论所左右。问题在于，事故调查的专业意见，如何化解公众的信任危机？

如果认为已有科学鉴定结果摆在那里，民众再行诘问便是无理取闹，因而任由舆论沸腾，似非明智之举。公共事件的平息，场面收拾只为其一，收复民心才是善终。科学名义、专业面貌并不足以令这类公共事件的解决一了百了。九江大桥断桥事故，除了是一次工程质量危机，需要专业的技术鉴定来确认，同时也是交通部门的一次公关危机，需要以专业的危机管理方案来化解，使民众真正信服和接受事故鉴定结果。

这至少有两方面的工作要做。首先，当然要有公正、客观、透明的事故调查程序。6 月 11 日晚，就在断桥事故发生前的几天，香港昂坪缆车发生严重事故。一个空载的缆车车厢从离地 52 米高的缆塔顶部坠下，车厢严重损毁。香港特区政府在事发后要求所属地铁公司、缆车车厢制造商、缆车运作的独立顾问共同调查事故原因。政府相关部门也邀请海外专家展开彻底独立的调查工作，预料调查在几个月内完成。这种独立的第三方调查，消除了政府与民众在调查程序公正上的疑问，调查结果势必能为民众广泛接受。九江大桥断桥事故发生后，虽然也请来了省内外专家，但均由事件的可能责任方组织开展，这种调查程序上的疑问造成了印象失分。

其次，事故调查的信息披露是重要的善后程序，而不是可有可无的形式。公共安全事故的调查结论，是要经得起公众考问的“铁案”，各种资料的分析论证，都务必向社会公开。这不是一个可以挑肥拣瘦嫌麻烦的工作。昨天的新闻发布会，只进行了半小时便匆匆结束。组织者的理由是，事故技术鉴定组的两位专家因为赶飞机不得不马上离场，无法继续回答记者问题。一群记者只能围追堵截，请专家解释事故原因。如此严肃的鉴定结果，却以这样轻率的方式发布，到底是化解了断桥事故的公众疑问，还是加剧了公众与部门之间的信任危机，恐怕还有问题。

九江大桥断桥事故的处理，显然不只是专家们的一次技术活，还有那些确实的公众疑问，也成为事件处理必须回应的社会情绪，它不因鸵鸟似的回避而消减，相反却可能因此疑窦丛生。作为政府部门危机公关的治理技术，九江大桥事故的善后工作还有继续改善的空间。

2007年6月21日

事件

在众多重大公共突发事件接踵发生，媒体报道追问持续发力的背景下，《突发事件应对法（草案）》于 2006 年 6 月提交全国人大常委会审议，草案有条款明确压缩媒体报道空间，遭遇国内媒体的激烈反对。一年之后，该草案再提交二审，相关条款已被删除，舆论空间得以保全。

观点

突发事件应对中的媒体表现，最为地方官员恼火的是“不顾大局”。统一的行动，固然可能提升效率，然而，分散的博弈却更可能接近真实。

一次社会进步与舆论监督的相互助力

昨日，《突发事件应对法（草案）》（以下简称《草案》）提交全国人大常委会进行二次审议。令人瞩目的是，提交二审的《草案》，删除了有关新闻媒体不得“违规擅自发布”突发事件信息的规定。同时，《草案》一审稿曾规定，要求处置突发事件的人民政府“对新闻媒体的相关报道进行管理”，在提交二审的草案中，这样的规定也被删除。

我们欢迎这一《草案》的二审稿为舆论监督松绑。去年 6 月，提交全国人大常委会审议的《草案》，对媒体报道作出了限制性规定：新闻媒体违反规定擅自发布有关突发事件处置工作的情况和事态发展的信息或者报道虚假情况，将由所在地履行统一领导职责的人民政府处以 5 万元以上 10 万元以下罚款。《草案》还规定，突发事件的相关信息由该地人民政府统一发布，新闻媒体的相关报道也归其统一管理。这一规定，引发了社会各界的普遍关注，全国多家媒体对此提出了商榷意见。本报曾刊文表示，这是一次令人遗憾的社会退步。在舆论监督掣肘的当下，如果突发事件应对立法据此立意，媒体将喑哑失声，舆论也不复有力。

2003年的“非典”事件，两名高官因瞒报信息而下台，信息公开成为公众最强烈的呼吁。此后的各种突发事件，新闻媒体都及时发布信息，遏制谣言流布，也揭露地方官员的腐败行为。事实表明，公开透明、及时准确的舆论监督，在应对突发事件中意义重大。相反，干扰突发事件处理的，恰恰是负有直接责任却一味掩盖真相的某些官员。

突发事件应对中的媒体表现，最为地方官员恼火的是“不顾大局”。统一的行动，固然可能提升效率，然而，分散的博弈却更可能接近真实。正因如此，媒体并无特异之能与突出之责，要为每一条突发事件的报道承担绝对的真实责任。在一个开放的动态过程中，媒体的充分竞争，会自然地修正偏差，趋于真相。阻止媒体这种自我能力的展开，无疑是拒绝社会对于真相的最终获取。

媒体的舆论监督，源自《宪法》赋予的言论自由权利。在行政权力一枝独大的当下，任何对舆论监督的管制规定，都可能成为某些政府官员打压媒体、拒绝监督的直接武器。这将使公众的舆论为行政权力所要挟，失去其推动社会进步的真正能力。此次《草案》的二稿修改，认为一稿的限制性规定，“有可能成为某些地方政府限制媒体正常报道突发事件的借口，不利于媒体对其谎报瞒报开展舆论监督”。二审《草案》，呼应了严峻的政治现实，肯定了媒体所起到的正面作用，不为可能的权力谋私和官员戕害而置媒体监督于不利。这是一次社会进步与舆论监督的相互助力。

一个现代国家的公共生活，舆论监督的正当性已属常识，但常识的彰显历尽曲折。但我们仍然认为，一种向上的努力仍未折断，艰难的生长仍够顽强，更重要的是，点滴的开放，缓慢的进步，它仍会相互借重，彼此助力。《草案》两易其稿，让我们看到这种艰难的向上，也就此期待一个更积极的前景到来。

2007 年 6 月 25 日

事件

2007年7月5日，《南方周末》发表时任山西省省长于幼军的专访。于幼军坦陈主政山西两年，却未能及时发现和处理这类问题，属于失察，他的道歉和检讨都是应该的。于幼军表示，“黑砖窑”事件绝不会不了了之，凡是被网络、媒体和群众举报涉及的各级党员干部、公职人员存在失职、渎职和腐败行为的，都要有案必查，查实必处，绝不姑息迁就。7月20日，山西省高院就“黑砖窑”事件举行新闻发布会。通报称涉及黑砖窑事件中的7案29人已审理完毕，其中，打手赵延兵被判处死刑，承包人衡庭汉被判无期徒刑，窑主王兵兵非法拘禁被判9年。

观点

媒体的责任，绝不仅是报道官方行动，甚至也不仅是传递民意，更为重要的是以独立的姿态，抱着怀疑主义的精神，去调查事实真相，去破解事件谜团，去揭露那些试图掩盖的黑暗。

黑砖窑事件远未完结 媒体报道更需进取

如果不是山西省省长于幼军在《南方周末》上的果断表态，还在关心黑砖窑的民众只能以为，这件让全体国民蒙羞的丑闻，就要不了了之了。根据早先新闻的披露，知情者估计，有超过1000名未成年人在山西黑砖窑做苦工；绝大多数山西砖窑属于无证经营，其长期运营的背后都有官员做保护伞；民间解救行动中发现了并不罕见的拐骗、暴力伤害、强迫劳动和非法拘禁。山西黑窑事件之所以震撼全国，一方面是因为其情节极端恶劣，另一方面是因为其大量存在。但是，在一轮全民的激愤宣泄之后，事件影响迅速萎缩。至少在媒体的呈现中，山西黑砖窑虐工现象，缩小为山西省洪洞县广胜镇曹生村王兵兵黑砖窑虐工事件；与之对照的是，山西地毯式搜索解救出300多农民工，只有一行结论却看不见详情。而洪洞黑砖窑虐工事件，当它以令人惊喜的速度走上司法程序之后，又戏剧化地弱化为三五个人的一两项小罪名：非法拘禁、故意伤害。当初中国大地人神共愤，舆论对黑砖窑的指控是反文明反人类；如今法庭上和风细雨，黑砖窑主直称自己有立功表现，因为曾经赠与公安机关办案经费，引来旁听席上一众笑场——血泪悲歌怎么就变成了黑色喜剧？

于幼军开口便说，不会这样的！他说的是，黑砖窑事件不会不了了之的；他承诺，凡是网络、媒体和群众举报涉及的问题，都会有案必查、查实必处，绝不姑息。这承诺应该不是空话，在他的谈话中，我们看到有大量查证工作正在进行中。但是关于这些工作都缺少具体的报道，媒体似乎还在等待下一次新闻通气会，拿到下一条只有结论不谈详情的通稿——从什么时候起，媒体放弃了议题的主动权，转而成为发布官方消息的回音壁？

媒体在黑砖窑事件上呈现出两个让人费解的现象：其一是，事实调查粗浅，初期新闻构成中有很多都是未经证实的民间说法、网络留言，在后续报道中令人失望地不见深入，这给今后的“权威”说法留下了非常大的自由空间；其二是，在事件引爆之后，媒体很快替换了新闻主角，放弃调查被虐工人及其家属、施虐窑主及其背后的保护伞，转而聚焦整治行动中的公安机关和政府官员。

同样因为缺少事实披露，我们很难理解媒体为什么会有上述表现，只有几个调查记者表示，地方官员成为深入调查的障碍。但这是不是真正的原因，或者这是不是全部的原因，我们很难下断言。仔细辨析，在国家最高领导人发出批示之后，在全民的关注之下，地方官员仍阻挠记者调查采访，这本身已经可以构成重大新闻被给予突出处理，但是我们没看到这样的大新闻。同样，在媒体视野中迅速消失的寻子父母团体，还有最初曾作为个案被重点报道的羊爱枝，媒体为什么没有跟踪报道他们的情况？是不想报道还是无法报道，是没有寻找还是联系不到？寻觅当事人的过程中遇到了什么样的困难？对这些问题的回答，同样也是值得关注的大新闻，然而我们同样看不到——媒体怎么了？是软弱无能？是懒惰麻木？是胆怯畏缩？是缺乏专业精神？

黑砖窑事件中媒体表现出的突然转折，其原因难辨，结果却很明显。

黑砖窑事件在媒体的披露之下成为公共事件，媒体从此便是这一公共事件中的重要力量。新闻报道和评论、民众情绪及诉求，还有官方态度及行动，正是这三者的互动促成事件不断向前向深入发展。其中媒体的责任，绝不仅是报道官方行动，甚至也不仅是传递民意，更为重要的是以独立的姿态，抱着怀疑主义的精神，去调查事实真相，去破解事件谜团，去揭露那些试图掩盖的黑暗。在这样一个全景呈现之中，对政府作为的报道才更可信任；在这样一个媒体力量之下，政府的作为才更能获得民众的信任。只有媒体成功地扮演了上述角色，民间与政府之间真正意义上的交流和理解，才有可能达成；只有政府、媒体和民众之间建立了紧密的互信互动关系，公共事件才能成为汇合全社会力量的公共事件：既不是民间潮涌般的愤怒情绪，也不是政府关起门来孤军作战。

洪洞县广胜镇曹生村王兵兵黑砖窑虐工事件已经诉诸法庭，按照于幼军的说法，这应该只是一个开头，远远不是山西黑砖窑事件的结束。高层一再表明其彻查的决心，或许民众可以等到一份更完整的答卷，甚至或许，那份答卷已足以回应愤怒、惩戒丑恶。只是在这份答卷中，媒体并没有做足自己的功课。

2007 年 7 月 6 日

事件

2007年7月8日，北京电视台生活频道《透明度》栏目播出了《纸做的包子》报道。该栏目编导通过暗访，发现在朝阳区东四环附近的早点铺中出售用废纸箱和肥猪肉做馅的小笼包。北京警方专门成立专案组，全力核查此事，于7月16日初步查明事实真相——该报道系《透明度》编导訾北佳炮制的新闻。7月18日，北京电视台向社会公开道歉。事件发生后，北京市连续召开新闻单位主要负责人会议，对北京电视台进行通报批评，并迅速在全市新闻战线部署开展“三项学习教育活动”。8月12日，北京市第二中级人民法院以损害商品声誉罪，判处訾北佳有期徒刑1年，并处罚金1000元。

观点

围绕纸箱馅包子的来龙去脉，其中既有日趋严峻改善乏力的食品安全问题，也有媒体和记者的信誉危机，还有政府对新闻媒体的管理问题，诸多方面的个案层层累加，沉淀为今天公众的意识背景。猜忌、怀疑、不信任，成为分化公共事件处理结果的民意之刀。

从假包子到假新闻：一场信无可信的尴尬

7月8日，北京电视台生活频道《透明度》栏目播出新闻，名为《纸做的包子》。报道中说，该栏目编导通过暗访，发现北京的早点铺有人出售用废纸箱和肥猪肉做馅的小笼包。这一报道经央视等各大媒体、网站转播转载之后，引起广泛关注，海外媒体也闻风而动。但10天之后，形势急转直下。昨日，北京官方发布新闻，称“废纸箱做包子馅”为虚假报道，为电视台临时编导訾某自编自导，北京电视台为此向社会深刻道歉，当事人已被刑事拘留。

10天前，民众以为报道是真的，包子是假的；10天后，官方宣布报道是假的，包子是好的。到底谁是真的，谁是假的，民众落得一头雾水。此刻，普通百姓只恨没有一双慧眼，能洞穿扑朔迷离的事态。

纸箱馅包子面世的时机，正是中国的食品安全危机四伏的时刻，内外舆论皆不宽容。这一极端案例的出现，将中国食品安全问题的严峻程度再次推高，民众一时哗然。而就在政府宣布，证实事情是虚假新闻，涉嫌记者造假时，仍有不少民众愿意相信是假包子，而不是假新闻，甚至有人怀疑政府查处也从中造假。

这些连环相套的不信任，使得一场包子引发的舆论风潮，转眼成为一场公众辨识真假的能力测试。然而，无论是何种的不信任，都并非多么理据充分，因而也难以在逻辑上立足。公众各是其是，各非其非，基本上只体现了各自采信的某种情感倾向。一个原本事关食品安全的公共事件，跌落在一个奇怪的问题格局之中，事件貌似已经盖棺定论，而疑问却在公众心里打结。

这个尴尬的局面令人忧虑。围绕纸箱馅包子的来龙去脉，其中既有日趋严峻改善乏力的食品安全问题，也有媒体和记者的信誉危机，还有政府对新闻媒体的管理问题，诸多方面的个案层层累加，沉淀为今天公众的意识背景。猜忌、怀疑、不信任，成为分化公共事件处理结果的民意之刀。

废纸箱做成包子馅，假包子转眼成为假新闻。尽管事件以栏目编导造假而刑拘告终，但早点摊贩、新闻媒体、政府部门都未能幸免于这场丑闻。而如今弥漫在社会的不信任，使得这一事件的善终显得尤其艰难。公众可能既不信任早点摊贩，也不相信新闻媒体，同时也难以相信处理事件的地方政府。要免于公众猜忌和民间抗拒，事件处理可资改善的方面很多。

就媒体自律而言，此次事件处理几乎完全由行政主导，而并无媒体自主自律的空间。事发突然，影响巨大，行政力量火速启动，媒体只是事件处理的配角，形象相当被动委屈。事实上，涉及记者虚假报道，首先应该尊重的恰恰是媒体自身的自查自律。

2003 年 4 月，美国《纽约时报》也曾发生记者造假风波。在得知记者可能造假的线索之后，纽约时报指派了 5 位记者、2 位研究员、3 位编辑对此进行调查，做了多达 150 次访谈，其后在报纸头版显著位置，刊登长文自揭家丑，并为此向报业同行和读者致歉。此次纸箱馅包子事件发生后，政府公安部门迅速介入，使事件的处理很快由对假包子的查处，转为对假新闻的严惩。媒体自我纠错的机制还未能运作，就匆忙由官方裁定，过程也欠缺透明。这些都是事件处理并不周全谨慎的所在。

围绕纸箱馅包子展开的舆论，几经跌宕峰回路转，在公众不信任的情绪里，依然是真假难辨。这种公众的情绪反应，当然并没有十足的理由，未必经得起严谨的论证，然而，它的存在，已经构成了公共事件处理的重大背景。从假包子到假新闻，公众情绪只是将信将疑。地方管理者当然可以我行我素，不过，公众的疑心如此深重，辨识真假如此谨慎，终究是今天公共事件处理中令人尴尬的场面。

2007 年 7 月 20 日

事件

中国互联网络信息中心于2007年7月18日发布《第20次中国互联网络发展状况统计报告》。截至2007年6月30日，我国网民总人数达到1.62亿，平均每分钟就新增100个左右的网民，互联网普及率达到了12.3%，宽带网民数达1.22亿。国内域名总数达到918万个，网站数量达到131万个。报告指出，互联网的获取信息、娱乐和沟通功能被普遍使用，但生活助手功能使用率较低。互联网娱乐功能的三项代表性应用——网络音乐、网络影视和网络游戏使用率都很高。网络音乐使用率已经超过2/3（68.5%），玩过网络游戏的网民也已经接近一半（47.0%）。

观点

每个国家都有自己的前景与当务之急。所以，不要轻言互联网在中国无所作为，也不要急于比拼谁是未来的“互联网强国”，或矮化互联网只为中国人提供了一种“浅层次的娱乐方式”。

中国互联网差距在网外
娱乐之下涌动历史潮流

7月18日，中国互联网络信息中心（CNNIC）公布的《第20次中国互联网络发展状况统计报告》，截至2007年6月30日，中国网民人口总数达到1.62亿，仅次于美国的2.11亿。半年来中国网民的增长数量更是惊人，达到了2500万，相当于平均每秒增加两个网民。CNNIC信息服务部主任王恩海甚至乐观预言，至迟2008年底中国网民规模将居全球第一。

面对如此突飞猛进的发展，有互联网分析人士提醒，这些数据并不足以支撑中国成为“互联网强国”，理由是网民的综合素质和网络产业化水平还很低。一方面，中国网民从事网络购物、支付、招聘、旅行和商务人数相对很少，尽管有庞大的网民基数，但是中国至今没有一家营业额超过 10 亿美元、市值超过百亿美元的互联网公司，与美国、日本等发达国家的差距相当明显。另一方面，超过 2/3 的网民接触网络只不过是为了娱乐活动。

相关批评不无道理。然而，需要看到的是，互联网之于当下中国的意义，并非立志要让中国马上成为“互联网强国”。对于这个正处于转型时期的国家而言，互联网的首要任务更在于使中国融入世界文明的潮流，完成一场悄无声息的革命。也正是基于这一判断，近年来人们毫不吝惜地赞美互联网对于中国所具有的史诗性意义——因为互联网不仅改变中国人的生活方式，更改变中国人的观念与思维，让中国人脱胎换骨，赋予全新的精神气质。

这是一个解构的时代，惊心动魄的时代，也是一个在价值上兵荒马乱的时代。主义与顺口溜，真理与潜规则，虚拟与现实，正人君子与情色录像带，奖赏与屈辱，希冀与失落，各种观念、思想与情绪相互纠葛，各种道德、名分和利益充分博弈。尽管当下中国公民尚未获得现代意义上的完整的表达自由，然而网络忽如一夜春风来，为中国人的社会表达与个体创造，吹开花千树。

显而易见，在这个万物解冻复苏的时代，娱乐同样是一种意见，是思想解放和身体解放的重要组成。所以，当不少学者指责大众传媒席卷之下人类已经变成“娱乐至死”的物种，中国人却将娱乐精神推向了前所未有的高潮，因为这一刻人们已经等了太久，因为“娱乐至死”也并不意味着“娱乐致死”，因为“娱乐至死”对于当下中国人来说还是一项尚未完整获得的权利。

中国互联网与发达国家的距离，不在互联网，而是在互联网之外。

关于这一点，从互联网普及率上可以窥见一些端倪。举例说，尽管今年比2006年同期9.4%的互联网普及率提升了近3个百分点，达到了12.3%，但是和美国超过60%的互联网普及率还相差甚远。究其原因，就在于中国经济发展并不均衡，这也是为什么网民基数分布“东高西低”的原因所在。

此外还应该看到，除经济原因外，政治与社会等因素同样关系到中国互联网兴衰沉浮。和一些发达国家相比，互联网在中国的发展更肩负着另一个重要使命。如上所述，互联网在中国的运用，不仅是作为一种新的传播工具在运用，它同样是一场无法回头的试验。它将见证“科技改变生活，生活改变政治”，见证新事物的萌芽与生长、辞旧迎新，直至一种新的文明形态瓜熟蒂落。

正因为此，有关网络实名制的讨论在中国才会那么敏感而热烈，而网民对“黑砖窑”、“厦门PX”等事件此起彼伏的批评，也是因为顶高了公共空间的限度才显得如此赏心悦目——从某种意义上说，互联网就是中国人“集体散步”、各自表述的广场。

找到了互联网，就像找到了组织。人们寄身并寄情于网络同样是对旧有的社会之网的颠覆。拜网络之所赐，社会风潮风生水起，在中国走向开放社会的过程中，无论是数字英雄，还是网络上所谓出格的言论，对于旧制度、旧观念都具有不断“说服”的作用。一方面，网络言论及互联网精神在社会自我改良及危机管理中作用日益彰显；另一方面，言路渐宽也给了那些担心言论自由危及社会稳定的人以当头棒喝。

每个国家都有自己的前景与当务之急。所以，不要轻言互联网在中国无所作为，也不要急于比拼谁是未来的“互联网强国”，或矮化互联网只为中国人提供了一种“浅层次的娱乐方式”。

心声浩荡，自网上延伸。娱乐喧嚣的浪花底里，涌动着中国人追赶幸福、自由的历史潮流。

2007年7月22日

事件

2007 年 7 月 26 日《桂林日报》发表了关于“整治直指违规旅行社和导游”的报道，报道称，市领导先后收到云南和湖北游客写来的投诉信，反映欺骗游客等问题。当地部分旅游从业者于 7 月 26、27、28 日聚集到市政府上访。桂林市政府已对部分旅游从业人员上访诉求作出了答复。7 月 29 日，《桂林日报》和记者发表了公开致歉书，“文中有不当之处，造成了不良影响，特此公开致歉！”但致歉书未指出何处不当。

观点

《桂林日报》公开道歉，已经表明媒体在客观公共的立场缺失之下，可能遭遇的尴尬。媒体身不由己，或自愿成为配合的工具，同时也会成为必要时被迫放弃尊严作出牺牲的理由。

《桂林日报》，你为什么道歉？

近期，与媒体有关的新闻接二连三，最新的动态发生在广西桂林。7 月 26 日，《桂林日报》刊发了一篇题为《桂林开展专项整治行动直指违规旅行社和导游》的新闻，对该市新近整治旅游市场的政府行动进行了周详报道。报道面世之后，受到冲击的当地导游连续三天到市政府上访，申诉自身利益，要求改变不合理状况。一时人群聚集而事态紧急。7 月 29 日，《桂林日报》和当事记者公开致歉，称报道“造成不良影响，特向导游及旅行社公开致歉”。

合理的推测是，报社和记者的公开道歉，意在安抚受报道冲击的当地旅游业者，平息事态。但耐人寻味的是，无论官方信息，还是报社和记者本人的公开道歉，均无一字说明公开道歉的具体缘由。这使外界一头雾水，以为当地导游集体上访，竟然只是为了一篇报道要从媒体讨回公道。

然而，熟悉当前旅游市场的人都心知肚明，这是一次由媒体报道所引爆的行业积弊，是导游争取行业生存权的一次集体申诉。畸形旅游市场存在已久，处于利益末端的导游，生存空间日益逼仄，而媒体的整治报道将所剩无几的灰色利益和盘托出，当地导游终于忍无可忍，要向旅游市场的监管者——地方政府讨要说法。

事实上，近年来，海南海口、四川九寨沟、云南西双版纳等旅游地区都曾发生导游罢工事件，足以见证导游的行业生存窘况几近积重难返。由于旅游市场是充分竞争市场，配套市场监管却滞后混乱，各地旅行社竞相低价拉客，零团费、负团费旅行团充斥市场。恶性竞争产生的低价组团，很难支撑旅行社、导游、司机和购物场所四家分肥。而位于利益末端的导游，不仅无法从旅行社的团费中获取收入，相反还要以预付管理费的方式才能得到带团资格，误导游客高价购物吃回扣，或是带游客进入自费景点赚差价，成为导游收入的全部来源。这种状况已经是旅游市场的痼疾。

既然如此，《桂林日报》有何罪过要公开道歉？从引发事件的报道原稿来看，这是一篇完全吻合官方立场的四平八稳的时政报道。报道引述的案例，则完全出自当地旅游质量监管所的立案卷宗，行文语气也显然充满政府监管部门的底气。甚至，报道开篇即点出市委书记整治行动的批示，要求“在旅游行业整顿一下，该曝光的要予以曝光”，报道的政治正确性应该毫无疑问。

不过，正是这种被行政意志牢牢捆绑的媒体报道，完全未能展开事件必要的前因后果与利益格局。只说政府整治的铁拳所向披靡，不说被整治者的申诉反应；只呈现政府治理的单方意志，不反映相关方的利益诉求。其结果，媒体报道应有的减压阀作用消失了，反倒成为社会矛盾的放大器，非但丧失了政府与行业之间的缓冲带，反而将媒体自身与固有矛盾绑在了一起。俗语说，兼听则明，偏听则暗。桂林导游上访，其间就有媒体放弃应有的公共立场，从而激化了行业矛盾的原因。如果媒体在报道政府整治的同时，也能照顾利益相关方的处境和申诉，事态不致一触即发。

《桂林日报》公开道歉，已经表明媒体在客观公共的立场缺失之下，可能遭遇的尴尬。媒体身不由己，或自愿成为配合的工具，同时也会成为必要时被迫放弃尊严作出牺牲的理由。专业立场既然不保，媒体尊严便成了伪问题。

《桂林日报》的公开道歉，是今日媒体处境的一重镜鉴。在真相是非要服从于其他某种大局的诉求下，“道歉”可以含含混混，“失当”却是确确凿凿，媒体的尊严轻易地可以遭到扭曲与抛弃。而媒体在尚能自主的范围之内，无意识地丢失专业立场，同样攸关重大。前者关乎政治干预媒体的尺度，后者关乎媒体恪守的专业立场。

2007 年 7 月 31 日

事件

2007年7月，广州宣布，首条快速公交（BRT）——中山大道试验线即将在8月全面动工，投资近13亿元，计划2007年年底建成，2008年年初投入运营。广州BRT设计组的专家预测，BRT建成后，中山大道提速近3倍。中山大道67条现有常规公交线路中，10条线路可能会调出中山大道。剩下的57条中有23条常规公交线路将使用设在道路中间的BRT专用道，还有34条普通公交线路仍然照跑其他车道。

观点

如果方案已经在开工之前得到市民的充分讨论，如果关键的疑问都能得到解答，如果真正的漏洞能够及时弥补，如果这个论证过程足够民主，那么，在工程完成启用之后，可能不至于引起过分负面的非议。

快速公交系统的完善需要批评的声音

BRT（Bus Rapid Transit，快速公交系统）这个英文缩写突然出现在广州市民眼前。但其实早在去年年底，在禁摩禁电的争议声中，广州政府就已经宣布要坚持公交优先，其中快速公交和轨道交通一起，是优化公交网线的核心内容。如今计划即将启动，足见政府诺言不虚。项目所体现的公交优先的理念，其价值基础是在分配公共资源时向多数普通市民倾斜，这个出发点非常值得肯定。

具体到BRT这个项目本身，目前大家讨论的是中山大道19.7公里的试验线。新闻披露的要点有几个：一是此项目投资颇大，有13亿元之多；二是广州采取了与其他城市不完全相同的模式，专用走廊和灵活线路相结合；三是，一部分已有公交线路将会纳入 BRT 系统，这意味着另外一些公交线路将会面临线路调整；四是，中山大道将有 13 个路口取消左转。虽然信息还不完整，但是市民们已经可以清晰地感觉到，BRT 试验线将会极大地改变中山大道的交通状况，继而扩散到影响整个天河区甚至广州市的交通状况。但是具体会在哪些路段造成怎么样的影响，进一步的分析还需要更多翔实的信息，我们还要期待系列报道的深入，期待更多有关 BRT 试验线的详细内容公之于众。

就目前而论，市民的反响已经很热烈。网络上已经有讨论广州 BRT 的专题，而未诉之于文字的街谈巷议当然会更多，毕竟这是关系到众多市民出行的大事。每个人根据自己的日常经验与生活智慧给出自己的判断，其中自然有赞许有非议。例如：有人质疑广州的路口频密、车道拥挤的路面状况是否适合辟出一条专用走廊；又有人指出广州目前的配套设施还未准备好迎接 18 米长的巨无霸；还有人提出这样的问题：公交线畅行了，其他车道是否会更加拥挤，导致整个城市的路线出现难以连接的缺口？这些批评的声音听起来非常刺耳，但是各自都有其理据，是试验线应该直面的问题，赶在工程尚未破土之时，收集反对的意见非常重要。

BRT 在中国已经不新鲜，在建设部的公交优先“国标”中，对大城市的具体要求是“以大运量快速公交为骨干，普通公交为主体，出租车为补充”。近年来杭州、厦门等不少城市都陆续规划或已采用了这个系统。在每一个城市，不论是 BRT 已经建成或是在建设中，都会引来市民的热议，而且其中反对和批评的声音不绝于耳。应该承认，在某些城市，BRT 项目虽然投入很大，但是收效并不尽如人意。例如在杭州，人们对政府花大力气建设的 BRT，给出的评语是，“快了一车，慢了全城”。虽然这种状况可能会随着 BRT 网络的形成而得到改善，但它还是说明，BRT 项目存在风险，如果处理不当，可能会成为好心办坏事的典型。

BRT 已经在世界上许多地方取得成功，但是这不能保证它在任何地方都可以成功。进一步说，BRT 系统本身不是成功的保证，如何与本地情况有效结合，如何周到详尽地解决具体问题，这才是它成功的关键。所以，BRT 的设计论证过程非常重要，专家固然有其专业优势，市民的意见也同样不可小看。在专家充分论证之后，将方案交给市民讨论，收集各种声音，这是最明智的做法。一方面，群议群策可以更有效地将细致的考量深入到每一个细节，那些质疑和反对的意见很可能指出了目前方案的纰漏；另一方面，如果方案已经在开工之前得到市民的充分讨论，如果关键的疑问都能得到解答，如果真正的漏洞能够及时弥补，如果这个论证过程足够民主，那么，在工程完成启用之后，可能不至于引起过分负面的非议。

广州 BRT 在一个月之内必然动工，这个工程如果处理得当，将会极大地改善广州的交通状况，并且惠泽最普通也最广大的市民；这个工程如果不成功，则可能伤害政府和市民对“公交优先”系统的信心，妨碍整个城市交通改造进程。在这个关键的节点上，反对和批评的声音越多越好、越具体越好，政府和专家请准备好耐心与勇气，认真地倾听，积极地反馈——然后广州才会有一个趋于完善的 BRT 系统。

2007 年 8 月 1 日

事件

广州 BRT 中山大道试验线即将在 8 月全面动工的消息公布后，引起广泛的质疑。有关人士认为，目前在国内，昆明、南京、北京、杭州已逐步引入“BRT”系统，但都不完全成功。广州应该吸取其他城市的经验教训，比如单线不成规模引发的接驳难题、十字路口导致的等待问题、市民违反交通规则的可能性等等。

观点

如此重大的公共项目若回避公开的论证及听证程序，明显欠缺必需的程序正义，殊为遗憾。重大事项的决策依旧在远离民众视线的地方潜行。谁会为此感到庆幸？谁又可能为此承受不幸呢？

广州 BRT 项目不能回避公共听证

BRT（Bus Rapid Transit，快速公交系统）于持续的酷暑季节闯入广州的公共生活。眼下，该项目涉及的有关部门继续保持沉默，而舆论对广州上马 BRT 项目的质疑正在引向深入。在本报的连续报道中，广州 BRT 的大概方案已为民众熟知，但伴随而来的不是对这个项目可行性的广泛认同，而是愈加深切的忧虑。

一旦实施 19.7 公里的 BRT 试验线，广州中山大道乃至周边区域的交通状况会发生怎样的改变？根据记者多方实地调查发现，如果依照既定的快速交通计划，广州 BRT 项目在技术细节上仍不能经受住推敲——即便并不能因此判断 BRT 存在技术纰漏，但也无法断言它能够百分之百地达到预期效果。在省政协委员、交通设计方面的学者以及交管人士的考证中，广州BRT项目至少需要解答十大方面的技术疑问。这些来自理论与实践两方面的见解涵盖了这个项目的几乎所有关键环节，比如专用车道被挤占的问题、13个路口被迫取消左转带来的影响、红绿灯堵塞快速公交怎么办、高架桥上如何设专用道、大量设置斑马线的隐忧、进站旅客的安全问题等。

从城市治理的角度来说，诸多对广州BRT技术细节的追问，看似十分苛刻，但其用意并非要否定这一疏解交通拥堵的“药方”，实质上表达的是民意对重大公共事务的关切。广州城内交通的现状一直饱受诟病，每天都要上演的交通拥堵几乎成了消除不掉的顽疾。政府意欲投入高达13亿元的公共财政营建BRT项目，足见其改善交通面貌的决心。不过，作为一个投资庞大、影响广泛的公交项目，公共政策的制定尚须作出更清晰的背景交代，并对它的运作有完整的说明，而这些吁求显然超出了对具体技术的评定。

中国各大中城市BRT项目在推广过程中，一直从国际经验中寻找它的合理性，比如美国怎样、欧洲又有多少城市采纳。这种语焉不详的推崇始终被BRT的推动者——隶属于建设部、交通部的中国BRT推广委员会——一再重复。作为证明其必要性的主要来源，“公交优先”理念成了支持BRT项目的直接证据。广义的“公交优先”是指公交在路权使用上的“优先”，但这种优先并不能推导出必然要上马BRT的逻辑关系。在目前的交通格局下，普通公交的优先由于各种原因的牵制，并没有得到充分体现。如果广州BRT项目不能在建成后理顺这一关系，却用“公交优先”的路权去夺取BRT的马路“霸权”（从既有的设计看，这个担忧并非多余），恐怕无法说服民众信任这个项目的合法性。

广州开建BRT的必要性没有经过公共讨论，遵循惯例，它只在特定的部门或专家那里心照不宣。据说也曾搞过听证，但没有媒体报道；据说也征求过市民意见，但无迹可寻。更重要的是，广州 BRT 对现有交通格局的影响始终未见官方版本的披露。在官方文件信息中，国内的 BRT 被认定成公交优先的唯一模式，只见优势描述不见缺点分析。同样的情形当然也发生在广州的 BRT 项目上。若按原规划实施，BRT 必定要形成对道路条件极高的约束，并将与其他社会车辆争夺路权。

值得一提的是，BRT 势必也将挤占传统公交的“优先权”，而一个清晰的判断是，后者的优先权并没有得到足够重视。如此，在 BRT 实施后，中山大道及周边的交通环境将产生深刻变化。黄埔大道、天河北、天河体育中心及岗顶等城市中心和次中心的交通局面将被彻底颠覆。究竟是被改良了还是会更加恶化？如此巨大的影响，广州在全盘接受 BRT 项目前，却没有全面的评估，更无从谈及向社会公开。

广州 BRT 项目预定在一个月内迅速动工，在决策不明朗的情况下，民意似无可能叫停或缓建该项目。但如此重大的公共项目若回避公开的论证及听证程序，明显欠缺必需的程序正义，殊为遗憾。因为这样一来，舆论对 BRT 技术的普遍质疑就无从突围，民众对单方制定城市政策的焦虑也就无法化解。重大事项的决策依旧在远离民众视线的地方潜行。谁会为此感到庆幸？谁又可能为此承受不幸呢？

2007 年 8 月 2 日

事件

2007年8月3日，媒体披露广州BRT（快速公交）试验线已经开始招标。多名省市政协委员表示，BRT马上就要全面开建，可是针对市民和专家提出的种种担忧，相关部门尚未作出解释和回应。他们呼吁，BRT宁慢勿抢，要充分进行论证，并尽量完善前期方案后再动工，建议政府缓建BRT。

观点

广州是千万人的广州。BRT项目牵一发而动全身，它理应对这千万人而非其中的特殊人等负责。纳税人有权了解公共财政的去向及其是否合理。因而，民众是否有资格要求公开、公正的听证根本不值得反驳。

BRT谜团亟待政府释疑 人大代表可行使询问权

围绕广州BRT（Bus Rapid Transit，快速公交系统）项目所累积的质疑，在得不到政府回应的情况下，变成了公众舆论的喃喃自语。迄今为止，广州市建委、市规划局以及设计单位等项目关键部门仍拒绝对民众作出公开解释，沉默如冰，我自岿然不动。与此同时，怀着对这一重大城建事项的关切之情，民众借此话语平台讨论广州交通拥堵、献计献策的热情高涨。但令人费解和不安的是，与舆论朴素的问政动机相比，广州BRT的具体实施方案流传着含糊不清的版本，它语焉不详，几成迷雾重重的谜团。

究竟是什么制造了舆论与政府在BRT项目上的分裂格局？

根据常理揣度，市民与行政方在整治广州交通顽疾的终极目标上是一致的。谁都希望看到一个畅通的城市，谁也不愿意天天承受出行的苦累。可逻辑上的善意推测，并不能破除现实的坚冰。一位不愿具名的 BRT 负责人就直言不讳：该项目已经得到国内外专家的充分论证，不必让老百姓来听证。相信这位项目组织者以私人身份（而非以公职身份）发言自有苦衷，可问题是，如果“专家论证”可以确立 BRT 牢固的自信，那完全可以将之公之于众，以说服舆论普遍的担忧。吊诡的是，既然开建 BRT 的出发点是为广州着想，手段也经得起推敲，那为什么不能在公共讨论的框架内平息重重疑虑？

根据媒体从官方竭力探知的有限信息，广州 BRT 的设计者对此项目竟存有一定程度的分歧。比如，部分路口一旦禁止左转，会不会快了一线、慢了全城？设计人员对此结果就有乐观与悲观两种看法。这些技术上的细节看似不需要向民众解释，只要在专家层面取得某种一致即可。遗憾的是，广州 BRT 的土建工程已经开始招标，甚至预计在年内建成通车，在一种追求工程高效率的态势下，关键技术上的分歧如何让社会放心？要知道，边建设边设计、边设计边修改始终是重大项目最忌讳的软肋，想必这么浅显的道理不需赘言。政府一方面对 BRT 讳莫如深，一方面却暴露出隐蔽的缺憾。那么，舆论吁求该项目举行公开听证，恐怕就不仅仅是对程序正义的苛责。

在中国，BRT 被习惯性地描述成经济、高效的城市公交新类型，是一种短期即可见效的公交优先模式。广州已将 BRT 设定为未来交通规划的优先考虑项目，并希望在 2010 年的亚运会前取得实质性进展。对政府来说，实现交通规划的时间非常紧迫，以至于出现了土建工程已招标、施工图尚在设计的局面。依照官僚的思维惯性，民众对 BRT 的质疑或担忧近似无理取闹。显然，行政方虽掌控了政策的决定权，却也误解了舆论的中心议题。纳税人有权了解公共财政的去向及其是否合理。因而，民众是否有资格要求公开、公正的听证根本不值得反驳。至少在广州 BRT 项目上，民众对它抱以如此深切的关注，是因为他们对这个城市的现状有焦虑、有不满，对它的将来有期待，更有认同。而最不该被漠视的理由是，他们都假设民众的智慧对任何一个理性、正确的公共决策确有价值。

广州 BRT 项目发轫于两年前，在进入政府视野乃至最终落实为行业战略的全程中，它都隐匿在不甚透明的运行程序里。它以潜行的暧昧状态，向广州的民众许下了美丽的诺言。然而，直到最近它才获得必要的质疑，但迅即受到行政方沉默如金的保护。公众舆论在推动 BRT 项目公开其技术要领、恰当评估其对交通格局的影响等方面遭遇阻力。无论是出于审慎的公心，还是缘自官僚决策惯常的傲慢，请问有什么力量能让政府正面回应 BRT 隐忧？省政协委员已发出项目缓建的呼吁，人大代表更应该出面推进民意，向 BRT 的行政部门行使询问权。这一切绝非要故意阻挠 BRT，而是要对其进行充分的公共决策审查，以赋予该项目更完整的合法性。

广州是千万人的广州。BRT 项目牵一发而动全身，它理应对这千万人而非其中的特殊人等负责。政府既然以隐蔽的方式抛出一个 BRT 的谜团，也应有义务在公共领域里解开束缚这个谜团的一切。

2007 年 8 月 4 日

事件

2007 年 7 月起，正在筹建中的广州快速公交系统（BRT）中山大道试验线备受争议，地铁规划专家称，中山大道全线也将建地铁，暂定为 14 号线，肯定与 BRT 重复，很可能会造成运力浪费。8 月 9 日，广州市建委及相关部门召开通报会，称快速公交系统方案目前还在深化设计，不会定死“时间表”。

观点

广州 BRT 项目的上马，既有相关部门一向缺失的程序正义，又有更多尚待明确的技术细节，它们无一不是落定在民众长期积累的体验之中。公交优先并不就是 BRT 优先，也不就是地铁优先，而是公共福利优先。

BRT 项目如何展现公交优先的政府诚意？

一条长 19.7 公里的 BRT（快速公交系统）试验线，是广州新近城建项目的热门话题。这条试验线投资近 13 亿元，计划本月全面动工，今年年底竣工，明年初投入运营。我们认为广州 BRT 工程巨大，耗资不菲，且需在广州拥堵成疾的主干道——中山大道上大展拳脚，所需论证不可轻率。有鉴于此，本报先后刊发社论，认为快速公交系统的完善需要批评声音，同时不能回避公共听证，在相关部门拒绝释疑的情况下，建议人大代表回应舆论，向 BRT 项目行使询问权。只可惜，迄今各方机构如避瘟神，守口如瓶，媒体此后再无掘进。

媒体当然不是为反对而反对，执意要做城市建设的“刺头”。广州 BRT 项目初始，政府即将快速公交与轨道交通一道，视为广州坚持公交优先、优化公交网线的核心内容。如今雄心勃勃，投入巨资，欲大手笔打造广州 BRT 项目，就此展现出的公交优先理念，媒体自然深表认同。然而，公交优先不等于就是 BRT 优先，就广州上马快速公交项目而发的种种议论，不以这些年来所谓公交优先政策的境况相佐，恐怕难以尽诉城中民众的感受和反应。

公交优先，实际上就是以发展公共交通优先，它是相对私人交通方式而言。除了私家车和公务车，城市中的地铁、普通巴士、轻轨、快速公交（BRT）等都属于公交范畴。今年的两会报告中，总理温家宝就提出“坚持优先发展城市公共交通”，进一步明确了公交优先发展的城市战略。广州作为华南大都市，早于 20 世纪 90 年代就提出了公交优先的口号。去年公布的《广州交通发展纲要（草案）》亦明确透露未来广州公交优先的发展战略，前景引人期待。

然而，十几年来广州的公交优先究竟如何？有数据表明，截至去年，广州公交专用道长度仅占市区道路总长度的 1.1%；自 2004 年以来，广州地铁每年投入的建设资金 50 多亿元，对于常规公交基础设施建设的年投入却仅为 3000 万元；即使 2010 年 7 条地铁线路全部开通，地铁客流量也仅达到每天 200 万人次，而目前广州公交日均客运量已经达到 500 万人次，占到日出行人数的 76%。

这些数据已经表明，广州所谓的公交优先，已经异化为光鲜现代的地铁优先，以及马上要出现的 BRT 优先。这些先进的现代公交又是如何解决广州人的出行困境呢？事实上，今天的广州官员，完全不回避经营城市的热烈执著，地铁规划正是在经营城市的思路之下，成为城市远景布局的重要手段，而不是缓解城市人群出行的首要考虑。

以地铁五号线为例，作为东西走向的重要公交布局，中山大道沿线比黄埔大道沿线人口多出一倍，沿路均是密集的商业、居民区，以地铁建设首先缓解这一地区的出行难题，无论是客流效益，还是运输效率显然都是首要之选。然而，今天我们看到的情形是，在经营城市拉开格局的思路之下，地铁优先的公交战略最终响应的是决策者的经营意志，而不是普通百姓的出行需要。

更多的感受还来自日复一日的日常体验。如果市长也在上下班高峰期挤进公交，问问沙丁鱼罐头里的人们知不知道公交优先，如果市长也当一天交警，看看专用车道上寸步难行的公共汽车，形同虚设的专用标志，如果市长还能在黄昏的城市街道，看看宽阔的双向八车道如何成为巨大的城市停车场，该会了解为什么今天以公交优先的名义，再进行一个鲁莽的BRT项目，这个城市的居民也会感觉到不耐烦。

以公交优先在广州十几年来的境况，铺陈今天BRT项目在广州的争论背景，不难发现问题全然不在BRT项目本身，如同问题同样不在作为现代交通解决方式的地铁本身一样。公交优先无疑是一个财政扶持优先、投资安排优先、设施用地优先、路权使用优先的系统工程，更为紧要的是，公交优先还是公共福利优先的制度安排，这就要求公共福利首先要得到尊重和表达，而不是似是而非的借用和扭曲。BRT项目所受的质疑，正是来自这样一种深切的政治担忧。

广州BRT项目的上马，既有相关部门一向缺失的程序正义，又有更多尚待明确的技术细节，它们无一不是落定在民众长期积累的体验之中。公交优先并不就是BRT优先，也不就是地铁优先，而是公共福利优先。这些先进交通方式的引进上马，如果没有公开透明的充分论证，最可能被置换的恰恰就是公共福利本身。于此，广州BRT项目的最终解决，仍在于政府真正释放出基于满足公共福利发展公交优先的诚意。

2007年8月7日

事件

2007年8月8日晚，北京2008年奥运会倒计时一周年庆典暨发奥运会邀请函仪式在北京天安门广场举行。国际奥委会主席罗格在庆典活动上表示，国际奥委会向各国家和地区奥委会发出参加北京2008年奥运会的邀请。晚会的高潮来自百名歌星合唱的庆典主题歌《We Are Ready》。

观点

奥运会的价值从来都不仅止于运动，它更是一个普世价值的使者，一个全球文明的播种机。理性、多元、包容普世价值的前提，民主、自由、法治是全球文明的核心。

奥运倒数一周年，Are We Ready?

“这片土地已经准备好，打开梦想起飞的跑道。让全世界的目光，降落在我们的怀抱。”这是2008年北京奥运会倒计时一周年主题曲中的几句歌词，这首歌今天晚上将由众多明星在天安门广场演唱。

正如奥运会被看作是一个民族拥抱世界的标志性事件一样，跟它相关的日子都被赋予了特别的意义。于是，今天不再是寻常的一天，它是一个历史的台阶；今夜不再是寻常的一夜，它要展示澎湃的激情；这首歌也不再是寻常的吟唱，它代表一个民族的心声。

这首歌有一个振奋人心的名字——《We Are Ready》，翻译成中文就是《我们准备好了》。我们用这首歌向全世界宣告：

我们豪情万丈、信心百倍，我们鼓足干劲、力争上游，我们在动员上准备好了，我们在心理上准备好了。

我们有理由相信，全世界人民都为我们的豪情而感动。但是我们也看到了一些不解的目光，比如路透社的新闻标题："离奥运会还有一年之久，但北京说'我们准备好了'"。

奥运会从来都是一种世界语言，它将消除所有的误解。顺着这道疑惑的目光，我们不妨回到事实层面，脚踏现实大地而扪心自问：Are We Ready？我们准备好了吗？

如果我们今天不仅有激情，还有理性，我们不仅有憧憬，还有回顾，我们不仅有称颂，还有提醒，无疑它将更有意义，更见价值。那么请让我们对照 2008 年北京奥运的三大核心理念，进行一场反思。

绿色奥运，我们准备好了吗？

蓝蓝的天，绿绿的树，清澈的空气，明亮的阳光，当奥运圣火在古希腊点燃的时候，它大概没有想到这些天然的东西会成为现代人寄托于它的一个梦想。为了这个梦想，北京痛下决心，发誓要让空气质量达到发达国家大城市的水平，并且为此付出了巨大的努力。

但是，无论是统计数据还是市民的切身感受都在表明，空气质量的改善比预计的难度更大，而且增长的速度有所放缓，前不久北京市官员在奥运新闻发布会上解释说，慢的原因是整个国民经济基础在不断发展，人口不断增长，机动车不断增加。

如果把绿色奥运的理念放到全中国来考察，环保的现状更是令人担心。从太湖的蓝藻到洞庭湖的老鼠，从厦门引起有巨大争议的化工项目到三江并流的世界遗产风波，让我们时刻反省。

科技奥运，我们准备好了吗？

我们欣慰地获知，北京奥运会将使用的 37 个比赛场馆、56 个训练场馆以及北京的相关基础设施建设，正在有序进行中。虽然不能说"我们准备好了"，但是奥组委官员昨天已经宣布，各项建设正在加快推进，各阶段工作将如期完成。

然而，吸纳国内外科技成果，办一届高科技含量的体育盛会，这只是“科技奥运”理念的一个方面。这个理念的价值更在于，通过一次全民参与的盛会，提高中国的科技创新能力，推进高新技术成果的产业化日常应用。

这些年来，奥运概念在推动我们科技创新，尤其是科研体制改革方面，到底起了多大的作用？或者说，科学的进步，能够从一场体育盛会中获取多大的动力？显然，我们的答卷并不完满。

人文奥运，我们准备好了吗？

最让全世界感动的是，中国人参与奥运的激情。那些踊跃的志愿者，那些被抢购的门票，那些热情高歌的明星，都让我们为民族的凝聚力感到自豪。

但是人文奥运不是人气奥运。它是一个舞台，展示一个国家的精神气质；它是一个窗口，透视一个民族的心灵世界。

奥运会的价值从来都不仅止于运动，它更是一个普世价值的使者，一个全球文明的播种机。理性、多元、包容普世价值的前提，民主、自由、法治是全球文明的核心。

如果还有黑奴工等待解救，如果还有手机用户因短信动辄获罪，如果教育体制没有推进，如果腐败现象没有减少，那么我们必须承认，人文奥运，我们还没准备好。

奥运尚未开幕，同胞仍须努力。

今天，在歌声与掌声之中，让我们多问几声：Are We Ready?

在未来的一年里，除了激情和口号，让我们经常问自己：Are We Ready?

在更长远的将来，面对进步与成就，让我们总是问自己：Are We Ready?

2007年8月8日

事件

2007 年 8 月 13 日下午 4 时 45 分许，湖南省湘西自治州凤凰县沱江大桥发生坍塌事故，至少造成 64 人死亡，60 多人失踪。该大桥原定于 8 月底竣工通车，事发时工人正在拆除桥上的脚手架。事故发生后，现场遭当地政府封锁，大批赶来采访的媒体记者被阻拦。包括《人民日报》、《南方都市报》记者在内的多名记者均遭当地官员殴打。8 月 15 日，胡锦涛、温家宝对凤凰塌桥事故作指示，要求严肃追究责任者。国务院随即组成事故调查组，12 月 25 日公布调查结论，这是一起严重的责任事故，湘西自治州公路局局长、总工程师和湘西自治州交通局副局长等 24 人移送司法机关依法追究刑事责任。

观点

真相不管多残酷，都能让人看到整治的希望。一个完整的、有说服力的调查结果，需要的是每一个步骤的公开，只有这样，最终公布的结果才能获得普遍的认可，只有这样，最后的惩治行动才能安抚人心。

凤凰塌桥事故，
完整的真相才能抚慰人心

湖南凤凰县沱江大桥，在建成拆卸支架时瞬间坍塌。今天已经是事故发生之后的第 5 天，确证死亡人数已经增加到 41 人，搜救工作还在展开，事故原因还在清查，但是已经退出了门户网站头条和报纸头版。

民众的关注，似乎也没有十分的热烈，搜集了一点材料，再加上一点常识，在老百姓那里，定论是早就准备好了的：豆腐渣工程，背后当然都是腐败；腐败是一条链条、一片现象、

一种附着在制度上的顽疾，最终追究的几个责任人，不过是替罪羊，一定是替罪羊。在最老练的新闻读者那里，甚至对事故的结局也可以预期：新闻将会以救援工作为主，其间或许涌现一两桩感人事迹；时间洗涤一两个月，再公布一个最终结果，不过是惩罚几个工头、免去几个小吏，然后再强调一遍纪律法规，仿佛这样就足以惩前毖后，悲剧事故就不会再重演。

这样的推演当然是来自经验的教育，近年来安全事故发生的频率比较高，见报率也比从前多。但是，且不说那些矿难，那些水污染，就是桥断了、墙倒了、地铁施工现场塌方了，这些大新闻哪一个有完整的结尾？事后想起来，问一句最终怎么样了，肯定是一头雾水：事故到底原因在哪，责任人当初违反规定的外部环境又是怎样，事情有没有黑幕，相关公司的日常操作有没有可疑，行业中是否存在普遍的隐患，是否有制度结构上的弊病？在我们公开的新闻报道中，总是看不见详尽的披露，不管是不是虎头，反正清一色蛇尾，不管是中央的震怒还是百姓的吁求，最后总是不了了之。没有详情就没有真相，没有全貌就很难被信任——民众不去猜测、不假装谙熟世故，还能怎样？

在这样的新闻解读心理之下，我们看到的只言片语的信息都被民众以最大的恶意去揣测。与沱江大桥事故相关的网友发言中，我们可以看到这种惊人的“民间智慧”：沱江大桥是献礼工程——于是有人在缺乏证据的情况下，直接认为一定是工程队在政治压力下为献礼抢工，这才导致事故，而献礼工程，就意味着政绩、意味着官僚作风，本身就是万恶的；沱江大桥桥墩没有钢筋，设计力图和谐于凤凰古风——于是有人在不了解设计详情的情况下，直接认为是这种只图表面不讲安全的态度导致了大桥倒塌；沱江大桥由湖南省路桥建设集团承建，该集团曾经建设过的九江大桥不久前被船撞断——于是网友直接认为该集团的运转全靠腐败贿赂，连年获得的工程奖也全是买来的。甚至还有网友声称有内部消息，知道沱江大桥是由湖南省路桥建设集团转包给湘西州交通厅下某直属公司的，于是层层转包、官商勾结、腐败制度制造的腐败工程……这些结论就都很容易得出了，完全不顾及最初的消息源是否可靠。

有了网友的这些猜测描画、这些推理演进，沱江大桥的新闻倒也不必报道了，谣言或者至少是没有实证的流言，已经可以把故事说完全，一个自圆其说的解释就可以满足公众的好奇心求知欲。但是事实呢？难道公众真的不关心真相？这一场事故的来龙去脉、这一场灾难的罪与罚，不需要公开吗？网友的发言中当然有情绪化因素，而且其中包含了对社会秩序极端悲观的偏见。要消解这些用情绪写就的故事，要清除那些悲观的偏见，唯一的办法就是澄清真相。真相不管多残酷，都能让人看到整治的希望。一个完整的、有说服力的调查结果，需要的是每一个步骤的公开，让公众看到调查的步骤、看到每一个阶段性进展、了解每一条线索、每一个谜团，只有这样，最终公布的结果才能获得普遍的认可，只有这样，最后的惩治行动才能安抚人心。

2007 年 8 月 17 日

事件

2007年8月17日下午，地处山东省新泰市的华源有限公司发生一起地表水溃入井下事故，造成171人被困井下。同日晚，新泰市另一煤矿也因上述原因发生透水，9人被困井下。事故发生后，国家安全监管总局李毅中、赵铁锤于18日赶到事故现场，协助地方抢险救援。8月19日，山东邹平县的魏桥创业集团所属铝母铸造分厂发生铝水外溢事故，造成14人死亡，59人受伤。

观点

所有的灾难都有前车之鉴，问题是有多少人当真了？所有的灾难也足以成为后事之师，可又有谁在意？灾难之下，唯有真相可以慰藉死者，唯有在整体社会的心灵、制度的机体上烙下既悲且耻的深印，才算是让死者没有枉死，活人没有白活。

曾有前车之鉴　足为后事之师

灾难的底线在哪里，我们无从捉摸，却频受其切肤之痛。4天前发生透水事故的两座山东煤矿，181名矿工仍旧没有丝毫消息。上千万立方米洪水堵塞了坑道，黑暗、绝望以及残酷的死亡究竟将他们带往何处，至今没有丁点下落。然而这厢生死营救尚未显露任何希望，山东邹平一家铸造厂又突发铝水外溢事故，死亡人数已上升到14人。这么多做苦活的人就在死神侵袭时，被迅即裹挟而去，连挣扎的痕迹都无从知晓。

更让人压抑的是，抢救的组织者对灾难的具体情形总是讳莫如深，有关灾难的信息发布权被迅速收拢至特定的途径，并且仅以数字的呆板变化影射灾难的进程，只言片语再加上遮遮掩掩，此外再没有更人性化的阐释。

然而，中国式的灾难似乎总能找到熟悉的参照标本，民众只有以此寄托依据常理的判断及哀伤。2005 年 8 月的广东兴宁煤矿，同样发生类似于新汶的透水事故，123 名当值矿工淹没地下，政府连抽 23 天积水却无功而返，最后不得不放弃一切救援行动，百余名在“黑金”层讨生活的工友尸骨难寻，消失于他们日常劳作的地层深处。

至于邹平铝水外溢，杀死 14 条人命的一幕，年初在辽宁就发生过悲惨的同类事故。4 月中旬铁岭发生钢水包脱落事故，32 名工人瞬间蒸发，酿造了建国以来钢铁企业最严重的恶性事件。其后，全国相关行业一度以此为教训加以整改，但邹平惨剧反映出这一整改的低劣成效，低劣的成效又重演尴尬的现实。在这些纯粹由工序操作发生失误而造成的事故背后，究竟隐藏着怎样伤及人命的隐患，局外人恐怕只好作感喟状，而缺乏进一步展开问责的动力。辽宁那块凝固了几十条人命的铁块最后又被投进炼钢炉，去贡献新的 GDP 份额。它没有像舆论所呼吁的那样，被用来铸造镌刻警示的纪念碑，它的回炉喻示了令人无语又无力的黑色幽默。

所有的灾难都有前车之鉴，问题是有多少人当真了？所有的灾难也足以成为后事之师，可又有谁在意？凤凰塌桥之前有九江断桥，九江断桥之前有彩虹桥垮塌，因此罹难的人近百；而且，随着凤凰塌桥的搜寻进展加快，遇难者数目肯定还会增加。民众的希望是那么单纯，亦即在类似的惨剧过后，党纪国法能驱动某些人切实承担公众问责，无论责任涉及什么层面，即便是深重的贪腐或者渎职。不过，尽管屡有前车之鉴，仍不乏后事之师，但对灾难的问责却是那么轻浮。

民众太需要真相的慰藉了，坦白地说，能够彻底冲淡灾难阴影的也只有真相。如果灾难之后的真相被约束、被遮掩，被迫潜行在远离大众的地方，无法观察，无以置评，那么就只有腹议和猜测。山东新汶矿难，已有传闻流布，该矿实行半军事化的专制管理，矿工遇险需要层层请示汇报，让地面的管理者决定是否撤退，毫无自主应变的权力。同样，凤凰塌桥之后不久，即爆出建设单位同样建造过九江大桥，曾经建设的杭州湾大桥一度成为危桥。这些都是确凿的事实，但在官方对相关灾难没有悉数、尽力追查的前提下，只好沦落为民间的小道消息。它们相互印证，很快编织成坊间认同的“真相”，并经由此种“真相”解释人们看到的社会现实。

更可悲的是，一些刚刚发生的灾难，很快就从新闻列表中消退无踪；而在每一件灾难发生地，社会监督力量常常受到限制而无能为力，我们看不见死难者的名字、性别、家庭，还有他们在世时的叹息或微笑。他们的命运卑微而惨淡，在矿难、桥难等举国震惊的殉难形式中默默无声地离世。

灾难之下，唯有真相可以慰藉死者，唯有在整体社会的心灵、制度的机体上烙下既悲且耻的深印，才算是让死者没有枉死，活人没有白活。前车之鉴，后事之师，莫让后之视今，一如今之视昨。

2007 年 8 月 21 日

事件

2007 年 8 月 18 日晚，北京房山区史家营乡金鸡台村一非法采煤点突然坍塌，走在最后面的孟宪臣和孟宪有两兄弟被困在矿道内。数十小时的救援后，房山区安监和国土等有关部门曾在事故现场召开救援分析会，认为被困人员已不具备生存条件，救援工作于 8 月 20 日下午终止。但两人没有放弃求生希望，喝小便解渴，坚持挖掘，最终于 8 月 24 日上午从井口自行爬出，奇迹生还。房山区安监局一名负责人当晚表示，两名工人创造了一个奇迹，但政府终止救援是出于科学考虑，并不是不关心两名工人的生命。

观点

一切的可怕之处都在于这个设想：如果他们俩没有成功自救呢？答案大家都清楚，他们将死在井下，我们将根本不知道他们死在井下，我们不知道北京城郊就有非法采煤点！

孟家兄弟自救生还背后隐含着可怕的假设

这次是个小矿难，而且有“奇迹”发生。8 月 18 日晚上，北京市房山区史家营乡金鸡台村一非法采煤点矿井塌方，身为矿工的兄弟俩走在最后，被困在井内。24 日上午，孟宪臣和孟宪有两兄弟从已经塌方的煤矿井口爬出，当地安监局的人称之为奇迹——因为他们在 4 天以前就断定井下没有生存空间。

兄弟二人顽强求生的故事，本来确实可以算是奇迹：5 天半没吃没喝，两人靠互喝对方小便维持生命，坚持向矿口的方向挖掘——这个故事里包含了生命的意志、困境中的智慧和爆发力，这些都很感人，而且超越具体事件，有普世的感染力。但其实，这个具体事件比这个奇迹更加吸引人们的注意力。

新闻报道留下了至少两个疑问，需要解答。

第一，房山安监局、国土局以及矿山应急救援抢险队的工作程序如何？停止救援的决定是怎样作出的？

房山区安监局副局长表示，停止救援的决定，是安监局与国土局综合分析，由“指挥部集体决定的”。集体决定当然不意味着合理性，更不能因此就不追究相关责任。这个集体决定来自一个很重要的依据，就是专业人员鉴定井下已经不具备生存条件。但是，该副局长既没有出示鉴定报告，也不肯透露专业人员的身份，让人不得不产生怀疑。

即使我们可以确定，确实有专业人员曾经作过前述鉴定，也不足以证明鉴定程序以及决策程序的科学性与合理性。两名矿工兄弟身体力行证明自己在井下尚有生存空间，这样坚挺的事实已经证明专业人员的鉴定结果是错的。当然我们不能由此否定其鉴定程序是科学合理的，因为科学和专业无法做到永远准确，我们的技术能力总会有所不足。但是，不能混淆的是，鉴定的程序确实合理吗？或者说，官方救援已经做到了目前所能做到的极限吗？面对人命我们当然应该做到极限，既然鉴定结果已经与事实不符，那么这个鉴定程序就必须接受检验，接受来自专业系统的检验，同时也要接受公众挑剔的目光——一份做足了功课的鉴定报告，它至少是可以公开呈示的。

第二，煤矿发生塌方事件之后，房山安监局、国土局、公安局有没有对事故做一个彻底调查，有没有对责任人追究到底？

新闻透露，非法采煤点的矿主、金鸡台村村民董立红已经逃走。如果孟家兄弟没有从井底爬出来，董立红就是这场矿难的主要责任人——公安部门有没有立案、追捕行动有没有展开？从矿井塌方到两名矿工爬出，其间已经过去5天半，案件有没有进展？或者实际的情况是，公安局根本没有立案，当事人和相关方只等时间抹平一切、悄无声息与家属私了、息事宁人？现在孟家兄弟已经生还，董立红仍然是非法采煤点的矿主，既是非法，且已暴露，就该查处，这么简单这么容易便让事主逃跑了？或者实际的情况是，董立红得以在光天化日之下非法采煤，是因为他早已为自己寻到了保护伞？平日有办法非法采煤牟利，出事之后自然也有办法藏身避祸。

其实，上面的两点疑问都很简单，根本禁不起追问。不论是媒体还是执法人员，只要能够无障碍地深入调查，都可以得到真相。只是，这调查未必会展开。两条人命埋在地下之时，此事尚且无声无息，眼见平安度过，现在人已经“奇迹”般地活过来了，简直是皆大欢喜，哪还能指望有人去彻底追查。还有更残忍的实情，上周山东矿难 181 人困于井下，日前必定没有生还希望，但是被定性为天灾之后就再无消息，仿佛一切已经不需交代。现在这不过是两条人命的矿难，更何况这两人已经救出，根本是小事一桩，怎么可能得到足够的关注，关注到将事情原委全盘看清？

可是这不足以关注的小事，其实包含了最可怕的信息。一切的可怕之处都在于这个设想：如果他们俩没有成功自救呢？答案大家都清楚，他们将死在井下，我们将根本不知道他们死在井下，我们不知道当地政府只救援 1 天多便放弃，我们不知道董立红已经逃走等待平安，我们不知道北京城郊就有非法采煤点——然后，中国到底还有多少这样的煤矿、这样的事故，我们不知道？

2007 年 8 月 27 日

事件

2007 年 8 月 27 日，针对美国美泰公司连续几次在世界范围内召回中国玩具 2020 万件，国家质量监督检验检疫总局局长李长江称，85%的玩具按美方要求生产，召回并非因为质量问题，而是设计缺陷。李长江承认中国出口到美国的有些产品确实存在质量问题，比如宠物饲料中添加三氯氰氨、牙膏当中添加二甘醇，部分玩具铅含量超标等。中国政府高度重视这些问题，一方面赞成企业采取的召回措施，另一方面也对生产企业进行了严格的审查和严肃的查处。商务部副部长高虎城称，有个别媒体对中国玩具召回之事蓄意炒作，中方是坚决反对的。

观点

面对今天这场危机，政府应该明确放弃通过强调贸易的国际冲突一面，来将议题政治化以凝聚民心、寻求理解的旧路，而应以更务实的行动和对话，正视客观存在的问题，包括政府自身治理的问题。

“中国制造”危机：寻求国内理解同样重要

一场“中国制造”的危机，在系列贸易事件的推波助澜下，引发持续走高的政府反应。近期，一方面是国家领导人在外交场合强调介绍中国政府加强产品质量和食品安全的政策举措，借此表明中国应对国际舆论的诚意与信心；另一方面，商业部部长薄熙来在东盟会议上，反复解释中国立场，反对刻意炒作丑化“中国制造”。国家质检总局局长李长江也指出，美泰公司连续几次在世界范围内召回中国玩具，85%的问题玩具是美方设计，美国进口商设计商理应承担责任。

早前，为应对这场国际危机，国务院成立了由副总理吴仪为首的产品质量与食品安全领导小组，并宣布在全国范围内开展为期 4 个月的产品质量和食品安全专项整治。对外，商务部则发力为“中国制造”正名，指出相关国家实行贸易保护，对“中国制造”有不公正对待，指出中国欢迎客观的评价，但坚决反对刻意炒作，从整体上丑化“中国制造”。

鉴于“中国制造”所引发的国家形象与产品信誉危机，政府当前的反应基本上都是外交层面的努力。在经济全球化过程中，政府着眼于国家利益，所作所为都为争取整体的国家收益，无论是有形的财富还是无形的声誉，都须点滴必争。我们说，今天的“中国制造”就是世界制造，诋毁“中国制造”伤害的可能是整个世界。外交上的这种不卑不亢，国民完全能够理解。

但与此同时，产品质量和食品安全问题，又不只是国与国之间的贸易问题，或者由此引发的国际关系问题，它还是一个严峻存在的国内治理问题。基于此，围绕“中国制造”危机而展开的公关努力，就不只有对外寻求国际和解的外交一面，还要有对内寻求国民理解的内政一面。

毋庸讳言，中国出口产品质量和食品安品的问题根源，仍在于国内生产体制与市场监管环节，这已为高层官员所承认。出口与内销两个内外有别的市场结构，已经成为暗藏危机的市场体制。对此，已多有论者指出。因此，客观上说，“中国制造”所存在的一些问题，在国内市场早有征兆，甚至累积多年，区别只在于国内国际两个市场，其危机触发与问题传导的方式并不相同，对于产品质量与食品安全问题的敏感程度也相去甚远。这使同一问题的呈现和解决路径，表现出国际国内的明显差异。这种状况，非只在市场领域，在其他诸多方面都有鲜明呈现。

然而，今天“中国制造”的问题语境，又远不同于全球化时代之前的孤立存在。某种程度上说，这就是我们说的“‘中国制造’就是世界制造”的另一种表述。全球化时代的国家利益，日益为世界格局所裹挟。全球化时代的国民利益，亦同样为全球化进程所推动。因此，面对“中国制造”的信誉危机，政府既要向外部世界释放合作解决的善意，也同样需要向内寻求国民的支持理解。

所以，在这场“中国制造”的震荡之中，同样必须尊重和释放国内民众对产品质量和食品安全的焦虑，政府须善用全球贸易之下的正常压力顺势而为，以求建立长期牢靠的市场机制。从这一角度看去，政府所感受的压力，本身莫不是国民之福祉。站远一步，放弃过去刻板生硬的立场，转而寻求更根本的改善治理，这同样符合政府的利益。

事实上，在全球化时代的国家治理中，单纯依靠政治动员凝聚国民的时代难以再现，政府必须以更务实的行动和更现代的管治，寻求对外对内的支持和理解。在国际舞台上，政府首先要为一国争地位、争利益；在国内环境里，公众首先为自己争权利、争福利。两者之间，正是现代政府的表演空间。

面对今天这场危机，政府应该明确放弃通过强调贸易的国际冲突一面，将议题政治化以凝聚民心、寻求理解的旧路，而应以更务实的行动和对话，正视客观存在的问题，包括政府自身治理的问题。从长远着眼，从当下着手，使国际国内的压力都能有效化解。此次政府所行之举措，已经朝向这样理性务实的解决之道。

2007年8月29日

事件

2007 年 8 月 30 日下午，十届全国人大常委会第二十九次会议经表决，以 150 票赞同、0 票反对、2 票弃权通过《中华人民共和国反垄断法》，将自 2008 年 8 月 1 日起施行。《反垄断法》从起草到通过，历经 13 年。

观点

没有政府的成功转型，不打破政府对资源的控制，不抑制政府强烈介入市场的冲动，反垄断将永远是一个“不可能完成的任务”。

《反垄断法》：转型中国的艰难一跃

2007 年 8 月 30 日无疑将被载入中国市场经济法制的史册：这一天，全国人大常委会第 29 次会议以 150 票赞同、无 1 票反对、堪称完美的表决结果通过了中国第一部《反垄断法》。这一天，距离中国致力于市场经济建设已经过去了整整 15 个春秋。

作为人类历史上最大规模的制度变迁，中国的经济神话一度改写了经济学的发展规律和脉络，“北京共识”成为转型国家的成功秘诀和典范。然而，对一个法治传统匮乏的东方大国而言，虽然法治建设的成就不可抹杀，但毋庸讳言，作为市场经济法治大厦基石的《反垄断法》的长期缺位成为中国社会转型中最大的制度“残疾”，并被视为非市场经济国家的主要“罪证”而备受“友邦”诟病。

因此，制定一部既能与反垄断立法的国际趋势接轨，同时又能对中国独特的垄断情势正确研判的“良法”成为中国各界的光荣与梦想。对处于改革“深水区”的中国而言，其错综复杂的垄断情势决定了《反垄断法》的命途多舛，从起草到审议，历经13载，立法过程中的刀光剑影和利益角逐，见证了中国市场制度转型的艰辛不易，可以说，发达国家的“旁敲侧击”，转型社会的政经生态，国资的固若金汤，外资的强势进入，民资的不安现状，垄断行业的分配失控，普通民众的维权希望，都在这部法律的立法进程中一览无余。

《反垄断法》虽然只有57项条文，在世界各国中是最短的，和欧美等国洋洋数十万言的法律文本比较，可能略显粗糙，但它结合中国实际，在实体法方面，除了禁止垄断协议、禁止滥用市场支配地位和控制企业合并，还对阻碍中国经济发展毒瘤的行政垄断行为加以规制，在程序上明确了垄断行为的法律责任和救济途径。承载着中国几代人推进经济民主进程、打破行政垄断的决心，以及破除区域壁垒的努力和维护公平正义、谋求民众福利的诉求，甚至还蕴涵着实现民族复兴的努力和大国崛起的愿景，而《反垄断法》在本次人大表决中无一票反对的法治奇迹更折射出民众对反垄断之举的强烈支持，是中国各界“集体行动的逻辑”，其颁布和实施，是中国制度变迁中的重大里程碑和法治工程的完美“收官”之笔。《反垄断法》的出台，对于推动政府转型，弘扬竞争文化，倡导商业文明，捍卫经济民主，无疑构建了一个维护和促进市场竞争的法治初始框架。

但是，必须清醒地认识到，《反垄断法》的出台只是给我们传递了一个信号和理念，我们不能期待《反垄断法》出台后，中国的垄断态势会发生翻天覆地的变化，更不能期待《反垄断法》可以解决目前中国社会的一切问题。如前所述，中国社会正处于转型期，各种利益关系盘根错节，利益之间的博弈和利益集团的寻租行为非常普遍。长期的权力垄断使行政垄断与体制弊端交织，与利益集团千丝万缕，与地方保护以及部门利益盘根错节，外资、国资、民资的利益关系非常复杂，决定了当前颁布的《反垄断法》只能是一部“妥协”的法律，民众关注的很多问题并没有在法律里得到强有力的回应，法律的空白和诸多不确定都可能因为缺乏操作性而成为“无能条款”，有心杀敌，无力回天，从而使《反垄断法》成为“戴着镣铐的舞者”。这决定了我们不能对《反垄断法》期待太多，渴求太多，而应该理性和宽容地对待《反垄断法》的种种不足之处，通过理念的嬗变，国民人格的再造以及利益集团力量的消长或不断完善。把解决一切垄断问题的希望都寄托在一部《反垄断法》上，期待“毕其功于一役”的想法，不仅天真，而且有害。

从《反垄断法》的实施来讲，考虑到中国垄断的独特态势，确保《反垄断法》实施的关键在于政府的转型。我们看到，《反垄断法》用专门一章来对行政垄断进行规制，这是世界反垄断立法的一个突破和壮举，反映了立法者立足中国国情的务实态度，同时也说明了行政垄断已经成为中国经济发展的毒瘤和中国社会各种问题的症结所在。无论是经济垄断，还是自然垄断，都和以地方保护和部门分割为特征的行政垄断有着天然的联系和耦合性，因此，《反垄断法》实施的好坏取决于行政垄断的根治，而行政垄断根治的关键又在于政府的转型和理念的嬗变，因此，在反垄断立法的同时，应当加大限制政府行为的立法工作，建设法治政府、服务政府和有限政府，这是根除经济垄断、保护竞争的根本，没有政府的成功转型，不打破政府对资源的控制，不抑制政府强烈介入市场的冲动，反垄断将永远是一个“不可能完成的任务”。

从立法而言，《反垄断法》的出台只是万里长征走完了第一步，从发达国家的法制变迁的历史可以看出，反垄断立法在任何国家都不是一劳永逸的。就反垄断法律最发达的美国而言，自1890年《谢尔曼法》起，对反垄断制度的规范经历了100余年，形成了以《谢尔曼法》为本源，包括《克莱登法》、《联邦贸易委员会法》为中心，以《企业兼并指南》和若干法院判例为基本操作规则的制度体系，打上了不同时代的烙印，形成了能够均衡效率和竞争的法律制度体系，称得上是美国反垄断法律发展历史的一个缩影，也正因为如此，它被许多国家奉为圭臬而整体移植。中国的《反垄断法》只是规定了反垄断的一些基本原则和制度，其实施取决于一系列配套法规的制定，而这不是一朝一夕可以完成的，对于即将建立的反垄断委员会和《反垄断法》执法机构而言，在这些方面任重而道远。

反垄断立法，对这个星球上的很多国家而言也许是20世纪的尾声，但是，对中国而言，却是21世纪的序曲。《反垄断法》的出台，是中国制度变迁和社会转型的一个重大里程碑，其间的酸甜苦辣、刀光剑影、欣慰与悲怆都已成为往事。虽然，反垄断委员会的权威性还有待实践检验，分散执法的弊端尚未完全显现，《反垄断法》对行政垄断的规制还有些“心有余而力不足”，《反垄断法》初步建构的司法救济体系仍不够明晰，未来立法和执法中利益的博弈也许会更加激烈，但毕竟轻舟已过，柳暗花明，我们有理由期待！

2007年8月31日

事件

2007 年 9 月 4 日，《人民日报》刊发了国务院总理温家宝的诗作《仰望星空》。温家宝寄语学子，勉励他们勤奋学习知识，希望他们经常地仰望天空，学会做人，学会思考，学会知识和技能，做一个关心世界和国家命运的人。

观点

我们的民族当然需要一些仰望“星空”的人，而那些渴望灵魂自由的人，则需要这个民族的集体价值和这个国家的制度激励才能够拥抱“星空”。

仰望“星空”，需要价值肯定和制度激励

今年 5 月，温家宝在同济大学发表演讲时说：“一个民族有一些关注天空的人，他们才有希望；一个民族只是关心脚下的事情，那是没有未来的。”日前，温家宝寄语大学生，以诗文阐释自己对“星空”的理解：“星空”意味着“无穷的真理”、“凛然的正义”、“博大的胸怀”和“永恒的炽热”；温总理对大学生的期望则是，要“学会做人，学会思考，学会知识和技能，做一个关心世界和国家命运的人”。

康德在《实践理性批判》一书的最后说：“有两种事物，我们越是经常、持续地对它们反复思考，它们就总是以时时翻新、有增无已的惊叹和敬畏充满我们的心灵：这就是头上的星空和内心的道德法则。”“星空”这个词具有某种符号性质，它

代表宇宙中那些令人敬畏的、超越世俗的、神秘而高蹈的命题，远及生命与宇宙的神秘，近关人类的道德与社会的秩序。模糊一点讲，“星空”是指那些与个人社会生活不直接相关的内容，仰望“星空”指的是更纯粹的灵魂生活，这种灵魂生活几乎完全属于个人内心的范畴。但是，个人与社会的关系是这样微妙，个人最隐秘的灵魂生活却是人类集体意识的源泉，而且也是社会文化演进与制度变革的内在要素。就是说，只有个人的灵魂生活趋于纯粹、真诚、深入，整个民族才有持续进步的可能，才可能有长远健康的前景——“一个民族有一些关注天空的人，他们才有希望”。

温家宝对大学生的寄望，几个月之内重申了两次，它不是风花雪月，而是有针对性的。它所针对的是当下中国的“星空冷漠”。如今的大学生、年轻一代甚至整个民族，都表现出对宏大与抽象命题的冷漠：不论是国家的民主进程，还是世界和平的局势，不论是大自然的奥秘，还是人的深邃内心，都被认为与己无干，不值得关心。这些话题也出现在人们的视野中，甚至也被人们谈论，但是多半那些信息都被八卦化，成为人们娱乐消遣的一部分。这个判断可能有些笼统，中国当然有人在仰望“星空”，只是数量可能太少了，而且这些人几乎一定是这个社会的边缘人，他们自动沉默、很难被识别，甚嚣尘上的都是功利而“务实”的声音。

不久前，美国《时代》周刊做了一个专题描述当下中国年轻人的生活状态，并将他们称为“我一代”。在杂志封面上有这样一行字：“忘记民主。中国20多岁的人忙着享受生活，无暇顾及政治。”这个结论出自美国人的视角，中国人可能无法完全认同。比如说，中国的许多年轻人，实际上是在忙着经营自己的生活，还无法从容地享受生活。但是另外一半结论，忘记民主以及无暇顾及政治，却是中国人的普遍状态，我们自己也深有同感。很多人将这种普遍的政治冷漠归结为历史的创伤，但其实历史的伤痛记忆并没有传递下来，新一代年轻人的政治冷漠，更主要的原因是环境不鼓励。一个几乎不需要论证的事实是，我们现在的社会环境，在某种程度上抑制了年轻人对政治的正常热情，严肃诚恳地关心政治是一件成本很高的事。由于现实规则的阻碍，人们的激情不能有效地转换为理性的思考与行动，而被扭曲为愤怒和仇恨的空洞发泄。

20 世纪 80 年代，龙应台说，台湾的年轻人是“不会闹事的一代”，因为当时台湾的教育强调的是“乖”，孩子们既不能独立思考，也没有价值判断，自然不会闹事。现在的中国社会，在学校教育中存在完全相同的问题。同时，社会作为一所更大的学校，它以自己严酷的奖惩机制分配了人们的注意力和兴奋点，它所塑造出来的便是这样的人群：专心赚钱、享受个人空间、回避面对或反抗环境的不合理束缚、不去处理内心对真理和正义的本能向往……“我一代”好像已经解决了生命不能承受之轻的烦恼，呈现出可疑的轻松、快乐甚至美好。

政治冷漠只是“星空冷漠”的一部分。理想地说，一个时而仰望“星空”的人，一个留存一份灵魂生活的人，一个关注更广阔的人世和更深邃的宇宙的人，才算是一个完整、健康的人。这样的人的生活，才真正值得去过；这样的人组成的社会，才会持续地创造美好、拥有美好。但是，目前我们的社会将人塑造成了另一个样子。我们的民族当然需要一些仰望“星空”的人，而那些渴望灵魂自由的人，则需要这个民族的集体价值和这个国家的制度激励才能够拥抱“星空”。

2007 年 9 月 5 日

事件

2007年9月11日，广州迎来史上最大规模的土地盛宴——分成上下午两场出让金沙洲、番禺等11幅商住用地以及农本新村等3宗烂尾地块。据统计，其中13宗住宅用地累计用地面积超过68万平方米，总价为95.1亿元，将提供超过1万套的住宅。

观点

政府倘若再不与开发商在利益上划清界限，抓紧盘活存量土地的工作，在开发商大量捆绑银行、股东利益，并日益对各政府部门的政绩进行利益绑架之后，恐怕长期博弈的能力也将进一步失去。

房地产市场监管乏力
政府终将丧失主导权

在房地产市场，一切都成为涨价的理由。

昨日，号称“广州史上最大规模的土地盛宴”落下帷幕，结果了无新意，据一线记者形容是：“拍卖会出了一大堆地王。”其中花都、番禺、白云区和南海金沙洲的住宅用地也接连创造了各区域板块的地价纪录。13幅住宅用地，累计用地面积超过68万平方米，总价为95.1亿元，而政府为这些土地设定的出让底价还不到40亿元，从这一结果看，地价乃至房产价格的控制权已经完全掌握在开发商手中。

必须肯定，政府放出大量土地以缓和土地供求矛盾，体现了其遏制房价的决心，从市场心理看，此举也有助于遏止“地荒论”带来的长期土地供应减少预期，但从当前开发商与政府的博弈情况看，无疑是前者占据了主动。本报于 8 月 17 日出版的《2007 年楼市红皮书》，引述原广州市国土房管局信息中心主任黎文江的分析指出：自 20 世纪 90 年代起到今年上半年，发展商所获得的开发项目中，仍未进入开发程序的土地储备量中，十区约有 2904.56 万平方米，加上增城的 1263 万平方米和南海金沙洲的 30 万平方米，共约 42 平方公里。据分析，这些地块均为开发商通过“招、拍、挂”以外的途径获得，相对于开发商手中的存量土地，2000 年至今年 6 月份经“招、拍、挂”出让的土地仅 4.82 平方公里。也就是说，新增土地的总量仅占开发商存量土地的 11.5%。

从两个相左的数据可以看出问题所在。据业内人士分析，按近几年来广州一手住宅每年约 1000 万平方米的成交量计算，目前广州市场的存量土地所能开发的住宅面积可以满足广州 10 年的市场需求。根据有关规定，“房地产用地两年未开发无条件收回”，两相比照，可供开发 10 年的土地，和两年内不开发就收回的规定，规则与现实的悬殊近乎讽刺。

这就不难解释开发商为何可以通过竞逐“地王”的方式获利：在价高者得的游戏规则奠定以后，无论开发商购买土地的价格多高，都能将其囤积地块的地价拉高，以一成的增量土地价格来提高九成的存量土地价格，已经成为开发商以地生财的惯用伎俩。

形势的严峻程度恐怕超出人们的预期。根据业内人士分析，目前在广州老城区和基础配套成熟的地区，现成的空地已经买少见少，而要增加土地供应，必须进行大量的拆迁补偿工作，成本很高。而开发商手中掌握的土地筹码已经超过政府，形成“挟土地以令房价”的态势，这也就是说，政府已经无法推出足以改变供求关系的增量土地，加上开发商经过近几年的暴利积累及上市融资，对政府推出的土地可以“放多少消化多少”。在这样的力量对比下，政府目前推出地块只能够继续增加开发商的筹码。形成类似深圳“无地可批”的被动局面。最后令房价完全失去控制。

很明显，市场始终以供求关系作为最终的定价标准。造成目前政府失去土地调控筹码的被动局面，一是因为我国土地管理制度失效，二是因为政府有令不行。不得不指出，42 平方公里的土地的出让者除政府外并无他人，无论是存量土地还是增量土地供应，政府与开发商之间的利益纽带始终未改，只不过获利模式从低价出让土地以谋求 GDP 数字，到高价出让土地以谋取土地出让金而已。正是因为长期以来政府与开发商利益相关，导致政府始终无法狠心对开发商的囤积居奇行为行使市场监管责任，久而久之，令政府的调控筹码尽失。市场供应的主导权已经几乎落入开发商手中，这种情况正在恶化。政府倘若再不与开发商在利益上划清界限，抓紧盘活存量土地的工作，在开发商大量捆绑银行、股东利益，并日益对各政府部门的政绩进行利益绑架之后，恐怕长期博弈的能力也将进一步失去。

2007 年 9 月 12 日

事件

从 2007 年 9 月 16 日起至 9 月 22 日，首届中国城市“公交周及无车日”活动在国内 108 个城市同时举行。北京、上海等城市均宣告加入这一活动，并将正式签署“无车日”承诺书。活动期间，政府领导须带头乘坐公共交通工具、步行或骑自行车上下班。广州市缺席这一活动。2008 年 2 月 18 日，广州市常务副市长苏泽群解释，政府误以为“无车日”就是所有车都不许开了，所以才没有参与。

观点

旨在限制汽车的宏观管理竟然缩小为限制私家车的公共政策和官方舆论，而存量和增量都极其庞大的公车却毫发无损。历史经验已经证明，对各类坐拥各种特权的公车来说，舆论指责对它的约束极少管用。

限制公车才是汽车时代的真问题

首届中国城市公共交通周及无车日活动从昨天开始在全国 108 个城市举行。活动期间，倡议政府领导带头乘坐公共交通工具、步行或骑自行车上下班。北京、上海、杭州等城市均宣告加入这一活动，并将正式签署“无车日”承诺书。广东确定有深圳、珠海、汕头、佛山、江门、湛江等城市参与，名单中没有省会城市广州。

简单来说，“无车日”是汽车时代中的反汽车运动，1998 年首先由法国绿党领导人、时任国土整治和环境部长的瓦内夫人倡议开展，并得到巴黎和其他 34 个外省城市的响应。当年 9 月 22 日，法国 35 个城市的市民自愿弃用私家车，使这一天成为“市内无汽车日”。其后，这个活动迅速在欧洲及全世界传播开来，成为全球性的活动，如今已有1322个城市跻身其中。

在中国倡导“无车日”活动当然有它的道理，比如环保节能。据建设部某副部长介绍，开展“无车日”一天，全国可节省燃油3300万升，减少有害气体排放约3000吨，并有数百人免受交通事故伤害。这些笼统的数据并未提供确实的论证，但从字面上看不乏宣传的效用。不过该效用的潜台词仍旧体现出决策者二元对立的思路，亦即一律把轿车作为公共交通的对立面，通过贬抑前者来强化公交优先的原则，希望引进反汽车文化，从而推动市民公交出行比例由现在的20％提高到50％。

很难预测“无车日”活动在我国的命运，最坏最不济的可能是沦为宣传工具和新的形式主义。归根结底，我们的汽车国情跟国外的没有可比性，汽车作为权力的象征物和层级的指示牌已形成了特有的汽车文化。可具有讽刺意味的是，此文化非彼文化，它的威力能让一切中国特色的反汽车运动没了脾气——我们的反汽车运动都试图掩饰凝聚在汽车上的等级现实，往往反的是民（私家车），岿然不为所动的是官（公车）。

谁都不能否认随着汽车保有量的剧增，能源消耗将大增，付出的环境成本也会越来越高，带来诸如城市交通拥堵等许多问题。去年中非论坛期间，北京曾封存49万辆公车，拥堵现象顿时好转，北京上空也相对纯净多了。然而官方的流行论调和政策应对又怎样呢？最新的严厉表态是建设部官员提供的，说是要提高普通市民使用小轿车的成本，譬如大幅度提高停车费用。发改委放出的舆论则是，正准备出台燃油费，这与建设部官员的立场异曲同工，那就是“从根本上摈弃小轿车是现代交通文明象征的错误观点”。

如此一来，旨在限制汽车的宏观管理竟然缩小为限制私家车的公共政策和官方舆论，而存量和增量都极其庞大的公车却毫发无损。历史经验已经证明，对各类坐拥各种特权的公车来说，舆论指责对它的约束极少管用。国家和地方政府一度出台各种补贴政策，以期让公务员尤其是领导者减少用车，以斩断 400 万辆公车每年 3000 多亿元的养车费用，可到头来这些看起来很美的公车改革无不以失败告终。

公车除了对行政命令无动于衷，对价格调节措施照样脱敏。它不像私家车那样对税费极度敏感，只因为有公共财政作支撑，公车根本不在乎油价上涨。因而，任何以限制汽车为名所出台的政策，最终都难免分化两端：一是继续抬高公车使用的花费，继续维持公车特权高位运行，而其恶劣的结果一如既往由全体国民埋单；二是加重对私家车的歧视局面，民众个人在不均衡的政策待遇下遭到无谓的抨击和排挤，这也属于公权对私权的倾轧。

这才是汽车时代的真问题，只有解决了它，才能让限制汽车的公共政策获得合法性，不然都难免“护公仇私”的功利性及短视效应。就在不久前，广州市籍汽车保有量突破百万辆，但其中的公车有多少、每年耗资几何等关键数据不见权威公布。汽车超百万的北京和上海市，同样对公车在整个汽车时代的格局讳莫如深。广州这次拒绝加入全国“无车日”活动，其举动颇耐人寻味：公车俨然成为建设真诚的反汽车文化的障碍，“端坐”在公车上的政府如何给汽车时代的困境解围确实尴尬。

始终要对汽车时代的真问题抱有忧患意识，更要反对有意模糊汽车特权的政策评估和新措施，这也是在中国语境下真正普及“无车日”、建设汽车文明的基本立场。

2007 年 9 月 17 日

事件

2007年9月17日，国家税务总局下发通知，对于饮食业、娱乐业等8个行业的企业所得税标准税率进行下调。据悉，娱乐业下调至15%—30%，饮食业下调至8%—25%，批发和零售贸易则下调至4%—15%，其他行业的税率都有较大幅度的降低。财政部副部长张弘力透露，新的企业所得税法将在2008年起实施，届时国家将对符合条件的小型微利企业纳税予以适当优惠。

观点

以往政府对中小企业的扶植大多口惠而实不至。中小企业需要的是一个公平的竞争环境和适应自己规模所需的原料与资金渠道。以高高在上的态度恩赐，或者以冷漠的态度鄙视，对中小企业而言都不是什么福音。

与其赐予中小企业政策性恩赏不如创造公平的市场竞争环境

一直受到冷遇的中小企业成为热门词语，从各种迹象看起来，这不像是一次口惠而实不至的中小企业促进行动。

各部门对扶植中小企业令人惊奇地表现出前所未有的责任感，从中国中小企业博览会上传出信息，国家发改委、国家税务总局、工商总局等五部委将联手推出有助于中小企业发展的举措。

国税总局17日发布《关于调整核定征收企业所得税应税所得率的通知》，下调8个行业的企业所得税，其中娱乐业的商业税调整最大。这是明年统一企业所得税之后的延伸举措，并非新政。原有的核定征收所得税应税所得率是根据33%的标准制定的，今后实行25%的企业所得税率后，核定征收所得税应税所得率自然应该相应下调，涉及 20%左右以核定征收所得税为主的工商个体户。财政部副部长张弘力近日在中国中小企业博览会上表示，“十一五”期间，财政部将进一步健全对中小企业的税收支持体系，有关政策将逐步实现由扶弱济困向培育市场竞争力转移。财政部将专门制定针对中小企业的政府采购政策，保证中小企业获得政府订单。此次博览会上，由中国银监会和广东省政府有关领导见证的银企贷款签约仪式，19 家银行与 19 家中小企业现场签订了贷款协议，签订贷款金额 8400 万元。中国银监会组织了 46 家银行业金融机构参加本届中博会，中国大型国有商业银行一应出席，以显示对中小企业的重视。

这些新闻传递出令人安慰的信息，政府似乎已经回过神来——缺少竞争力的大量民企（在国企抓大放小之后，中小企业基本成为民营企业的代名词），致使中国经济外强中干。在当下的国情下，政府对于经济结构的认知程度，决定了中小企业的发展前景。只有解开中国经济发展必须靠大型国企挂帅这一心结，中小企业才可能获得真正的平等，而不是仰人鼻息等待政策施恩。

在经历了“非公经济三十六条”等有名无实的对民营经济的放开举措之后，对扶植民企的举措在落地之前不能过于乐观，现在断言民企可以击破市场竞争环境不公平的玻璃天花板为时尚早，我们的错误在于，对于促进民营经济发展的政策措施总是过早地作出乐观的历史性总结。

以往政府对中小企业的扶植大多口惠而实不至。从《中小企业促进法》到“非公经济三十六条”，从中小企业发展专项资金到各地专为中小企业服务的中小企业局等行政机构和准行政机构，国外扶植中小企业的一应模式，我国几乎应有尽有。但形似神非。扶植低效，税负高企，民企从未真正击破行业垄断的玻璃天花板，情况相反，天花板越来越厚，商务部对于石油行业的几次政策调整，宣布民营企业不可能进入石油市场。因此，要解决以中小企业为主的民企的发展问题，最重要的仍然是政策从根本上突破，只要政策在事实上维系不公平的竞争环境，那么，中小企业也就只能在低层次小打小闹，无建百年大店之雄心，而有流寇之作风。

中小企业之所以受到重视还因为其顽强的市场生存能力，使各方无法漠视。据国家发改委副主任欧新黔提供的数据，“十五”期间，国民经济年均增长9.5%，规模以上中小工业企业增加值年均增长28%。目前，中小企业占全国企业总数的99%以上，创造的最终产品和服务价值相当于国内生产总值的60%左右，上缴税收约为国家税收总额的50%，提供了75%以上的城镇就业岗位。

正是因为看到中小企业的赢利前景，包括花旗、汇丰在内的外资银行都制定了周密的中小企业服务计划，而我国质量上乘的城市商业银行如宁波商行、温州商行，无不以中小企业为主要服务对象。从这个意义上来说，与其说是国有商业银行扶植了中小企业，倒不如说是中小企业为国有商业银行开辟了源源不绝的利润来源，尤其是在利差缩小、直接融资渠道拓展、房贷面临风险的情况下。正如中国银监会主席助理王兆星所说的：“我相信小企业的发展既为小企业带来了生存发展的机会，同时也给商业银行带来了更多的发展机会。”

希望壮大的中小企业另一个法宝是建立离岸公司，享受外资待遇，用脚投票寻求公平的竞争环境，这将严重损坏中国市场根基，政府不得不郑重以对。

中小企业需要的是一个公平的竞争环境和适应自己规模所需的原料与资金渠道。以高高在上的态度恩赐，或者以冷漠的态度鄙视，对中小企业而言都不是什么福音。

五部委有此表态，也算是这些政府部门对于应尽而未尽之责一个迟到的补偿，希望这些措施能够扎实落地，而不是在中博会这一特定的场合，发出随风而去的政绩表态。

2007年9月19日

事件

根据广州某专业机构与《南方都市报》的调查发现，截至2007年上半年，发展商所掌握的土地储备量共约42平方公里，足可供应广州销售10年。发展商竞相囤地，力创“新地王”，随后是房价涨声一片。9月28日，广州成立了分管副市长任组长，由市建委、市规划局、市国土房管局等相关职能部门组成的市处置闲置土地领导小组，重锤打击囤积土地。11月21日，广州市国土房管局首次在网站上曝光了3个延迟开工建设的项目，最长闲置时间达7年多。市国土房管局明确表示，逾期仍未动工的将被依法处置。

观点

囤地已是中国地产界公开的秘密，通过将大量土地集中到自己手上，房地产企业垄断了最基本的资源，再通过房屋开发的唯一合法模式，巩固行业垄断格局，从而实现了由开发商操控房价的市场态势。

请以透明的土地公示制度澄清一切

房地产数据迷局再添新版本。近日，广州某中介公司研究人员称，本地房地产商囤积土地多达42平方公里，大肆利用资源垄断谋取暴利。一石激起千层浪。政府澄清统计口径有误，国土房产局以“3.73平方公里土地涉嫌闲置”的新数据代之，开发商认为数据有假，并表示强烈愤慨。而由某开发商担任主席的广州市房协更于昨日作出惩处该研究人员所在公司的决定。

广州房地产数据向来有“打架”的传统，相互抵触的统计数字早已让民众养成漠然的看客心态。不过，围绕存在严重囤地的舆论表达，政府与开发商集体过敏、反应过激却颇耐人寻味。作为市场监管者与市场主体的它们何以如此步调一致？如果理解汉语的委婉用法，官方提供的最新数据虽缩减了囤地的规模，但也仅仅作了辞令上的变更，并没有否认囤地的实质。至于开发商的愤慨情绪，则有点无厘头的意味，因为他们是最清楚囤地的真相，也是最熟悉其游戏规则的一群人。

其实，囤地已是中国地产界公开的秘密，通过将大量土地集中到自己手上，房地产企业垄断了最基本的资源，再通过房屋开发的唯一合法模式，巩固行业垄断格局，从而实现了由开发商操控房价的市场态势。国务院发布的《中国房地产企业竞争力研究报告》显示，至今年 7 月末，全国最大的“地主”土地储备总量已经达到 4500 万平方米；某本地国有房地产公司土地储备达 600 万平方米；某本地在香港上市房地产企业的公告显示，截至 7 月 11 日，其全国的土地储备量约为 2092 万平方米。

在囤地的表述上，政府很在乎跟民众抠字眼：“涉嫌闲置”也罢，“尚未形成实际住房供应的土地”也罢，种种托词都试图宣示“一切仍在掌握”，似乎只要政府愿意，从国家过渡给开发商的土地就能依顺政府意图，随时变现为造福民生的住房供应。然而只要浏览众多宏观调控政策半途而废的现实就清楚，囤地的形成机制已对政府调控产生了极大的牵制效应。尽管“抑制房价的利剑始终掌握在政府手中”，但政府究竟有无勇气砍将下去、有无信心获胜依旧悬疑。

面对开发商鲸吞一般的土地垄断行为，正如此前本报社论所言：依靠放地来抑制房价的政策意图接近破产。翻查“8·31”大限前后数年数据：2004 年，广州土地出让总面积为 11.3 万平方米；2005 年出让总面积近 50 万平方米；2006 年出让土地 259 万平方米（以郊区地为主）。将这些地块面积累加，也不过 3.19 平方公里，而且这里包括了花都、从化、增城的大量面积，有关部门当前匆匆公布的老十区（不包括从化、增城）3.73 平方公里的囤地，事实上超过历年新增土地之和，在有关部门的最新数据面前，有关部门又应如何驳斥开发商手中的存量土地超过政府增量土地的事实？利用土地供应骤减，炮制地荒论，减少开发，制造房价提高的预期，从而哄抬房价。开发商对此又有何辩解？

政府与开发商联手指责民间数据统计口径有误，甚至出现由房地产企业组成的广州市房协惩戒数据提供者所在单位这种被监督者惩戒监督者的荒谬奇观，但官方数据的真空，市场监督的缺位却始终无人问责，也无人道歉。“8·31”大限之前政府批出土地有多少、在哪里、属于谁、何时开发何时销售，至今仍无一个全面系统的宣示，如此澄清如何让人信服？

把希望寄托在打击恶意囤地上。可开发商的反制手段简单而有力，比如利用政府大块土地一次性供给的政策，对单块土地分期规划建设，郊区大盘动辄开发十年，一举击溃“两年不开发即收回”的调控办法。当然，地产商们在推动囤地游戏的过程中，早已积累了完备对策以应对政府调控。只要这些囤地的潜规则一日不除，政府调控就绝难收到成效。这不是纯粹的逻辑推演，而是在民众日常的生活体验中轮番上演的残酷事实。对此，民众绝对比开发商更有愤慨的权利。

再退一步，即便按照“穗七条”制定的供应计划，今年广州计划推出住宅用地 2.14 平方公里，也大大少于政府认可的 3.73 平方公里的囤地数量，开发商仍足以驱动房价依照特定意图攀升。因而，囤地绝非媒体虚构的幻象，囤地数量的多寡不该是争论不休的焦点。有关部门苛责于统计口径大概放错了行政着力点。积重难返，回头太难。有关部门和开发商在囤地问题上早已失掉了自我辩护的资格。而今之计，政府唯有痛挥利剑，以公正、公开的土地公示制度回应公众诉求，重新赢回房地产调控的主导权。

2007 年 9 月 25 日

事件

从2007年10月1日起，《中华人民共和国物权法》开始实施。《物权法》规定，住宅建设用地使用权满70年后自动续期，但法律并没有对续期的土地使用费支付标准和办法作出明确规定。《南方都市报》9月30日报道，深圳蔡屋围“钉子户”蔡珠祥的拆迁补偿问题得到协商解决。开发商与蔡家经过一年多漫长协调，最终双方达成一致意见。蔡珠祥得到超过1500万元的“天价”补偿同意搬家。开发商称，双方签订补偿协议与10月1日要实行的《物权法》没有什么联系。

观点

私有财产权就这么弱不禁风，它对抗的是已经达成默契的制度的恶，《物权法》若要落实，无可避免要在其间寻求突围。

《物权法》精神倚赖一个守法政府去实现

全国人大今年3月16日通过了《物权法（草案）》，并从明天起正式实施。本报今天以“强制拆迁”作为切入口，点面结合，描摹了《物权法》缺位时代不无残酷的城市图景，揭示出私有财产权被强制性扭曲乃至遭到野蛮清除的现实。而今，《物权法》终于来到人间，其实它一出生就被寄予厚望，国民希望用它消弭强拆带来的社会心理创伤，进而匡扶正义，廓清既有的财产秩序。

作为中国民法典的重要支柱之一，《物权法》选择在国庆日实施，自然有着强烈的寓意。有关出台这部法律的必要性和紧迫性，在长达13年的8次审议中已有丰富的阐述。应当讲，

《物权法》艰难诞生，遭受的阻力与它隐含的多重理想成正比。正像见报的深度报道所表达的那样，个人、家庭的命运因强制性拆迁被颠覆，行政冲动对私有产权的压迫加重了社会不公，同时也制造了社会不稳定隐患。虽然还无法乐观，单凭《物权法》并不能彻底杜绝这一切苦难，但它对私有财产权的承认和许诺依旧重要，至少确立了阻拦或防止强制剥夺私产的基本条件，尽管那绝非唯一的条件。

当然，根治强制性拆迁不能代表《物权法》的所有内容，但中国城市上演的一幕幕惨烈景象，足以考验《物权法》在现实处境中的耐力、生命力。或许很难断言，目前是国家采取强制性拆迁最多的时代，不过，强制性拆迁所孕育的恶性机理并不会随《物权法》的实施而消失，反而可能在新的博弈格局中转换成新的反对力量。因此，后《物权法》时代并非没来由的清平世界，它太需要一如既往的争取了。换言之，《物权法》能被实践的程度取决于它遏制公权力的信心和能量，取决于它对利益集团强制私产过渡的反制力。不错，《物权法》提供了将私权从公权中挣脱出来的机遇，但解放的曙光掌握在政府而非公民手中。

不能不予以警惕的是，《物权法》之前，有关私产的保护在《宪法》和《土地管理法》中已有充分显示，但在实际操作中，《宪法》的物权精神和《土地管理法》的规定都被广泛规避。政府拆迁赖以凭据的是国务院制定的《城市房屋拆迁条例》，而各省普遍据此制定了拆迁细则，上下其手，强化了政府在私产权让渡上的强势地位，几乎是说一不二，个人基于自有产权的谈判权利极其脆弱，随时面临被强制服从的危险。虽然因《物权法》的实施，《土地管理法》和《拆迁条例》都要作出修正，调整与《物权法》相抵触的部分，但政府与地产商达成的潜规则循例延续，行政权力对私有财产的排他性控制始终未消，拆迁户用《物权法》抗衡它的努力前途未卜。

除了政府惯性和既得利益，对《物权法》的挑战全方位存在，它们像《物权法》尚未产生时那样威胁着私有财产三原则，亦即稳定的占有、根据同意的转让、允诺的履行。以城市拆迁为例，公民虽有权对拆迁提起诉讼，但法院只能审查政府拆迁的文件是否齐备，而不能否定强制拆迁本身。国民无法援引司法救济，实质上意味着个人不能粉碎政府强制实施的财产控制。根据最新的司法解释，强制性拆迁只要程序合法，事主异议已不重要，政府一旦申请强制执行，法院即可先行拘留当事人。私有财产权就这么弱不禁风，它对抗的是已经达成默契的制度的恶，《物权法》若要落实，无可避免要在其间寻求突围。

无论如何，《物权法》仍给予民众某种希望：借助于私有财产的独立，私人有望不再属于政府任意调控的资源。但新晋的《物权法》又要直面乃至击破这样的悖论：个人只有获得私有财产权才能阻吓政府对其滥用强制，然而不幸的是，此种“获得”要倚赖拥有必要权力的当局机构才能保障。如此，一个守法的政府是守护《物权法》精神不被扭曲、不被异化、不被淘空的必要保证。《物权法》为这样一种政府的完善提供了参照，一个进取的地方政府不应漠视此种吁求，也应当把它奉为奋斗的目标。

本报报道以强制拆迁去观察《物权法》的前世今生，七分沉郁三分乐观。一部法确实不足以涤荡所有恶，但《物权法》作为国家协议也罢，私权宣言也好，无论前路多么坎坷，足以承载人心之向往，虽有重重困难亦不能灭绝。

2007 年 9 月 30 日

事件

2007 年 9 月 27 日，央行、银监会联合下发《关于加强商业性房地产信贷管理的通知》，明确规定，要求各商业银行将申请购买第二套（含）以上住房的贷款首付款比例下限提高至 40%，其房贷利率也至少要在基准利率基础上上浮 10%。这一政策在市场上引起强烈反响，楼市成交量萎缩，市场观望气氛浓厚。10 月 7 日，央行副行长、上海总部主任苏宁在上海表示，央行征信系统完全可以查到贷款人是否贷款买过房，成功认定“首套自住房”和“第二套（含）以上住房”。

观点

对于中低收入阶层应该给予保障性质的优惠贷款，但职责应该由政府信用担保的房贷机构来尽，而不是商业银行。

控制二套房贷未必得偿所愿

自 9 月末央行与银监会出台房贷新政之后，深受房价上涨之苦的未购房者盼星星盼月亮，盼着银行出房贷新政细则，尤其希望银行清晰地界定何谓二次置业，彻底封堵房地产投资的门槛，让房地产回到普通商品领域，从而使供求关系理论收效于房地产市场，但他们等来的很可能是失望。

目前一些银行对细则各自解释，各银行甚至各地区标准不一。中国工商银行、招商银行等明确“第二套房”将以个人为单位，中国农业银行、交通银行等则表示将参考婚姻状况确定。如果一些股份制商业银行采取按照借款人而不是家庭为单位确定第二套住房，那么将是瓦解房贷新政的利器。与此同时，在内资银行收紧房贷之时，外资行趁势扩张房贷业务。渣打、汇丰、花旗等外资银行相关人士表示，对于内地居民申请第二套住房贷款仍是原有条件，对首付款、贷款利率等并未提高标准。

更令人不可思议的是，央行内部表态居然也莫衷一是。房贷新政公布后不久，央行副行长、上海总部主任苏宁10月8日表示，央行征信系统完全可以成功认定第二套房，因为央行拥有覆盖全国的数据库，贷款人购房情况，将完全在这个系统中如实反映出来。那就意味着央行有这样的技术条件，使不同地区、不同银行的购房者只要在银行有征信记录，都视作第二套房。大部分市场人士都对央行的征信系统能否及时甄别表示怀疑。

果然，央行征信局局长最近在接受采访时表示，一个自然人名下的所有住房信贷情况，均可通过央行征信系统反映出来。然而整个家庭成员的购房情况，目前还不能完全反映在该系统中。相关资料汇集工作一直悬而未决，这其中既涉及跨部门协调，也牵涉法律授权。认定第二套房就得靠银行自己掌握，商业银行必须入户做尽职调查，才可能对家庭房地产拥有量有直接把握——房贷员对贷款者一户户家访？听起来就像天方夜谭。

如果调控就是把一个市场行为，调控得如此复杂，其执行效率恐怕得大打折扣。2003年央行未雨绸缪发布过121号文，几成一纸空文，究其原因，除了国务院发布18号文继续支持房地产行业的发展之外，各商业银行觊觎房贷的丰厚利润有意化解政策影响也是重要原因。

直接下属为何不听招呼？因为利之所在，无人能敌。如果我们把房贷新政作为房地产调控过程中的重要环节，就可以清楚看出房地产调控过程中的两大失误：第一，混淆了市场与保障性公共产品的边界，招致政策受到以利益为导向的商业银行的抵制；第二，过于重视房地产调控中的地根与银根，而认识又有偏差，导致越调控房价越高的尴尬局面。此次房贷新政在上调二次置业利率的同时，还规定对于购买首套自住房且套型建筑面积在 90 平方米以下的，仍然执行首付二成的比例，可见决策层的本意是严防房地产投资和投机，满足保障性住房需求。意图不错，技术手段则大谬。

一个很简单的道理是，对商业银行改革的目标是使之成为利润至上的商业机构，而不是让其回归商业与公共职能不分的老路。对于商业银行而言，一个贷款额高且有诚信的还款记录的客户当然比小额贷款且无诚信记录者来得优质，来得利润丰厚，此前商业银行普遍对二次贷款者执行优惠利率，原因就在于此。对于中低收入阶层应该给予保障性质的优惠贷款，但职责应该由政府信用担保的房贷机构来尽，而不是商业银行。我国的公积金如何实现对于城镇普通职工的住房保障还在未定之数，其赢利居然被当作政府的公共资金用于廉租房的建设，如今又把商业贷款与保障贷款混为一谈，可以想见必定行之不远。

美国从 20 世纪 30 年代开始就建立了一套兼顾各个住房消费阶层的金融体系，包括以联邦住房管理局（FHA）等为代表的为穷人和特殊弱势群体提供政府信用的房贷保险服务，以各类私人保险公司为依托的私人性按揭保险服务，等等。虽然未必能全盘照用，但其中所蕴含的分别商业与保障、以金融衍生品保证保障型住房信贷的思路，确实值得借鉴。

近期政府出台的政策中中低价位、中小套型普通商品住房（含经济适用住房）和廉租住房的年度供应量不得低于居住用地供应总量的 70%，则是为保障型住房提供了土地方面的基础。相比而言，政策对于银根过于重视，以为提高贷款利率就能抑制房价，属南辕北辙。一则居民的购买能力在上升。统计数据表明，近 7 年来，中国居民的可支配收入在不断地提高，通过按揭贷款购房的比例逐年下降，从2000年的90.1%下降至71.06%，而今年一次性全部支付的比例较去年又有所提高。二则除非政府能够通过控制货币发放减少对实物资产的预期，在房地产投资收益大于存款利率的前提下，房地产仍然会成为主要投资品种。在此背景下，政府需要控制投资购房，控制货币流动性过剩，不断推出吸引投资者的投资品种，否则，政府的无限忙碌换来的将是房价短期下跌之后的报复性上涨。

2007年10月12日

事件

2007 年 10 月 12 日当地时间上午 11 时（北京时间下午 5 时），瑞典皇家科学院诺贝尔奖委员会宣布将 2007 年度诺贝尔和平奖授予美国前副总统戈尔与联合国政府间气候变化专门委员会（IPCC）。戈尔将与 IPCC 分享 1000 万瑞典克朗（约合 154 万美元）的奖金。戈尔在获奖后表示，自己对获奖感觉很荣幸，并称气候变化属于道德问题，而不是政治问题。戈尔还表示，他将把分得的奖金全部捐献给气候保护联盟。

观点

戈尔和潘岳作为不同政治制度下的环保人士，更应当被看作是鲜明的符号，代表了差别迥异的环保遭遇。非常清楚的是，他们所指代的环境保卫战因对手不同，肯定会遇到不同的战斗，胜败荣辱也大有区分。

戈尔业已获奖　环保仍受冷遇

北京时间昨日下午 5 时，瑞典皇家科学院诺贝尔奖委员会宣布，美国前副总统戈尔与联合国政府间气候变化专门委员会分享诺贝尔和平奖。获奖理由是："在创造及传递有关人为气候变化知识上所付出的巨大努力，以及在解决气候变化问题所需要的各种度量上所打下的坚实基础。"

戈尔在任期间，曾积极推动签署《京都议定书》，离职后的他周游列国宣传环保观念，投资并参与拍摄纪录片《难以忽视的真相》。在影片中，戈尔以地球村普通公民的身份向人们预言全球变暖的危害：长此以往，冰川将融化，洪水将泛滥，人类的家园将遭遇毁灭性破坏。影片受到普遍赞誉，被称为

“环保大手笔”。

其实，作为一个政治奖项，诺贝尔和平奖并不是第一次颁给环保人士或组织。2004 年，肯尼亚人马塔伊由于领导“绿色运动”，成功在非洲栽下 3000 万棵树而获此殊荣。时隔两年，世界环保力量再度折桂，不仅强调了和平的内涵不仅仅局限于非战争，而且更以强烈的忧患意识重申了环保的重要性及其危险的现实。从某种意义上说，环保已与战争、贫穷、人权等并列，成为影响世界和平的不安定因素。

无须引用大量数据作证据，环境及生态持续恶化是今日世界无法回避的问题，确属基本常识，它们重创世界，很顽固地构成星球残缺面貌的一部分。不难想象，诺贝尔和平奖抛弃战争“题材”，选择戈尔和环保组织，是以宣示荣誉的方式暴露了人类的沮丧，以微小的环保成就预示更广范围内的失败和希望。因而，虽然得奖的是美国人，但中国人并未超脱于奖项之外。要知道，诺贝尔和平奖所不幸蕴藉的哀怨涵盖全球工业体系，不仅影响我们、波及我们，甚至部分地由我们制造。

与和平奖的价值观相互应和的是，中国的环保问题犹如逆水行舟，最大的危险是前进的阻力越来越大。国家环保总局副局长潘岳此前撰文认为，目前的环保已将行政推动力用到了极致，再无继续深入的可能；如果指望环保翻越重重险阻，亟须建立制度化和法制化的管道，倚重制度变革供应利于环保的新动力。然而谈何容易！环保风暴接二连三但也越发微弱，挡不住今夏太湖水质变得腐臭，也吹不开滇池、巢湖暴发的蓝藻。

相较于戈尔环保行动的全球化视野，环保官员的私人式忧虑恐怕更值得同情和警惕。如果把环境恶化比作一场旷日持久的战争，后者所代表的中国环保主义者需要战胜更加复杂、实际上更有力量的对手：他们可能是各种级别的官员，可能是各种所有制性质的法人代表，也可能是唯 GDP 是从的政绩观，甚至是 GDP 本身。

我们早就被遗憾地告知，旨在扭转行政考核制度的绿色GDP 评价体系因遭地方政府抗议，不得不弃置。不管从哪个角度看，环保总局都犹如挑战风车的堂·吉诃德，空有战斗的热情，甚至也不缺对战后的规划与理想，但长矛所及无一不被坚固的盾牌反弹开去。尽管在中国，环保的公开反对者几近于无，可问题是环境治理的前途渺茫，环保的红旗能打多久、能飘多高始终是个未知数。

需要说明的是，谁比谁更环保，是否更有资格获奖，当然不是社论的重心所在。正像好事者年年争论中国人能否得诺贝尔文学奖那样，纠缠于奖项或奖金本身是毫无意义的。戈尔和潘岳作为不同政治制度下的环保人士，更应当被看作是鲜明的符号，代表了差别迥异的环保遭遇。非常清楚的是，他们所指代的环境保卫战因对手不同，肯定会遇到不同的战斗，胜败荣辱也大有区分。

诺贝尔和平奖自 2000 年以来，已不限于表彰那些为遏制战争作出贡献的人士，比如金大中、安南、卡特或巴拉迪。至少在诺奖的词典中，和平的反义词不再拘泥于战争，也可能是贫穷或环境污染。假如我们认可这一改变，就应该认真思考：谁是这场威胁环境的战争的策动者？正义之师怎样摆脱阻击？我们是作壁上观，还是加入环保者那边争取最后胜利？诸如此类，诺奖已不能概括。

2007 年 10 月 13 日

事件

中国共产党第十七次全国代表大会于2007年10月15日上午9时在北京人民大会堂开幕，胡锦涛在开幕式上作报告。报告中谈到实现全面建设小康社会奋斗目标的新要求时说，我们必须适应国内外形势的新变化，顺应各族人民过上更好生活的新期待，把握经济社会发展趋势和规律，坚持中国特色社会主义经济建设、政治建设、文化建设、社会建设的基本目标和基本政策构成的基本纲领，在十六大确立的全面建设小康社会目标的基础上对我国发展提出新的更高要求。

观点

执政党难能可贵地意识到，解放思想并非可以一劳永逸，改革开放也绝非已经大功告成。

期待国更富而民亦强
追求再解放与大开放

作为中国的执政党，中国共产党的全国代表大会有足够的重量成为全球时政焦点。总书记在大会上的政治报告，透露出执政党在意识形态上承前启后的意向，更关乎执政党未来5年大政方针的走向，而一再成为解读中国之路的“密码”，格外引人关注。昨日开幕的中共十七大，总书记胡锦涛发言阐述中国特色社会主义理论体系的构建发展，提出全面建设小康社会的新要求，正是可以理解中国进步方向及速度的线索。

中国过去的5年，或许可以用两个关键词来大略概括主流情势：一为“财富涌动”，二为“社会不公”。经济成长上，轻舟已过万重山；社会难题上，雄关漫道真如铁。作为社会变动的见证者，媒体记录有足够丰富的素材，以证明这足够复杂而关键的家国转型阶段已经到来。

对此，执政党的研判——关于“黄金发展期”与“矛盾凸显期”的论述——不可谓不及时，执政党的应对思路——“科学发展观”与“和谐社会”的执政理念——不可谓不清晰。重视民生艰难，关注弱势群体，加大反腐力度，构建法治体系，认同生态文明……一连串连贯的具体施政表现，为执政高层赢得了强劲的民意支持，也为之提供思考未来 5 年治国方略的现实情境。在此次十七大的政治报告中，我们可以看到与此一一扣合的重点表述。我们自然也可期待在未来 5 年：贫富差距越拉越大的趋势受到遏制，社会保障体系的构建收到实效，利益集团垄断的局面得到扭转，反腐倡廉的努力掘进深层，民权更受保障，民生渡过难关……简言之，国更富而民亦强，和谐社会，人人共享。

中国共产党建党至今，经历了以夺取政权为任务的革命阶段、以阶级斗争为纲的政治运动阶段以及以经济建设为中心的改革开放阶段。腥风血雨，疾风骤雨，春风化雨。无论是 86 年的大传承，还是近 30 年的小传承，都正在不断沉淀出中国共产党当今治国执政的丰富遗产。而将这些遗产积极转化为执政能力的过程，亦必定是中国共产党不断顺应潮流、结合实际、展现智慧与勇气创新执政理念的过程。

如今，更多强调科学发展，更多强调社会和谐，更多强调以人为本，更多强调民生民情，这让我们有理由相信，以此理念为系，中国特色的社会主义之路，必定是脚踏实地指向“每个人的自由发展”的道路。马克思在《共产党宣言》里明确声明，他所期待的联合体里，“每个人的自由发展是一切人自由发展的条件”，而不是相反。胡锦涛在此次十七大报告中，正有如下的郑重宣示——“坚持中国特色社会主义道路，就是真正坚持社会主义；坚持中国特色社会主义理论体系，就是真正坚持马克思主义”。这着重反复强调的“真正”二字，表现的当是当下执政党对于社会进步的一重崭新理解。

在这重理解中，执政党难能可贵地意识到，解放思想并非可以一劳永逸，改革开放也绝非已经大功告成。继“6・25”重要讲话之后，胡锦涛在十七大报告中再次系统阐述中国特色社会主义理论体系的内涵与价值，指出“解放思想是发展中国特色社会主义的一大法宝，改革开放是发展中国特色社会主义的强大动力，科学发展、社会和谐是发展中国特色社会主义的基本要求”。科学发展观之落实，社会和谐之促进，全然系于执政党能否再次解放思想，能否扩大改革开放。

两者之所以值得中国共产党的高层领导人以及社会舆论念兹在兹，乃是知晓中国改革转型任务先简后繁，既定利益的突破也先易后难。在已经获得的解放与开放格局中，每再争得一尺，进得一分，都值得格外珍惜。

2007 年 10 月 16 日

事件

2007 年 10 月 12 日，陕西省林业厅对外公布的一组陕西镇坪县城关镇文彩村村民周正龙拍摄的野生华南虎照片，以此证明镇坪县存在野生华南虎。与此同时，网络质疑照片造假的声音却不断升级。有大量网友认为，该照片中的华南虎系一印在纸板上的老虎。面对质疑，周正龙称敢以脑袋打赌，“照片是我用生命换来的”。

观点

虚假新闻之于公共媒体的最大陷阱，并不在于新闻道德偶尔失守之下的媒体失足，而在于作为信息传播载体，媒体被动面对某些显然疑点重重的美丽谎言与空洞话语，却往往习以为常无所作为，甚至愿意为之推波助澜。

华南虎有无可存疑
舆论追问须认真

—

陕西省林业厅本月 12 日召开新闻发布会，宣布了华南虎重现人间的重大消息。如果属实，这将是 24 年来我国首次发现野生华南虎实体。问题是此新闻甫一公布，即有网友对唯一的证据——老虎照片的真伪提出强烈质疑，认为所谓珍稀野生华南虎的照片是造假之作。真可谓平地起波澜。陕西的处境异常尴尬，因为除了照片以外再无其他佐证，这使得其自我辩白缺乏有力凭据。民间研判与官方说辞形成对峙局面，一项原本振奋人心的对濒危物种的发现深陷重重迷雾。

假使能回到质疑产生之前的光景，陕西发现野生华南虎的消息从各个角度支撑起了普遍的乐观情绪。对数十年来遭受搜虎而不得的科考人员来说，它让几乎难以为继的研究获得了继续展开的动力。对当地政府而言，华南虎虽如惊鸿一瞥般重现，但足以为早前就开始的申报国家级动物保护区提供最直接、最有力的证明。华南虎在恶劣的自然境遇中竟然能存活，对举国民众也有意义，不亚于在令人悲观的环保格局下点燃了某种希望。因而，在声称华南虎初现的和谐阶段，它犹如一个幸福的异象，满足了各方的欢喜式表述，直到汹涌的怀疑浪潮将这完美一幕撕裂。

好比过山车一般的体验，“华南虎重现”的新闻迅速经受从褒扬到贬抑的动荡。目前，无论是从学术精神还是技术分析的层面，陕西方面都不能给出圆满的解释。他们无法回答为什么在极短时间内就给出华南虎存在的结论；他们在纷繁的追问下承认，如果是拿纸板老虎作道具拍摄照片，的确无法证实；甚至到现在为止，他们也不能从老虎现身地找到更多证据；动物研究专家则从科考的程序上认定消息的虚弱，但陕西同行照样不能给予反驳。除了一张怎么看怎么可疑的照片，陕西省林业厅等部门无法供应更多的证据，但各种诘问所倚赖的逻辑却愈发强劲。

当然，在没有出现其他确凿指向肯定或者否定的关键性证据之前，各个层面的质疑，便仍然还只是舆论对于信息发布方的不舍追问。通过质疑与追问，能够产生怎样的互动，暂且是一个未知数，也许最终也未必能够等来一个清晰可辨的结果。但耐人寻味与值得欣慰的，恰恰是社会舆论这一点质疑的习惯与追问的偏好。在“纸馅包子假新闻”事件之后，新闻媒体应当对类似情形格外敏感，在新闻媒体与虚假新闻之关系的辩论中，这一情绪与表现，尤其可感。

“华南虎现身”，照片由个人提供，消息由地方政府发布，而经由权威媒体刊登转载，广而告之。在随即汹涌而至的种种质疑中，已经间或夹杂有对媒体的批评——这自然与“纸馅包子假新闻”事件不一样，后者因媒体的主观故意造假而呈现出媒体滥用权力的可能。但其实虚假新闻之于公共媒体的最大陷阱，并不在于新闻道德偶尔失守之下的媒体失足，而在于作为信息传播载体，媒体被动面对某些显然疑点重重的美丽谎言与空洞话语，却往往习以为常无所作为，甚至愿意为之推波助澜。

华南虎究竟是不是只纸老虎，这不仅仅只是一个检验科考专业知识、摄影技术辨析的分析题，同时也是提醒舆论习惯与媒体责任的设问句。无论种种疑问最终是否能够豁然开解，只要媒体在其中给出了必要的追问、提供了及时的讨论、留下了自己的思索，它便不可能是虚假的同谋者，而是真相的探求人。

2007 年 10 月 17 日

事件

2007年10月14日，有媒体报道称，9月份国资委“秘密出炉了早在其计划内的30家‘整体上市’的央企名单，并随即召集了这些企业的高级财务人员，为之进行有关‘整体上市’的系统培训”。此文提及的具体名单中包括中国核工业集团公司、中国航空集团公司、中国五矿集团公司等。10月17日，国务院国资委新闻发言人发布《国资委发言人谈中央企业整体上市工作的有关情况》的书目说明，称国资委从来没有研究过中央企业整体上市的名单和时间安排。

观点

一份名单就此传递出国资委的主导地位，所谓董事会制度不免露出了花瓶本色，所谓市场不过是行政主导的遮羞布。

央企整体上市传闻揭开行政主导之幕

央企整体上市惹人关注的程度，正表明了央企在中国经济与资本市场上一言九鼎的地位。

央企整体上市从投资者追逐的焦点，转变成公共舆论的热点话题，这就迫使国资委不得不一再出面澄清，从国资委企业改革局副局长贾小梁先生表示市场上流传的名单中的内容与国资委掌握的实际情况不符，到国资委新闻发言人作出正式表态，都说明央企整体上市绝非一桩小事。澄清内容各有侧重，贾小梁先生表示市场所披露的整体上市的名单与自己所掌握的不符，而新闻发言人则否认有此名单，表示国资委从来没有研究过中央企业整体上市的名单和时间安排。

在中国改革过大关的关键时刻，任何涉及央企改革的事都不是小事，对于央企整体上市的关注是民众对于中国经济转型的关注。

央企的数量在下降，但对中国经济资源的重要性在加强，做大做强央企的结果是使中国经济安全还是重要利润来源都集于央企一身。央企的数量从 2003 年国资委成立之初的 196 家下降至目前的 155 家，同时央企资产从当时的 8 万亿元到 2007 年年末上升到 13.4 万亿元（人民币，下同），1—7 月，中央企业累积实现销售收入 52291.7 亿元，净利润达到了 5542.4 亿元，而 2007 年中报 1476 家股份公司总共才实现净利润 3253.64 亿元。更不用说央企在资源配置上说一不二的核心作用，中石油、中石化的油源可以决定所有民营油企的生存空间，宝钢等钢铁公司的出口量甚至可以影响国家钢材市场大幅起伏。在这样的情况下，所有关心中国经济改革、所有想在中国市场获利的投资者，不关注央企才是怪事一桩！

央企在中国资本市场上具有扛鼎作用。国资委主任李荣融曾表示，央企改革的突破口是建立规范的董事会，李荣融先生也说过，在 3 年大限内，央企“进不了前三就要被重组”，4 年来，已有 77 家中央企业参与了 41 次重组。如今船到江心，央企重组如火如荼，掀起了资本市场上的无数巨浪，央企上市、回归、注资、私有化等等，已经成为中国资本市场的主要财富分配池与红利池。一个中国远洋优质资产注入就把所有投资者折腾得死去活来。

让我们来看看央企重组的成果。目前，中央企业 80%以上的国有资产集中在军工、能源、交通、重大装备制造、重要矿产资源开发领域，承担着我国几乎全部的原油、天然气和乙烯生产，提供了全部的基础电信服务和大部分增值服务，发电量约占全国的 55%，民航运输总周转量占全国的 82%，水运货物周转量占全国的 89%，汽车产量占全国的 48%，生产的高附加值钢材约占全国的60%，生产的水电设备占全国的70%，火电设备占全国的75%。国资委企业改革局副局长贾小梁先生上个月在出席香港亚洲金融论坛时透露，国资委下阶段的工作重点之一，是加大中央企业重组集成力度，具备条件的要加快整体改制、整体上市步伐。中央企业的调整目标，是到2010年，调整到80—100家。加之央企预算编制成型，与财政部协调紧锣密鼓，我们可以得出明确的结论，央企重组的步伐不是要减慢，而是会加快，央企调动资金的能力不是会缩小，而是会增大。

央企在资本市场上占据了半壁江山，中央国资委代表出资人控股的近200家公司数量仅10%左右，市值却占据了三成左右，如果加上政府控制的金融股，那就占据了大半壁江山。央企改革成功，则中国经济改革成功了一半，央企成为资本市场的定海神针，给投资者带来稳定的红利，遵守资本市场的游戏规则，建立尊重所有投资人的健康的股市文化，中国的资本市场才能健康、稳定地向前推进。

国资委为何要澄清央企整体上市传闻？

一是尘埃未能落定之际整体上市名单流落江湖，将给炒作者继续提供广阔的空间，A股股价急升会带来市场泡沫提早崩溃，这对于打持久战的央企改革不利。整体上市不是闪电战，而是长期的阵地战，因此，建立一个长期看好的资本市场对于央企重组改革才最有利。二是担心无法掌握重组进程，央企的回归私有化等等过程，都牵涉到股价高低等市场行为，如果央企重组未定，而投资者已预先在个股上投资布阵推高股价，将抬高重组成本并引发企业与投资者之间的冲突，对央企利用资本市场实现重组极为不利。并且，对于央企打造的本系统的资本平台也会产生不利影响。三是国资委一直试图以市场化的面目示人，李荣融先生曾经表示，没有规范的董事会，所谓重组也就成了无本之木，一切事宜由规范化了的央企董事会决定。国资委新闻发言人在澄清过程中也强调了这一点。如今，一份名单就此传递出国资委的主导地位，所谓董事会制度不免露出了花瓶本色，所谓市场不过是行政主导的遮羞布。

2007 年 10 月 19 日

事件

从2007年10月15日十七大开幕到19日，十七大新闻中心安排了30多场代表团开放活动，在梅地亚中心先后安排了4场记者招待会、100多场采访活动。到19日，有超过50位省部级领导干部陆续走进梅地亚中心，通过记者招待会或者集体采访的形式，面对面回答了中外记者的提问。解答问题透彻实在，不回避敏感问题，是会议期间境外媒体记者对在十七大上亮相的中国高级领导干部的普遍印象。

观点

纾解民困是永恒的政府责任．它因一次党代会被重点强调，想来也不该因会议的结束而陷入停顿。最理想的境界是，那么多承诺能圆满实现，从而直击社会困扰，拉近民众与政府在民生感知上的时态。否则，不仅耽搁民生问题，反而加重治理与整合的难度。

高官承诺尚需与民生之忧合拍

中共十七大新闻中心近日频邀中央部委负责人接受媒体集体采访。国家发改委副主任朱之鑫、教育部部长周济、卫生部副部长高强、劳动保障部部长田成平、建设部副部长仇保兴、民政部部长李学举、央行行长周小川、信产部副部长娄勤俭等一众高官轮番出席，就一揽子民生话题释疑解惑。此外，在不同场合下，掌管国家政策制定与解释权的高级别官员也不避讳媒体，尽可能善待追问。

从本次党代会的现实情态看，中央高官受邀充任新闻中心的嘉宾接受密集访问，与十七大的流程构成相对应的会议模式。通过这种方式，民意与大会报告形成交集，民生的主要关注点在问答互动中凸显出来。细究之下，新闻报道的民生意向与中央部委负责人的解答还是有区分的。记者发问紧扣具体细微的民众关切，从上学难、看病贵、保障少到房价高涨、通货膨胀、物价上扬等，几乎每个话题都来自国民的日常生活，并日复一日积淀成他们的困境或焦虑。相较之下，中央高官对这些民生难题的阐释，更多表现为基于部门职责的表态，尽管不能即刻化解矛盾，但也于未来作了很多许诺。

应该予以积极评价的是，借助大众传媒展开的这么多官民对话，释放出诸多有价值的政治意味。尤其可感的是，在一些原本敏感的话题上，国家部委负责人不再保持无谓的忌讳，坦承不足乃至于某些危险的端倪。比如，朱之鑫承认经济增长存在由偏快转向过热的势头，实现国家预定的降耗目标很有难度；同时，他也认可贫富差距正在扩大的事实。娄勤俭则不再讳言电信的垄断性特征。而累积在社会保障、医疗改革等其他领域的弊病也得以在中共十七大期间被公开批评。从某种程度上讲，高官们所代表的国家政策评估及修订力量，至少在当前的中国问题意识上不再盲目或盲从。

毋庸讳言，借助中共十七大这个平台所生成的高级官员的表白，其所形成的判断与民间的直观感受尚有分歧，比如在房价调控、通胀程度等方面。但是，在诸如贫富差距等重要原则上，这种分歧不是在扩大而是趋向一致。这将有助于产生明显的动力，促进国家检视现行政策的效果，并在后续的新政中贯彻与民众体验相近的原则立场。当然，这也可能是一个不无缓慢的渐进过程。然而，系列部级官员与舆论的现有对话表明，这一足可乐观的过程确实存在，它也间接证明了民众、政府、媒体三者间持续对话的必要性与可行性。盖因民生所系，媒体要大声疾呼，高官赖以安身立命的行政体系一样需要进取。

当然，碍于现实的政治表达环境，部委高官在展示国家立场上多有谨慎。民众对物价的现状有埋怨，对高昂的房价能否被遏制相当怀疑，对社会能给予的养老等保护缺乏信心……诸如此类，也就是说民生的担忧完全是“现在时”。他们急迫地希望政府尤其是有权在国家层面给予影响的高官给出时间表，解决切己的民生困苦。这种愿望结合了中共十七大创造的和谐理念，在特定的场合下尤为强烈。而与此形成落差的是，出台政策措施需要充分完备的条件，所有这些高级官员都无法现场兑现，也无法给民众开列一张准确的时间表。他们在陈述工作绩效时显露的是“过去时”，而在有节制地透露政策导向时又是“将来时”。两方时态不对、心态不顺，却也是事实。

纾解民困是永恒的政府责任，它因一次党代会被重点强调，想来也不该因会议的结束而陷入停顿。民众已经明了，众多国家部委的“掌门人”面对殷勤探问，能回答的就回答，不能回答的已承诺制定相应的政策，或强化必要的调控，许下了逐一克服民生困境的诺言。最理想的境界是，那么多承诺能圆满实现，从而直击社会困扰，拉近民众与政府在民生感知上的时态。否则，不仅耽搁民生问题，反而加重治理与整合的难度。由此可见，高官列席记者会不仅宣示了开明，其实也领受了使命，而民生之路遥遥以待。

2007年10月20日

事件

2007 年 10 月 24 日 18 时 05 分，搭载着我国首颗探月卫星嫦娥一号的长征三号甲运载火箭在西昌卫星发射中心三号塔架点火发射。18 时 29 分，嫦娥一号卫星准确入轨，此次发射圆满成功。卫星的太阳帆板展开正常，定向天线已展开到位。

观点

中国人应该用同样的语气和胸怀，坦荡地讲出同样的话，嫦娥一号，它属于我们所有人，属于中国更属于世界，它是我们未来的希望。

嫦娥一号，是中国的更是世界的

嫦娥一号卫星准确入轨，发射圆满成功。昨天傍晚，无数中国人守在电视机前，跟着主持人一起倒数，听着解说者一遍一遍地汇报情况正常——人们共同经历了这激动的一刻。

人们因为不同的原因而激动。有人为其成败的悬念屏住呼吸；有人为巨型工程的完成感到喜悦；有人为技术的精密完美而赞叹；有人在宣传的引导下感觉到这是民族复兴的仪式，他们真的觉得骄傲自豪；有人看到屏幕上的小小的蓝色地球想到了人类的卑微和伟大；有人想到了太空争夺、国际政治……嫦娥一号发射升空，是一件国民大事，它本来包含丰富的解读维度，但是在国民的阅读惯性中，在媒体的宣传语境里，民族复兴的象征意味，习惯性地压倒了一切。

虽然在央视直播中接受采访的专家澄清说，选择如今的发射日期是有科学依据的，但是相当多的意见仍然顽固地将这颗卫星畅想成为十七大献礼。这种顽固的“误读”是历史培养出来的：国内科学家在15年前就提出过奔月的想法，其目的是为1997年香港回归献礼；4年前，党的十六届三中全会结束的第二天，神舟五号遨游太空，杨利伟瞬间成为民族英雄。现在，在十七大闭幕之后第三天嫦娥飞天，众论国是的余音未了，这难免让一些人产生丰富联想：古老的传说在崭新的时代成为现实，这不正是民族复兴的印证？

嫦娥一号无疑是中国航天科技史上的里程碑事件，而航天科技总是与国家实力、民族进步这些更为宏大的命题联系在一起，依照这个逻辑链条，成功发射探月卫星确实值得这个国家和这个民族感到振奋。在中国，航天计划作为国家项目，航天技术是高度保密的国家机密，而航天项目的工作团队，一直被崇高的国家荣誉感激励；然后，卫星发射总是被国家媒体重点宣传，因此，不论嫦娥一号在什么时间发射，她始终会被想象为是一个政治事件，在民众心中刻下明晰的政治教诲，从而产生深远的政治影响。

在这个以民族国家为基本政治单位的地球上，这种读解有其合理性，但是我们也不能停留于对航天项目的仪式化和国家化的简单读解。

冷战结束之后，航天技术的发展已经不再具有强烈的敌意竞争意味，它既不必然代表一个国家的军事实力，更没有抢占太空主权的好莱坞式动机。世界和平发展的几十年中，人类的整体感日益增强，航天技术是地球向外探寻的尝试，它本来就具有超越民族和国界的特征，人们对航天试验的关注，也早就已经超越了国界。美国阿波罗登月计划，不但带动了科技、经济、军事等的发展，还衍生出了3000多种技术成果，可应用在生产、生活的各个方面；不论是来自水星的消息，还是探测到火星有水，都是全人类共享的信息；不论是挑战者还是哥伦比亚号，它们的失事都成为全人类的悲伤——在那些时刻，我们中国人和世界各国的人们一样，感觉到人类作为一个整体的勇气和智慧、骄傲和谦卑。现在，我们自己的嫦娥奔月，突破性地探测月球表面的氦含量，当这重要的时刻到来的时候，嫦娥同样是世界的，我们也是人类的一分子。

其实，即使是在冷战时期，登月宇航员阿姆斯特朗也没有提起美利坚民族的骄傲，他说的话广为人知："这是个人的一小步，人类的一大步。"而当今欧盟探月计划负责人则说："研究月球能更好地了解人类自己，月球是我们学习如何在地球外共同生活、和平共处的地方，是全人类共同的财产，它属于我们所有人，也是我们未来的希望。"今天，中国人应该用同样的语气和胸怀，坦荡地讲出同样的话，嫦娥一号，它属于我们所有人，属于中国更属于世界，它是我们未来的希望。

2007 年 10 月 25 日

事件

2007年10月，媒体披露，中国最大的通信设备制造商深圳华为技术有限公司启动自成立以来最大规模的人力资源调整计划，所有工作满8年的员工须提交辞职申请再竞争上岗。所有自愿离职员工将获得相应补偿，工作10年的大约可以拿到20万元的补偿金。消息人士透露，本次调整可能涉及7000人，华为可能付出超10亿元补偿金。

观点

倘若华为的“规避法律”之举能够为那些视法律为无物的市场主体在“有技术地守法”上带来示范效应，我们反倒可以视之为法治的福音。相对“规避法律”的行为，我们还应反思的是，为什么我们的立法给诸如华为这样的资本强权提供了如此宽松的规避空间？

规避法律的前提是尊重法律的存在

自“华为7000人辞职事件”被媒体披露以来，短短的几天时间，华为在公众舆论的视野里已经从一个高新民企标杆迅速蜕变为一个规避法律的企业范本。不少评论对“华为事件”颇多道德谴责。但即便批评者，也不否认华为所为的合法性。

媒体在解读“华为事件”上的第一立场，自然是提醒劳动者对自身权益的关注，并警惕资本强权利用其强势法律资源以专业手段合法伤害劳动者权益。但如果我们能够站在劳资关系的平衡上，充分考虑到《劳动合同法》施行之后可能受到的种种阻力，我们理应跳出“华为”看“华为”——如果“7000

人辞职事件”确可视为“规避法律”之举，那么至少说明在华为的眼里还有法律。他们看到了《劳动合同法》已在前面亮起了红灯，所以他们选择了从降低人力成本出发去寻求与员工的妥协。“自愿辞职”、“竞争上岗”，“10 亿补偿金”等等，已充分显示出华为的谨慎与专业。而现有的报道几乎都证实，华为开出的解除劳动合同的条件远远高于《劳动合同法》规定的标准，这对于华为人而言具有极大的诱惑力。作为旁观者，替华为人抱不平，能做的也只是提醒这些“自愿请辞”的员工注意长远的后果——但有多少证据显示，这些员工没有为他们自己的将来考虑呢?

也许人们更多的担心是“华为事件”可能对资本强权产生某种不良的示范效应。而《劳动法》的执行现状告诉我们，查处“违反法律者”以及为那些在资本赤裸裸的违法之下备受侵害的劳动者提供有效的救济管道，比对“规避法律者”的警惕显得更为迫切，也更值得关注。倘若华为的“规避法律”之举能够为那些视法律为无物的市场主体在“有技术地守法”上带来示范效应，我们反倒可以视之为法治的福音。然而，这样的示范效应并不可期待，法律的有效施行必须依赖于对违法者无例外地惩处机制。目前，劳动违法较少甚至很少被查处，作为弱势的劳动者一方也没有更多便捷而有效的救济管道，更没有更多的维权意识和法律支持，作为执法者的劳动监察部门，当然的选择就应该是把主要的精力放在查处违法，并保障法律的正确有序施行上。而对“规避法律者”的“警惕”理应放在劳动执法职能中较次要的位置。

相对“规避法律”的行为，我们还应反思的是，为什么我们的立法给诸如华为这样的资本强权提供了如此宽松的规避空间?

与现行的《劳动法》相比，无疑，《劳动合同法》更有利于劳动者的权益保护，而加大了用人单位的义务。例如，现行

《劳动法》要求劳资双方必须达成合意之后，才“应当订立无固定期限劳动合同”。而《劳动合同法》将“合意”的前提，改为了只要符合“劳动者在该用人单位连续工作满十年”等三种条件中任意一条，且劳动者愿意续订的，用人单位就“应当订立无固定期限劳动合同”。

立法机关理应在《劳动合同法》提交审议、表决时，就充分考虑到新法对用人单位可能带来的冲击。然而令人难以理解的是，《劳动合同法》系今年6月29日通过，却又被人为安排在明年1月1日起施行。长达半年之久的过渡期为用人单位的“规避法律”提供了足够的时间，现仍生效的《劳动法》又为用人单位“规避法律”提供了足够的空间。作为市场主体的企业，在这段过渡期内并无法律义务依尚未施行的《劳动合同法》来处理与劳动者之间的劳动关系。我们甚至可以这样理解，《劳动合同法》在实施时间的规定上本就给了企业依现行法为据予以法律调整的强烈暗示。如若不然，在立法审议阶段就已公布了草案文本的《劳动合同法》，完全可以“从本法公开之日起正式施行”。

而与资本的强权相比，员工的弱势，尤其是在法律专业支持上不均衡，将是在《劳动合同法》施行之后仍会继续存在的现实。即便是“无固定期限劳动合同”也并非就象征着“铁饭碗”。合同的内容将在很大程度上决定劳动者的权益多寡。即便没有“华为7000人辞职事件”，我们也应鼓励工会等维权组织为劳动者提供更多的免费而高质的法律扶助，并呼吁政府部门加强对劳动者权益保护的宣传，提升劳动者的谈判能力。相对于那些敢于违法的企业来说，我们还亟须保障劳动者在遭遇不法侵害之后的救济管道畅通。这些超越“华为事件”之上的老问题还将继续考验劳动法律体系。

2007年11月3日

事件

新《劳动合同法》实施在即，深圳华为、沃尔玛等企业出现大规模“裁撤”员工事件引起广泛关注。2007 年 11 月 3 日，广东省劳动和社会保障厅劳动关系处处长林景青表示，“无固定期限劳动合同”并不意味着“永久员工”，更不是“铁饭碗”。

观点

新《劳动合同法》以政府立法改善劳工境遇的良愿开端，极可能遭遇组织化程度甚高的企业规避。自此之后，劳工固然可依凭更进步的法律诉诸法院，争取权益，但如果此路可期，也必定今非而昨是了。

喧哗只为劳工弱势
权利不会苦等自来

新《劳动合同法》实施在即，广泛的社会影响业已形成。华为 7000 人辞职事件、沃尔玛中国裁员风波，以及诸多被解读为企业反击新《劳动合同法》的大小事件，在近期频频见诸各地报章。尽管所涉企业无不极力否认这种规避法律的机会主义行径，但舆论坚持认为企业包藏异心，挟其资本强势，以策略手段陷员工于不义。这些企业的举动虽然合法，却跌落无形的舆情泥淖，合法不合情（此处当为国情之情），是华为辞职事件引发震荡之所在。

华为的 7000 老职员，在新法护航即将成为终身员工的前夜，以先辞职再竞聘的原则，辅以 10 亿元补偿金赎买工龄，使得企业卸下加重的人事包袱。这是资方强权对法律义务的投机逃避，这种逃避使劳动者可得的法律福利濒于流失。当前公民权利现状已是有名无实，企业无所承担，自然更令人加倍愤懑。不过，是华为而非其他“行胜于言”的企业，成为新法调整的瞩目范本，除了“华为”二字吸引眼球，是否也因沉闷苦恼的劳工情绪，只在这些近似资本标签的企业面前，才显出特别的敏感和激动？

事实上，舆论对华为 7000 人辞职事件的评论，一直未能将那些所谓自愿辞职又竞争上岗的当事员工请到前台，更广大的劳工民众，只是以同气相求的身份置换，为他们假想了必定的无奈和徒劳的抗争——如果他们还爱惜饭碗的话。而事实上已有人提醒，华为耗资巨大的 7000 人辞职再竞岗，未始不是企业内部劳资妥协的结果。如果单指华为在新法实施前的作为失之厚道，而并不询问当事者的意见，似乎总归有些代人受急的无趣和越俎代庖的尴尬。

但这种普遍的社会不适，密集的公共评说，显然并非指向华为一家。华为只是当今强悍硬扎的资本代表，在劳工群体持续弱势的当下，它所外化的符号意义，无可选择地要加上资本强权的象征含义。这不因温情脉脉的内部文化而稀释，相反，却要为更广泛的劳资交恶境况承担代价。因此，舆论付诸华为的忧心和评说，几乎就是弱势劳方对资本强权的天然警惕，也几乎就是中国现状的群体情绪投射。

如此说来，于困境中的劳工现况，新《劳动合同法》如同劳工福音，而势必为企业所难容。一个事实是，在草案公布之初，即有欧美企业认为新《劳动合同法》过于苛刻，可能迫使外资撤出中国。更详尽的专家分析，则历数新法的种种刁难，竟倒置企业于十分不利的境地，而任若劳工恃法无忌，同样影响社会发展。这些基于立法的检讨，清晰表达出如此意象——政府为了改善劳工的弱势处境，通过了这部向劳工利益一边倒的《劳动合同法》。

事情果然如此？就当下情形论，所谓矫枉必须过正的社会纠偏术，未尝不是政府生出的急智。但这种单靠政府立法输出的公平与正义，未必能够如愿抵达现实彼岸。国内劳工价格上低廉，权利上弱势，一个显见的改善方案，即是令劳工可以自由组成工会，从而获得与资方的议价能力。如果劳工依然分散独处，司法救济依然低效不彰，政府只是以新的《劳动合同法》替代旧的《劳动法》，好比政府说要有光，光真的会自动到来么？如果权利只是从纸面走向纸面，如果议价的权利只允许被代理，而不允许亲力亲为，则劳工的弱势终难改善。华为辞职事件的灰色寓意在此，沃尔玛裁员的舆情紧张亦在此。

因此，在劳工、企业、政府的三方关系中，事实上的资本强权和政府威权，共同左右了原子化存在的劳工命运。新《劳动合同法》以政府立法改善劳工境遇的良愿开端，极可能遭遇组织化程度甚高的企业规避。自此之后，劳工固然可依凭更进步的法律诉诸法院，争取权益，但如果此路可期，也必定今非而昨是了。新《劳动合同法》实施前的诸多风波，无不是劳工民众自忧弱势而起的喧哗，意不在纠缠是非，刁难企业，却暗示和印证了某种群体性的警觉和紧张。不过，就劳工弱势的改善而论，终究还是要回到那些探讨已久的老话题上来。

2007 年 11 月 6 日

事件

2007年11月8日，中国记协成立70周年纪念日大会在北京召开，这一天，同时也是第8个记者节。1937年11月8日，由范长江、夏衍等一批优秀的革命新闻工作者在上海组成了“中国青年新闻记者协会”，是中国记协的前身。

观点

人会被光荣感召，也会被利益诱使．只是在一个普遍腐败的社会里，一个记者更容易背叛他的职业、玷污这个职业的荣誉。

记者：请保持观察者的独立和记录者的坚贞

11月8日，中国记者节。一年一度这是一个机会，新闻工作者反观自身：我们的处境、我们的作为、我们的初衷、我们的期待。

已近年尾的2007年，对中国新闻工作者来说，依然可以盘点出那些追寻真相的冲动与成绩——九江大桥断桥事件、凤凰石桥塌垮事件、山西黑砖窑奴工事件……但是，我们也看到，这些新闻调查的进展，停在了半路。舆论监督的权利，遭遇遮蔽真相的权力，依然脆弱。

已近年尾的2007年，对中国新闻工作者来说，还有一些让人沮丧的坏消息，这些坏消息来自我们的同行。

兰成长在山西被煤老板打死，但是被害者本人涉嫌敲诈。这是多重的悲剧，令人羞愤交加。煤老板的黑社会化倾向固然可耻可怖，大量真假记者在矿区的受贿、敲诈行为也着实没什么光彩。严厉一点去反省，记者利用自己手中的软权力换取私利，这在行业内并不罕见。舆论监督的权利尚未独立且不完整，舆论监督者便已经开始寻租——或许新闻人与其他社会人没有本质的区别，人会被光荣感召，也会被利益诱使，只是在一个普遍腐败的社会里，一个记者更容易背叛他的职业、玷污这个职业的荣誉。

北京电视台上演“纸包子”假新闻，这是令人费解的闹剧，让人恨其愚蠢、怒其不争。有关“纸包子”假新闻的新闻，最初比“纸包子”更让人感到难以置信。但是仔细追究这怪事成因，我们看到电视台内部企业化的雇用制度和竞争规则，看到机构利益主导之下新闻工作的偏离和扭曲，为拼收视率、为内部竞争、为职业前途、为眼前利益，在现实规逼之下，假新闻炮制出炉顺理成章不足为奇——或许理想、使命和光荣，并不是这个行业的全部内容，媒体本身就有企业逐利的一面，那些为广告客户撰写的软文，那些在利益诱惑之下放弃的负面报道，也是当下中国新闻媒体的真实。

某地方报纸做了一个崭新的“假版面”申报中国新闻奖。这是令人啼笑皆非的喜剧，这超凡的想象力背后，有追逐利益的动机，但更多的是一个缺乏专业精神的新闻机构的虚荣和轻佻。它对自己没有尊重、对自己所在的体系也没有尊重，这个笑话不过是一个不尊重专业的体系对自己的报复。然而这一类型的新闻机构，也是中国新闻行业的真实的一部分。

已近年尾的 2007 年，新闻媒体和新闻人自己爆出了几则颇为轰动的负面新闻，这让整个行业倍感耻辱。然而，这些耻辱的故事泄露了久已存在的行业现实，被寄予厚望的“社会良心”面临祛魅——神话破灭，回归真相，这并不全然是一件坏事。

中国新闻行业的真相是什么？新闻媒体是中国社会现实的

一部分，而不是它的例外。在这个庞大结构中，新闻媒体的位置非常尴尬，它在权力面前是弱者，它在资本面前不是强者；它在公众面前难免逞强的承诺，但它明知独立完整的舆论监督是不可能的任务。在这个混杂失信的环境里，新闻媒体的性格具有两面性，时而以理想主义自我鼓励，时而以现实主义自圆其说；有些人为理想和光荣、真相和正义而战斗，有些人为小权力小利益而谋职混饭。

体制的约束和社会恶势力的阻挠在事实上妨碍记者探寻真相，但是这不过是外部的障碍、是改变新闻人行动的力量。然而，体制结构决定行业的尴尬位置和软弱性格，社会潜规则扭曲从业者的职业初衷和价值取向，这便从内部改变了新闻行业的主体意志、新闻人的主观意愿。可怕的从来都不是外部的阻挠，真正令人感到不安的是这样一种危险：新闻行业也许被它的监督对象所同化，至少存在着被同化的压力；而新闻人也常常要面对孤立的压力、失望的打击、利益的诱惑，如果没有坚定的内心力量，新闻人也许就会放弃职业理想，滥用职务权力。

在令记者感到羞耻的今年，我们认识到自己的处境比想象的更加艰难；在记者必须重温初衷重拾理想的今天，我们明白自己必须比自己所能够的还要坚定。2007年记者节，我们希望能够祛魅之后再复魅，在内外交困的压抑中，我们格外需要这样的信念：有一群人不可能放弃理想，有一群人永远对真相忠诚，有一群人奔走淹没在人海当中但是保持观察者的独立、记录者的坚贞，这群人，他们是真正的记者。

2007年11月8日

事件

2007 年 11 月 1 日，《南方都市报》发表独家调查，披露深圳罗湖区银湖别墅区内一些豪华别墅的业主屡屡违建，改建扩建和重建豪华别墅，并且存在业主身份“非富即贵”、基层执法面临诸多困难难以根治的问题。11 月 6 日、8 日，深圳市市长许宗衡两次公开表态，要求坚决严肃果断予以处理，并指示相关执法部门，清理豪华违建不要怕得罪人。

观点

在清理没有任何后台可以倚靠的贫民违建上，政府无疑是讲究效率，也是富有力量的。稍加对比就能发现，深圳在平民违建与权贵违建的处置上，无论执法能力还是执法效率，都表现出极不平衡的大落差。

处置权贵违建，政府岂能弱势

深圳银湖别墅区违规改扩建持续数年不休，查处违建的执法队有心无力。非富即贵的业主威权衬以节节溃败的政府作为，尤显刺目。深圳市市长许宗衡就此公开表态，要求严处别墅群的豪华违建。然而就在前日的最新一次行动中，40 多人的执法队伍仍旧碌碌无为。他们刚刚离开，违建别墅随即施工。那些身份神秘的权贵业主隐身幕后，不仅漠视基层拆违人员的存在，同样也轻视许宗衡市长的警告。

从某种意义上说，深圳市政府遇到了一群特殊的违建“钉子户”。颇有意味的是，与行政执法相对峙的一方没有姓名、没有身份，甚至连代理人都没有出现。违法事实毫不掩饰，而坐拥数千万元违建的当事人却傲慢地走开。政府的尴尬因此铸成，也成全了坊间的种种合理化猜测。人们最想知道违建别墅的主人身份，想知道他们的权力究竟大到什么地步，或者，他们的财富又庞大到何种程度，以至于可以兀自把玩私人的建筑格调，蔑视法规尊严，丝毫不忌惮政府意志。当然，现如今他们的身份之谜处在被探究与解密中，某些违建别墅的主人被透露官至厅级甚至更高，这些传言无法证实也无法轻易证伪，却为深圳这场拆违较量提供了合乎现实逻辑的注脚。

原本以为市长一声断喝，别墅违建即作鸟兽散，该拆的拆、该降的降。然而极具挑衅态势的是，违建依旧顽固，它们的所有者一如既往地不予理会。如此一来，受伤者众。一向在违建中落入下风的社会民众忍受不了，神秘的违建主人依恃强权，连政府也为之折腰，这肯定会让屡尝挫败经验的民众甚觉愤懑。由区及街道办组成的拆违队伍也脸上无光，别墅违建拥有的强大效能是盾牌不能阻止的，各种整治违建的法规因而受到奚落，法律陷入无可名状的卑微境地。此外，人们也难免质疑，这些别墅的主人们为何如此嚣张？他们是用什么手段迫使行政系统服从？长达数年的执法困局有无牵涉腐败交易？诸如此类的疑问必定让人久久挥之不去。

进一步讲，对于执法之败要有更紧要的追问，公平执法与政府公正顿成焦点。此前也在深圳，某区违建清除分队采用粗暴手段，将数千平方米养猪户的棚屋推倒。尽管这些养猪户的聚居属于非法，本次清拆行动的具体做法和后果仍引发了一场浩大的舆论声讨。在清理没有任何后台可以倚靠的贫民违建上，政府无疑是讲究效率，也是富有力量的。稍加对比就能发现，深圳在平民违建与权贵违建的处置上，无论执法能力还是执法效率，都表现出极不平衡的大落差。违建本无富贵之别，却因产权所有者的地位悬殊和权力差异，硬生生被割裂成两种相反的命运。这种格局即便与艰难的执法环境有关，但执法部门而非违建本身更应受到拷问，乃至于承担责备。

无疑，在“清剿”银湖别墅群的违建上，深圳亟需一场胜利。从资料看，深圳清查 4 年竟然对违建的主人一无所知，即便在最频密的违建过程中，传说中的权贵名单仍然堪比国家机密。这样的情势很不正常，不能仅仅去指责权贵们的强势，更应该去检视执法的“弱势”及“弱势”的缘由。若要取得这场拆违的胜利以澄清或证明政府立场，当从彻查别墅违建的真实持有者为始。只有如此坦率且真诚的作为，才能宣示有关部门并没有遭受权贵违建的腐蚀造成“权力违建”。

除了业主身份，银湖别墅区的违建背后还有没有其他秘密？政府纠察始于此，也不能仅限于此，必有义务解开那些自我设定、自以为是的神秘感。许宗衡市长虽以严词宣告了地方首脑的决心，不过反违建行动仍受挫折。从相应阵营的动静看，对峙仍在继续且不能令人乐观，深圳还须用实际绩效展示必胜信心，回报舆论期待。

2007 年 11 月 9 日

事件

在深圳市市长许宗衡两次强硬表态后，11月11日，深圳银湖别墅区内涉及改扩建的别墅全被停止施工，施工用的脚手架和外墙挡板也均被拆除，一些施工设施和建材陆续被移除。据了解，银湖别墅区改扩建的别墅均有房产证。

观点

假设全体国民或深圳市民的产权都应受到同等保护以及相同的法律约束，那么，银湖别墅区的违建凌驾于城市规划之上，视规划为无物，不恰恰是破坏了产权面前人人平等吗？

治权贵违建：反的是身份特权而非产权

数年经验证明，单凭区级政府，无力除掉深圳银湖别墅区的权贵违建。继6日表达强硬立场后，深圳市市长许宗衡前日二次表态，重申严处权贵违建。当然，民众希望许宗衡市长的许诺确有力量，能对整个事态的演变起到积极作用。不过，民众再怎么乐观大概还不至于幼稚。考虑到别墅区违建持续数年的强势状态，参照权贵始终发挥巨大影响的国情，别墅区豪华违建目前虽已停工，但未来走势并不是很明朗。

必须承认，猜测权贵违建的主人身份绝非好事者的八卦嗜好。新闻有不得不止步的地方。公开报道并不能揭示别墅区违建的全部面貌。民众则依据对现实政治的感知，在残缺的信息基础上“拼装”出合理预设。深圳当局应抱愧的是，神秘的违建所有者至今逃避在公众视线之外。他们倚赖着非同一般的身份，直接削弱反违建的政府行为，以嘲弄法律的戏谑方式宣示自身的优势地位。说到底，由本报掀起的新一轮反权贵违建报道，反对的不是别墅产权，而是违建别墅背后的身份特权。

违建本身不该有贫富差异，任何法律都没有授予权贵违建豁免权。但让人不忿的是，平民违建和权贵违建在城市中惨被“割裂”，依照对财富或权力的不平衡占有而落入不公正之途。正是从这一层意义上讲，深圳在清拆别墅区违建上亟需一场胜利。要强调的是，这场胜利绝非通过倾轧或剥夺合法产权而获得，而是要廓清在深圳违建的统一底线，斩断纠缠在权贵违建幕后的执法羁绊。以同一准绳框定违建，以公正之名整肃违建。不过，由于所有者非正义的特殊性，别墅的私有产权延伸出扩张之恶、侵略之恶。这是深圳整治权贵违建连遭挫折、胜利悬而未定的根源。

《物权法》自上月实施后，为个人产权作了清晰界定，明确了所有者的占有、处置等权利。在遵守必要约束的前提下，银湖别墅的主人的确拥有产权赋予的许多行动自由，甚至包括改扩建在内（参见本报今日 A23 版专栏文章《别墅改建权利应被尊重》）。但是，产权的处置自由不是绝对自由，更不包括随意违建的自由。它的合法边界不随产权人的意愿恣意蔓延，而受到诸如城市规划等法律的限制。银湖别墅群旷日持久的违建，在事实上超越了产权的合法、合理限度，寻求的是法外产权的无限自由。如此，若把清拆权贵违建理解为对私人产权的挤压，未免失之偏颇。更何况，假设全体国民或深圳市民的产权都应受到同等保护以及相同的法律约束，那么，银湖别墅区的违建凌驾于城市规划之上，视规划为无物，不恰恰是破坏了产权面前人人平等吗？

颇具反讽意味的是，银湖别墅区的权贵违建并不准备援引《物权法》为自己辩护。从这部法颁布之前直到现在，豪华违建的所有者采取简洁而有力的抗争，亦即利用权力或财富的影响力，为公然的违建制造暗地里的支持，为重塑建筑格调或别墅不当增值寻求庇护。对他们来说，从来不存在丧失产权的忧虑。在由社会身份串联起来的权贵们看来，别墅违建与法律无关，只与他们的私人审美有关；他们能够解除法规掣肘，自信能搞定一切。譬如，可以动用关系为楼龄 10 年甚至更短的别墅拿到危房证明，或威胁让执法人员丢掉工作来抵抗执法……诸多手段早已越过产权自卫的正当范围。

在既定的社会生态和政治环境中，若想透彻地还原权贵违建背后的利益真相，曝光它们的主人或代理人，恐怕近于一项不可能完成的任务。能确定的是，银湖别墅违建已让深圳蒙羞，并耗用了大量公共行政资源。在由市长出面弹压的情势下，深圳权贵违建无度的状况或有好转。但如何收拾眼下的违建残局依旧考验政府，并继续衡量公平执法的能力与程度。显然，民众将被迫分担权贵违建的公共成本。这是别墅产权失掉管束所带来的恶果，它们粗暴地侵害了公共利益。有必要保持警惕的是，维持银湖别墅区违建的身份特权不可能骤然消失，它们会隐蔽起来，寄生在监管薄弱或失效的地方。于是，深圳的权贵违建作为一个典型，既指代历史，也凸显现实，影射未来。

2007 年 11 月 10 日

事件

国 2007 年 11 月 9 日，国家发改委在其官方网站以“国家法定节假日调整研究小组”名义刊登国家法定节假日调整方案，对国家法定节假日时间安排进行调整，其中，五一国际劳动节由三天调整为一天，减少两天。据调查显示，47.73%的网友反对取消“五一”黄金周，理由多集中于“少了回家探亲和长时间段旅游的机会”。

观点

黄金周的出台，原本就少有共识，不过是当年政府闭门决策的成果，如今修正决策，重新付诸讨论，众声喧哗一阵，仍是各说各话、毫无共识。

黄金周进退：
民意反复只为寻求表达

国家法定节假日调整方案日前公布，实行 7 年之久的黄金周意外生变。所谓意外，是指随着黄金周在交通、环境、服务等诸方面的周期性失常，取消黄金周以改善井喷式消费模式的吁请，近年从民间到政界一直不休不止。但依循旧例，期望常常高开低走，以至于此次调整的快速出台，不免令人感到意外。而就在新方案取消“五一”黄金周之际，网络与报章舆论又齐齐质疑取消“五一”黄金周，舆论无常反复，也成了意外的例证。

究竟如何评价新的节假日调整方案？客观来看，新方案至少有三方面改进值得关注。其一，法定节假日总量由 10 天增加到 11 天，进一步扩充了民众的休息权利；其二，法定假日向以政治性节日优先，此次调整确立了清明、端午、中秋三大传统节日的法定地位，除夕放假亦顺势调整，国家治理更加尊重和回归传统文化价值；其三，黄金周制度虽未彻底终结，但取消“五一”黄金周，令国家节假日安排的唯黄金至上、唯经济至上的倾向得到遏制，社会节假日的多元价值得到尊重和体现。以上三方面，与国务院新近征求意见的《职工带薪年休假规定（草案）》一起，势必使国内的节假日体系焕然一新。

然而，这份进步的调整方案，舆论境遇并不景气。有网络调查表明，反对取消“五一”黄金周的人，甚至超过了赞成人数，民意反应一时扑朔迷离。而对正在进行的官方问卷调查，有人指出，调查规避“取消‘五一’黄金周是否合理”这一问题，使反对意见得不到反映。而各种各样的修正方案，流散于网络论坛，人见人殊，纷争四起，节假日调整方案陷入毫无共识的局面。

一方面，一项牵涉全民福利的节假日调整方案，出现不同的声音原本非常正常，各种意见纷扰云集，也无须大惊小怪。但作为一项公共政策的修订过程，有没有稳妥公开的程序，来接纳和回应这些不同意见，这是今日局面下的重要内容。据官方介绍，此次调整，相关部门开展专题研究、召开多次座谈，并通过网站进行了广泛调查。

但另一方面，媒体发布的，却是相关负责人的这类言语，“方案预计不会再有大的变动”，“不出意外的话，明年‘五一’长假将被取消”，“取消黄金周有百利而无一害，对新草案我想不出什么反对的理由”。这种熟悉的政策暗示，使再踊跃的民意也自觉冷落无趣，尊重民意很可能是又一回有名无实的公开讨论秀，而结果却是明摆着的既成事实。

这种公共生活的观感当然令人不悦。尽管它有时送来莫名其妙的政令，有时也送来皆大欢喜的假期，但民众总归只能体验意外——意外的惊喜与意外的沮丧一样不可预期，难以把握。因此，新方案的质疑声，若非直接的利益受损者应声反对，便可能是民意不受尊重的情绪发挥。当然，如今方案还在草案阶段，名义上的各抒己见仍为时未晚。

事实上，缺乏讨论、鲜有沟通的政策制定过程，正是今天纷争局面的制造者。黄金周的出台，原本就少有共识，不过是当年政府闭门决策的成果，如今修正决策，重新付诸讨论，众声喧哗一阵，仍是各说各话、毫无共识。何因何果，不言而喻，不公开、不辩论、无共识，其实仍是我们公共生活的大问题。即便是专家，也多半没有耐心向公众解释清楚，心里所想所念，还是政府的那点眼色。因此，专家们若为今日的民间反应困扰，其实还自有缘由。

新方案的反对声，当然还有更现实的来由。一方面，国内带薪休假立法多年，实施细则迟迟未出，而“五一”黄金周取消在即，目前来看却是毫不含糊，这种不明就里的心理落差，未始不是真实的心态。另一方面，当前企业用工极不规范，员工权利鲜有保障，一些地方连基本的劳动与休息权利也无法落实，更遑论带薪年休假的早日到来。如果仔细甄别这些民间的喧哗，有多少是看透现实的无可奈何，又有多少是毫不相干的牢骚愤懑，还有多少恍如隔世的政策体验？

单说节假日调整方案中黄金周的去留，可谓进亦忧，退亦忧。舆论的反复，看似无常，实则有道。“五一”黄金周的取消，需要公共政策的充分探讨，需要真心诚意的尊重民意，需要反对声音的充分表达，需要带薪休假制度的效应补充，更需要休假权利的切实保障，以此达成合理、成熟的公民休假制度安排方有可能。

2007 年 11 月 11 日

事件

2007年11月13日，《南方都市报》率先报道深圳多个银行ATM机出现取钱困难情况。多家商业银行证实，这是人民银行深圳市中心支行的要求，对现金取款设定额度，个人客户每人每天不得超3万元；部分银行ATM机晚9点至次日早7点停止提现。银行建议市民进行大宗消费的时候多考虑刷卡或转账。11月18日，国务院总理温家宝在新加坡访问期间被香港记者问到这一情况，他说有必要采取一定手段打击地下钱庄等非法行为，但是并不赞成深圳银行限额取款的做法。11月21日，深圳人行称，深圳市各商业银行已认真落实温家宝总理的指示，取消限制提现，但大额非正常提现活动仍属于控制的范围。

观点

不论从法律、从消费者的便捷等各方面来看，给取现设禁都于法不合、于理不通，以一纸解释更改与所有储户的契约，这是无视商业契约规则的行为。

过度投放祸及储户权益
取现设限践踏商业契约

货币紧缩在某些城市以极端方式出现。最近两天，深圳市多个片区内标着24小时自助服务的各个商业银行ATM机，开始出现取不到钱的情况。据本报记者了解，包括中国银行、工商银行、建设银行、农业银行和招商银行、交通银行等多家深圳银行的工作人员证实，他们日前接到有关部门通知，对同一账户的取款限额作出规定，个人客户每人每天累计现金提取额不得超过3万元。此外，有部分商业银行还表示，其银行的

ATM 机每晚 9 点至次日早 7 点期间停止提现业务。多家银行相关负责人均表示这是人民银行深圳市中心支行的规定，他们只是严格遵照执行，如果要了解详细情况就要找央行。

这是让储户为信贷与货币过度投放埋单，是用自行的规定剥夺储户权利的行为。

之所以这么做，在深圳市现金管理部门就加强现金管理问题答记者问中有清楚的陈述。理由一，深圳现金净投放量过大，自 2001 年开始，深圳市人民币现金净投放量逐年大幅攀升，已连续 6 年位居全国大中城市第一。今年前 9 个月深圳现金净投放量占全国近一半。理由二，大规模的现金投放也混杂了相当多的利用大额提现来进行黄赌毒、走私、洗钱、偷漏税等各种违纪、违规、违法行为，对深圳正常的经济秩序和广大金融消费者的利益都有不利影响。理由三，加强现金管理是支持深圳经济发展、顺应市场经济规律、转变金融消费方式、防止不法提现行为的重要措施。

这样的解释并不通顺。深圳现金净投放量过大并非始自今日，是随着深圳经济的发展同步而起的现象，央行也不可能迟至今日才发觉，为什么没有及早鼓励机构以刷卡与转账等方式进行交易？并且，每年政府都有信贷与现金投放额度的控制，银行改革之后回收放贷权，基层支行权力大为收缩。年初的投放计划到第三季度就已告罄，难道第四季度就没有投融资、现金交易的需要了吗？计划的制订与执行是否做到了科学、合理？如今信用紧缩到了取现设禁的程度，是否应该有人对此种损害储户的行为负责？

真正解释得通的理由是防止不法提现行为。所谓不法提现，说白了就是为了防止洗钱。相信管理部门所说的大规模现金投放也混杂了相当多的利用大额提现来进行黄赌毒、走私、洗钱、偷漏税等各种违规违法行为，大规模的现金投放使深圳产生一批职业提钞人，他们通过持续的异地汇入提款，频繁进行大额提现是事实，现金交易来无影去无踪，难以监控，深圳濒临香港，目前热钱通过地下管道进入有愈演愈烈之势。因此，减少现金交易方便监管、减省交易成本，确是国际惯例，乃大势所趋。

但是，大势所趋并不意味着大部分现金交易就可已然停步，也不意味着为了防止少量职业提钞人就可以损害广大储户的法定权益。现行的《储蓄管理条例》第一章第五条就是，“国家保护个人合法储蓄存款的所有权及其他合法权益，鼓励个人参加储蓄。储蓄机构办理储蓄业务，必须遵循‘存款自愿，取款自由，存款有息，为储户保密’的原则”，这就意味着，取款自由是指储户有在任何营业时间、以自己选择的支付手段取走自己所有现金款项和利息的自由，此次主管部门将取款自由解释成，“是指在正当合法的经济生活背景下，企业和个人均可运用各种支付手段满足生产经营和生活消费的各种需要。因此，加强现金管理正是为了保证广大存款人合理的现金需求，从而达到取款自由的目的”，这种解释实际上赋予了管理部门以自己所认为的任何合理的方式约束储户取款自由的权利。何谓合理？何谓正当合法？储户存了钱就有取钱的自由，这是银行与储户之间的商业契约，至于经济生活背景是否正当合法，那是执法与司法部门的职责，何须银行插足？什么时候银行拥有了司法判定权？

当然，在条例附则的第七条有但书，“中国人民银行经国务院批准，可以采取适当措施稳定储蓄，保护储户利益”，但取现设禁显然与保护储户利益的目的相冲突。

管理部门所说的“目前，我国市场经济发展迅速，多样化的、便捷的、高效的支付手段不断推出，因此，商业银行有义务也有必要引导广大客户去使用现代化的新型的非现金支付工具”更是荒唐。用便捷、高效的支付手段当然不错，但是对于不同的人而言便捷、高效的概念并不相同，比如对于很多小商铺来说，讲求货款两讫，批发或进货时，10 万、20 万都是正常的数目，这时现金就是最便捷、高效的工具，普及多样的支付手段责在银行，但支票支付由于流转不畅遭到储户与银行的共同抵制，这就是金融环境的因素不利的结果。除现金之外的支付手段首先应该从企业机构、政府部门开始实施，而不是让普通储户饱尝取现不便之苦来教育那些洗钱者、那些机构交易者。

不论从法律、从消费者的便捷等各方面来看，给取现设禁都于法不合、于理不通．以一纸解释更改与所有储户的契约，这是无视商业契约规则的行为。

2007 年 11 月 14 日

事件

陕西拍到野生华南虎事件从2007年10月12日开始，到11月16日突然发生戏剧性变化：四川攀枝花网友发现了“周老虎”的原形，就在他家墙上的年画里！网友称，除了耳朵不一样，哪里都是一样的，连老虎的纹路都是一样的。此后，全国各地均发现同样的年画。记者联系上此年画生产商浙江义乌彩印厂，证实老虎年画在3年前就已生产并销往全国。周正龙对此表示自己很愤怒，强调自己照片才是真的老虎。

观点

不再是政府说什么，民众便相信什么，盲信的时代已经过去了；民众即使不相信政府说的话，也不敢、不能、没有途径去发言、去质疑、去对质，彻底禁声的时代也过去了。

华南虎之争逼近真相
我们有理由感到振奋

华南虎照真伪之争，僵持了一个多月，打虎派和挺虎派互相无法说服，几乎陷入不可知论的漩涡。直到11月16日，网友把一张老虎年画公之于众，此老虎与彼老虎样貌姿态纹路几乎完全相同，“纸老虎”的假设几乎被证实。通过网络征集，昨天在广州、东莞和北京等全国各地相继发现老虎年画；同时，出版年画的彩印包装公司已经找到，公司经理已经接受采访，证实年画来源至少可以追溯到2002年。虽然至今没有任何官方机构出面回应，虽然在这场全民公审中缺少一个一锤定音的法官，虽然事件的全部秘密还没有揭开，但是在网络世界里，打虎派已经欢腾着庆祝胜利，而挺虎派再也没拿出什么像样的质疑。

实际上，不仅网络上的打虎派兴高采烈，关键证物的戏剧性出现，也让许多“观众”同样有了大快人心的感觉。虽然很多谨慎的人都还在等待一个来自权威的结论，或者一套盖棺论定的说法，但是对多数人来说，事情已经水落石出，常识已经替他们作出了结论。

回顾一个月来的争论，“打虎派”有理由庆功，有理由为自己感到骄傲。

网友最初的质疑，确实可以说是大胆——这张照片是由陕西省林业厅在新闻发布会上展示的。如果这张照片里的老虎是假的，那就只有两种可能，陕西省林业厅要么验证工作有失误，要么是明知作假故意欺骗。所以，怀疑这张照片中老虎的真伪，就是怀疑一个省厅级部门，要么是怀疑它的业务能力，要么是怀疑它的诚信度。通常来说，我们相信政府不会和我们开这么大一个玩笑，因为我们相信政府爱惜自己的公信力，也因为我们有盲信的惰性。

好在总有一些较真的人，他们更加相信自己的知识和理性，他们更相信自己的眼睛，要给出自己的判断。所以即使这张年画没能及时出现，即使对虎照真伪的质疑不了了之，这场争论也是一件让人振奋的事情。网友勇敢自信地提出质疑，大声地把自己的想法说出来，并且这说法得到了大面积的回应和支持——不再是政府说什么，民众便相信什么，盲信的时代已经过去了；民众即使不相信政府说的话，也不敢、不能、没有途径去发言、去质疑、去对质，彻底禁声的时代也过去了。

网友在持久战中的表现，也有值得骄傲的地方。网络论战难免口水多些，道德论战和人身攻击都是难以避免的，甚至要承认，打虎派和挺虎派都表现出一定程度的网络暴力。但是，在推进事件向前发展的每一个节点上，都是逻辑、理性和科学求证的态度在起作用。不论是从树叶比例，还是从虎眼的质感，打虎派一直都在寻找扎实有力的证据。实际上，在这个过程中，多数非利益相关方的挺虎派网友，同样应该为自己的表现感到骄傲，因为他们以同样较真的精神，不断地提出质疑，将争论不断精细化，维持了双方的热情和韧性，也维持了以理服人的基本规则——民众对权威的质疑，不再是粗陋的断言、不可靠的情绪和蹩脚的论证，民众在重新发声之后，证实了自己早就拥有的那些荣誉：群众的眼睛是雪亮的，群众的智慧是无穷的。

网友在最后关键阶段的表现，简直让人惊异。拍照片、上传照片、制作对比图、寻找其他年画、寻找年画生产商——网友的热情和效率具有一种感染人的力量；而网络以开放和信任的方式汇聚众人之力创造神奇，这个信息平台的健康进步之美更是具有振奋人心的力量。

故事很简单，不过是发现了一张年画，那画上的老虎和陕西省林业厅作为证据的照片上的老虎几乎一模一样。但是这张年画让很多人欢呼振奋，仿佛事情已经有了结论，仿佛真相已经胜利，仿佛这个社会的话语权已经掌握在民众手中。可是，民众求真的努力之所以能够在争虎事件中获得只有他们自己认可的胜利，那是因为这只是一件小事情，因为在这件事上言论平台完全开放，因为受到挑战的权威方从未使出他们所掌握的全部权力。人们可以从这件小事中得出许多乐观的大结论，例如民众独立思考的能力在成熟，民间对官方的质疑力量在成长，但遗憾的是，这些大结论未必能够应用到那些大事件中去。

2007年11月18日

事件

2007 年 11 月，中国游客爬华尔街铜牛拍照，被北京电视台主持人在博客上贴出。有媒体把问题上升到国民素质的高度去评论。很快有网友贴出了各国游客骑铜牛的照片，认为国内媒体报道小题大做。由此引发网友争论。

观点

遗憾的是，规则意识在今天的中国社会遭遇普遍的漠视。无论是成文规则，还是不成文规则，甚至是最具强制力的法律规则，也常常遇到各种手法的侵袭改换。

华尔街骑牛：中国人失去了自我的文明坐标吗？

纽约华尔街有尊青铜公牛塑像，在旅游者眼里，它是华尔街的标志，代表财富、力量与勇气。2007 年 11 月，一群中国游客来到这里，肩扛手抬翻上了牛背，要拍下“比牛还牛”的留影。而另外一位中国游客看到了这些，于是拍下几张照片，以“一群中国游客在纽约华尔街骑牛”为题，贴到了自己的博客上。

论坛和媒体的广泛转载，使照片迅速成为国人陋习的新证据，从而引发中国人素质的再辩论。众声喧哗之中，有人很快贴出了外国人也在华尔街骑牛的照片，以此证明在华尔街骑牛，无分中外，人所共好，进而指出，如此“辱骂同胞，妄自菲薄”，乃是“缘于他们内心的极度自卑和崇洋媚外”。舆论风向，一时倒戈。

华尔街骑牛，一群中国人的即兴表演，刺激了另一些中国人；而另一些中国人，又从受刺激的国人那里，感受到更深的刺激。中国人的自尊心，在几张华尔街骑牛的照片上，如同多米诺骨牌一样被推倒，相互映照又相互谴责，相互鄙薄又相互寄望。尽管大家都有某种程度的不适，但不适本身却不指向共识，甚至，它所表现的恰恰是中国社会普遍的精神分裂。无可无不可，社会如此，文化如此，骑到一尊公牛塑像上去，也同样如此。

面对今天的骑牛风波，我们看到了这般的引证。有媒体越洋采访了美国纽约的市政部门，得知该市禁止任何人攀爬城区纪念物，当然也包括华尔街的这尊铜牛塑像。言下之意，地主都说这样干不行，当然是不文明的表现。另外的人，则贴出了外国人骑牛的照片，不外乎要说，洋人能骑，中国人为什么不能骑？事实上，争辩中看似对立的两面，却有着同样的虚弱，那就是，当我们评判自我表现的时候，却失去了自我的文明坐标，而不得不仰仗于外在评价，才能树立起码的文明自信。

因此，比中国人在华尔街骑牛是不是丢人更紧要的，是我们的社会已经无法独立地完成最细节的文明判断。我们既没有十足的底气，宣称中国人爬上塑像有悖于自身的文明准则，我们也无法自信地解释，文明的中国人之所以爬上塑像，只是缘于当时当地的误导。面对如此情境，我们只是急切地问，他们允许我们这样做吗？又或者，他们也和我们一样做吗？这才长长地舒出一口气。问题是，我们自己允许我们这样做吗？正是在这层意义上，妄自尊大与妄自菲薄同出一源，中国社会的文明虚弱和自我迷失当下立现。

而回到中国人的文明习惯，则不能不触及整个中国社会的规则意识。所谓文明，实则不过是一整套约定俗成的社会规范。遗憾的是，规则意识在今天的中国社会遭遇普遍的漠视。

无论是成文规则，还是不成文规则，甚至是最具强制力的法律规则，也常常遇到各种手法的侵袭改换。细究之下，政治、经济、文化、社会诸方面莫不如此，机构与个人无不相因成习，这才有潜规则盛行于世，这才有规则意识土崩瓦解，而细微之处的文明守则，又赖何以建立?

中国人的素质，不会因为华尔街上的铜牛洋人也常骑，而就此证明并不坏，甚至更应该乐观起来。当然，中国人的素质，也不至于敏感到一有风吹草动，就完全抬不起头来。华尔街骑牛的这场风波，批评者与反驳者同时展现出此一时代中国人自尊心的不同方面，但更为紧要的，是要认清这些虚弱的自尊，绝无可能孵化出整个社会的自信和自爱，更遑论中国文明的整体进步。我们所迫切需要的，仍是不断地回到自身，回到每一个生动的个体，以每一个人的尊严来复活整个文明的尊严。

2007 年 11 月 23 日

事件

2007年11月23日，国家环保总局总量控制办公室副主任赵华林透露，国务院已批转《“十一五”主要污染物总量减排考核办法》，将污染物减排不达标跟政绩挂钩，哪个地市完不成污染物减排任务，地市党政一把手就地免职。中组部参与了《考核办法》的部委会签，“一票否决制”和“责任追究制”已经在文件的内容之列。

观点

中国的环境问题在本质上既不是观念问题也不是技术问题，而是权力结构的问题。但是，权力结构是一个事关全局的问题，远非环保议题所能带动、环保问题所能引发、环保力量所能争取改变的。

中央环保新政　欣慰亦堪忧

“地市减排不达标，党政一把手就地免职”，国家环保总局总量控制办公室副主任赵华林日前转述某省高官的这句话，也是对《“十一五”主要污染物总量减排考核办法》（以下简称《考核办法》）的一个概括，它甚至还包含了一种欢欣鼓舞的解读，它的意思是说，中央这次在环保问题上动真的了。

环保指标与官员政绩挂钩，以单位GDP能耗考核体系，这是环保人士开出来的药方，呼吁已久，终于成为现实。十七大提出的“生态文明”，作为贯彻科学发展观的深化，正在转化为一个正确的行动。任免官员是中央对地方行政最强有力的牵制方式，以此种方式转达保护环境、改变发展模式的中央意志，自应有其成效。

但是，仔细研究《考核办法》的具体条文，考量政绩系统的现实规则，欣慰鼓舞之余仍有忧虑。最直接的忧虑便是，这一政策在付诸实施之时，将会遭遇一些可以预见的“对策”，这些对策将会在相当可观的程度上瓦解掉政策意旨，使之留于纸面。

中央这套《考核办法》中，最核心的内容是各地政府必须完成自己申报的减排指标。其中主要依赖的考核数据，是来自各地环保部门的统计结果。各地环保部门在当地政府的压力之下，有足够的动机在统计数据上作假。一个值得回味的细节是，当初编制“十一五”规划、要求上报 2005 年的污染物总量数据作为基数，那时候“地方比较犹豫，不知道是多报好还是少报好，结果等数据上报之后，才发现不对”。在《21 世纪经济报道》的相关新闻中，这段引言出自一个未具名的环保系统官员，但是地方上报数据可多可少，这似乎已经是一个不需要特别解释的事实。

使瞒报成为可能甚至成为必然的关键因素，是地方环保部门与地方政府之间的从属关系。在新的《考核办法》中，我们看到，相对更有监督动机的上级政府环保部门只承担抽查、监督的工作，这种监督的效率不高，很容易被隐瞒。著名环保人士汪永晨讲过一个例子，1998 年太湖“零点行动”声势浩大，中央电视台等许多媒体都在现场直播，但是，直播过后，媒体散去，1999 年元旦的钟声才刚敲响，之前已经宣布封闭的排污口立即重新被打开，大量的污水再次流入太湖，被悄悄留守的环保人士亲眼所见。如果不是如此这般明目张胆的“对策”，已经达标近 10 年的太湖也不至于在今年夏天暴发蓝藻。

面对如此明目张胆的下有对策，上面手握的是官员官运的生杀大权。然而这个权力不可能频繁使用，因为大量的行政工作需要下级官员去具体执行，或者说，国家已经对官僚体系形成了一定程度的依赖，不得不在某种程度上作出妥协。实际的情况是，我们看到“一票否决”这个用语，相当频繁地出现在政策文件中，但是遭遇“一票否决”的官员，并不那么常见；荒唐的是，一些因为责任事故引咎辞职或是被免任的官员，时隔不久还会重新任用，甚至被任命为更高的官职。在这样的现实背景下，“一票否决”的威慑力自然要大打折扣。

当然，在理论上还存在一种可能，就是地方官员已经认识到环境保护的必要性，并且通过这《考核办法》，已经确信中央政府保护环境的决心，他们自发自觉自律地去保护环境、改变经济发展模式。但现实是，经济转型、摆脱对高能耗高污染产业的依赖，这个过程可能比较长，要经历阵痛，没有百分之百的把握成功，更未必在官员任内收获成果。虽然有了单位GDP能耗考核体系，但是GDP仍然是重要的政绩指标，更何况，地方财政、地方社会发展与稳定都还对GDP增长有很强的依赖，在这样的情况下，即使考虑到《考核办法》所形成的环保激励，地方官员的“政绩理性”也还是更有可能让他们趋于保守，回到原来的基本思路：保证GDP在先，保护环境在后。

其实人们早已经认识到，中国的环境问题在本质上既不是观念问题也不是技术问题，而是权力结构的问题。但是，权力结构是一个事关全局的问题，远非环保议题所能带动、环保问题所能引发、环保力量所能争取改变的。在当前的权力系统下，中央政府出台的严厉新政，已经是对改善环境所能做的最大努力。即使下级对策消极，这政策本身也一定会形成压力，带来正面积极的效果。环保总局的橡皮图章相对硬实了一些，这总比前两年的环保风暴来得有力量。

2007年11月25日

事件

自 2007 年 11 月 26 日起，央行上调存款类金融机构人民币存款准备金率 0.5 个百分点。此次调整后，普通存款类金融机构将执行 13.5%的存款准备金率标准，该标准创历史新高。11 月 27 日，沪综指在以中国石油为首的煤炭石油权重股跳水的拖累下急速下行，跌破半年线 4882 点。

观点

决策层在宏观调控的把握上是明智的，但在工具伦理的支配下对于普通投资者与中小机构、中小企业也是无情的。

政策打压需有度　中国股市未转熊

这轮股市下跌的血的教训，比一万句“股市有风险”的提醒都管用。

无意给政策打压行为贴上红字，中国的股市在央企市场化、人民币自由兑换以前都会是政策市。既然股市中的博弈主体机构全都国字号当头，这样的探讨是没有价值的，有价值的命题是，如何避免在市场化的名义下向利益群体输送特殊无风险收益，调控如何避免普通投资者成为炮灰。

这轮股市的调控基于宏观经济理由。回想与股市一起疯狂的楼市、普洱茶等投资品种，资本市场的提前疯狂不仅导致货币流动必成倍增长，宏观调控失效，更重要的是打乱了改革的步骤。

粗算下来，围绕资本市场的改革大事就有明年的汇率改革、央企在今后 3 年的大规模资产重组、创业板推出、股指期货出台，包括海外的中国企业与金融机构国际并购、美国次贷危机影响，如果股指继续以6000点前的雄心上涨，明年汇率改革不能顺利出台、央企的大规模重组将按照市场高溢价付出极高的成本、股指期货无法形成多空博弈、更多的国际资本无法进入A股市场、香港市场成为内地的影子市场频频创出新高导致联系汇率受到威胁、创业板推出无法吸引到足够的资金、美国次贷危机、全球疲软，中国股市一枝独秀将使国际资本大肆做空中国市场，并继续以不可逆转之势推动人民币汇率急剧上升。

因此股市必须有一轮下挫。这轮股市的下挫反映出即便是经济上升，在政策意志下，股市也不会同步增长。从“5·30”印花税政策出台导致股市暴跌之后，以社保基金的大规模后撤为标志，股市就开始进入新一轮政策调控。这轮静悄悄的调控以机构私下的大换仓开始，由社会基金为社保基金举起哑铃，没有引发广泛的关注，市场的狂欢派对仍在继续，管理层一再警告投资有风险，投资者听得太多早已患上警示麻痹症，直到出台停止新基金发行老基金拆分等强硬的行政措施，中石油阳谋将170多万散户套在高高的山冈上，投资者才发觉派对的酒杯早被撤走，后知后觉的普通股民再一次成为炮灰。

如果说适时降温是必要的，那么在降温时仍然假市场之名，维持对特殊利益群体的利益输送则是不可容忍的。在任何情况下，向不同的机构与不同的投资群体提供不同的信息，都是对市场的严重亵渎！

利益输送主要表现在新股申购。中石油H股的发行价只有1.27港元，A股则为16.70元，发行市盈率为22.44倍，此后中国中铁发行市盈率为26.70倍。这么高的市盈率形成庞大的无风险套利市场，在二级市场成交只有几百亿地量的时候，市场打新股资金高达3万多亿，发行人、关联机构、大资金吞噬着20%以上的无风险收益。这种赤裸裸的掠夺虽然屡经抨击却迟迟无法改观，表面上有利于维持新股上市的繁荣景象，是为了股市的基础不至于坍塌，但实际上却是剥夺普通投资者向大资本输送红利，抽走资本市场的诚信基石。

管理层不应该忘记国有股减持的教训，以及股改的市场化公义本质。尽管到目前为止，决策层在宏观调控的把握上是明智的，但在工具伦理的支配下对于普通投资者与中小机构、中小企业也是无情的。

即使如此，人们也不必过于担忧。就总体而言，中国的经济增长不是太慢了而是太快了，目前的压制是为了让资本市场走稳而不是让资本市场破产，是为了减少通货膨胀和人民币升值的压力，而不是压垮人民币市场。政府着眼的是未来数年的经济与资本走向，中国仍是国际资金看好的一块价值宝地。而美元疲弱，正好给中国购买世界资产以及人民币成为自由兑换货币必需的黄金提供了一个千载难逢的机会。

资本市场的调整已经初步见效，楼市人气不旺，明年紧缩信贷政策会继续出台，经济增长幅度将放慢。昨天召开的中央政治局工作会议指出，“要坚持好字优先，促进经济发展方式加快转变，坚持扩大内需的方针，着力增强消费对经济增长的拉动作用”，“要坚持以人为本，努力在改善民生上取得更大成效，特别是要着力改善低收入群众的生活”。这对市场长期发展而言，均是利好。

从国家长期战略和政策目标看，6000 点并都非铁顶。中国的经济正处于一个重要的转折关头，各个行业的发展计划正在逐一出台亮相。未来发展不可限量，目前的股市暂时低迷，只是为将来的长期发展积蓄力量，以防在短短两三年之内透支殆尽。在恐惧弥漫之时，投资者不要被表面迷雾遮蔽双眼，而妨碍了对大局的基本判断。

但此时必须警告管理层，政策打压无度，对市场诚信根本过度透支，很可能令调控结果背离初衷，对此风险，投资者亦不得不防。

2007 年 11 月 28 日

事件

胡锦涛在2007年10月15日开幕的中共十七大上提出了“深化政治体制改革”，称“加大机构整合力度，探索实行职能有机统一的大部门体制，健全部门间协调配合机制”。十七大报告中关于政府大部门体制的全新提法，引起各界瞩目。

观点

“大部门制”的制度前提是政府不再直接经营企业，不再直接经营文化、社会、精神事业，政府从这些领域中退出，仅仅扮演市场、社会自治以及学术、教育、专业自治的监管者、仲裁者的角色。

“大部门”的前提是小政府

中共十七大报告明确提出，“加大机构整合力度，探索实行职能有机统一的大部门体制，健全部门间协调配合机制”。有报道称，制定行政管理体制改革总体方案，已经列入中央重要议事日程，“大部门制”构想也被普遍认为是下一轮政府改革的新起点、新突破口。但是，政府改革的关键并不在于部委是大是小，而是政府职能是大是小。

与其他大国相比，中国各级政府部门的数目确实较多。日本中央政府只有11个部，美国联邦政府有15个部，中国则有28个部委。但是，政府部委数目较多，不是因为政府愿意设立这么多部门。事实上，政府隔若干年就会进行一次机构改革，并且大多以精简机构为主要目标。经过几番精简，部委数目确实已经大幅度减少，但仍然远远多于其他国家。

原因并不复杂：政府管理了太多事务。目前的政府架构延续自计划体制时代，在那种体制下，政府完全控制着社会生活的方方面面，尤其是直接管理着大量企业、事业单位，并要负责这些单位的生产及其员工的生活。政府为了有效地行使自己庞大的职能，必然在纵向上增加政府层级，比如，介于省和县之间的地区一级就不断被坐实、做大。在横向上的表现就是设立众多部门。政府不得不针对所有行业设立主管部门，中央政府曾经设立过四五十个部委，光是工业领域就设立了十几个部委，商业贸易领域也有多个部委。

可见，政府机构臃肿，源于政府职能广泛而庞大。要缩减部委数量，建立“大部门制”，仅仅把几个职能接近的部委合并，或者把现有部委打散重组再设，根本无济于事。历史就曾经出现过被撤销的部委复生的事情，因为，职能未减，而几个职能合并到一个部委，必然导致管理控制链条拉长以致出现混乱，部委死而复生就是自然而然的。

因此，“大部门制”看起来确实整齐优美，但“大部门制”有一个相当苛刻的前提：行政当局的职能必须相当小，即必须是有限政府。计划体制下的国家部委数量总是最多，各部委看起来相当专业、琐碎。那时的部委是相关行业之企业、事业单位的主管（management）部门。相反，所有实行“大部门制”的社会，市场和社会、文化自治较为发达，其行政当局的权力范围是有限的，各个部委对其所管理的领域只是按照明确授权的法律、法规进行监管（supervision）和规制（regulation）。

目前中国政府对于经济、社会、文化等领域的职权介于这两者之间，部委数量自然也就介于两者之间。大部分部门还承担着明显的主管职能，比如，信息产业部就是各大电信公司及电信设备制造企业的主管部门，教育部直接经营管理着若干大学，卫生部也直接间接管理着大量医院。这样的部是该领域企事业单位的家长，必须就其经营业绩对上级承担责任。从宏观角度看，只有多设立一些部委，各部委才能够管得过来。

把现在的20多个部委缩减到十几个，也许并不困难。但这些经过重组合并之后的大部要能够正常运转而不出现反复，却不是一件容易的事情。政府必须毫不犹豫地放弃直接管理社会、经济、文化、精神等事务的广泛而庞大的权力，让各个部委从计划经济意义上的主管部门转向法治范畴内的监管部门。这是两种性质完全不同的政府管理模式，只有那些承担着监管、规制职能的大部才不会有管不过来的感受。

可以说，“大部门制”与建立服务型政府无关。“大部门制”的制度前提是政府不再直接经营企业，不再直接经营文化、社会、精神事业，政府从这些领域中退出，仅仅扮演市场、社会自治以及学术、教育、专业自治的监管者、仲裁者的角色。如果各部委仍然充当相关领域的“主管部门”，那么，把原来的小部委合并成大部委，必然会出现管不过来的烦恼，要么导致该领域的混乱，要么被迫重新分家吃饭。

因此，政府体制改革的正确顺序应当是首先进行行政管理模式变革，政府把权力还给市场主体，还给社会，大幅度缩减政府所行使的不必要的权力，这些权力目前已经在很大程度上妨碍了市场的正常发育，阻碍了社会自治的健全发展。在政府调整了自己的职能之后，撤销、重组、合并部委，就是水到渠成的事情。

当然，首先变革政府机构的设置，也未尝不可，这或许可以在一定程度上逼迫各部委调整、缩减自己的职能、权力。不过，这也需要改革方案设计者超越机构改革层次，更多考虑政府与市场、社会的关系，让本轮机构改革不只是简单地精简机构，而是真正地精简政府权力。

2007年12月2日

事件

2007 年度诺贝尔自然科学奖颁奖礼将于 2007 年 12 月 10 日在瑞典斯德哥尔摩举行，届时中央电视台科教频道将推出 5 个小时的大型特别节目《诺贝尔科学之夜》，由国家科学技术部与央视联合策划。央视称，为了让科技节目节奏明快、轻松喜人，节目既有最顶尖的科学家讲述心路历程，又有画家、歌唱家、舞者、影视演员们表演助兴，科学与艺术在这场年度科学盛宴中将完美交融。

观点

诺奖上的一无所获总是让国人心潮难平。如果国家电视台在世界最高的科学成果、一流的科学大家面前，没有一丝敬畏的心态，没有一点反省的精神，没有一种学习的诚意，反而班门弄斧，趁机炫耀，那既是对人类智慧的蔑视，也是对国民上进心的嘲笑。

期待在诺奖转播中见到反思

本年度诺贝尔奖颁奖典礼举行在即，中国将首次进行实况转播。虽然这次转播仅限于自然科学奖部分，由中央电视台科教频道予以编导之后播出，但是鉴于诺贝尔奖在人类百年历史中的重大影响，中国观众在看过了各种无足轻重的直播和转播之后，终于能够看到这样一个见证人类智慧与理想的现场，不失为一件幸事。同时，我们也从该转播节目的预告中发现，央视对这场颁奖典礼的包装值得商榷，它将使国人难得的一次学习和反思的机会变成一场娱乐和炫耀的晚会。

根据央视的宣传报道，12 月 10 日晚，对诺贝尔奖颁奖典礼感兴趣的中国观众，在央视科教频道看到的将是一台5个小时的大型特别节目《诺贝尔科学之夜》。节目中，除了来自瑞典首都斯德哥尔摩的颁奖实况，央视还增加了两个方面的内容：一是穿插了较多的娱乐节目，“画家、歌唱家、舞者、影视演员们表演助兴，科学与艺术在这场年度科学盛宴中将完美交融”，还包括“诺贝尔奖百年来诸多的奇闻趣事”，目的是为了让节目“节奏明快，轻松喜人”；二是重点进行中国科技成果汇展，“该节目的核心部分将浓墨重彩梳理我国十六大以来取得的重大科技成就，展现中国科学家孜孜以求、兢兢业业的科学研究精神，充分展示中国的科技实力，以及诸多科学进步成果在世界范围内的重大影响”，“其中包括载人航天、绕月工程、青藏铁路、人造太阳、生命大爆发理论、人类基因组、超级杂交水稻等重大科研成就，向广大观众展现我国科学大家的风采”。如此看来，一场诺奖典礼大有被活生生地演绎成中国科技界的春节联欢晚会的希望。

无论有多么庄严神圣，任何颁奖典礼都应该被允许拿来改造成轻松的娱乐节目，甚至恶搞也是一种表达自由，但是这样的事情似乎不应该由一个国家电视台的科教频道来做。好在我们都看过春晚，知道央视的“轻松喜人”往往也正经刻板甚至让人感觉沉重，不必对此有太多的担心。再说娱乐只是一个“寓教于乐”的外壳，值得探讨的是上述“核心部分”，即借此机会展示中国科技如何影响世界。

诺贝尔奖中每一项具体的评选都可能存在着争议，然而无可争议的是，从总体上说，它代表世界科学、文学及和平理想上百年来的最高追求、最高评价和最高成就展示。中国本土科学家、作家和活动家未能有一次机会上榜，一直是中国人的心结。每年秋天，传统中的收获季节，诺奖上的一无所获总是让国人心潮难平，从专业人士到普通百姓，人们纷纷在各个方面进行一再深入的反思，成为舆论界的一道风景。如果国家电视台置这些蔚为壮观、痛心疾首、大声疾呼、振聋发聩的舆论于不顾，在世界最高的科学成果、一流的科学大家面前，没有一丝敬畏的心态，没有一点反省的精神，没有一种学习的诚意，反而班门弄斧，趁机炫耀，那既是对人类智慧的蔑视，也是对国民上进心的嘲笑。诚然，也有不少舆论认为诺奖只是西方的一个奖而已，其评选难免因文化的隔膜、交流的欠缺甚至政治的偏见而影响公正，我们不必为此背上负担。即便这样，我们也不至于沾沾自喜。

相对于自然科学奖来说，诺贝尔奖中的文学奖与和平奖争议更大，更容易让中国人怀疑它的公正。这是因为自然科学更容易形成统一和规范的标准，而文学与和平理想本身就难以脱离意识形态的影响。尽管如此，百余年来文学奖、和平奖和近半个世纪的经济学奖评选出来的人物，绝大多数也都能得到中国文学界、学术界和普通民众的高度评价。我们没有必要因为个别争议而对这些重要奖项视而不见，使完整的颁奖典礼变成自然科学的晚会。自由包容和信息畅通是现代国家的基本性质，也是现代公民的基本权利。

央视的宣传报道中解释说，这样包装诺奖典礼的目的之一是“使广大中国观众树立更强大的民族自信心”。我们认为，真正的民族自信心应该建立在谦虚和诚实的基础之上。中国科学界、文学界、经济学界和其他领域的确硕果累累，其辉煌成就令国人感到骄傲，但是在诺贝尔奖面前，我们还是期待从国家电视台听到更多反思的声音。反思才能学习，诚实才能进步。只有通过学习而进步，使中国自然科学、经济学、文学与和平理想都大为提高之后，中国人更强大的民族自信心才能真正树立起来。

2007 年 12 月 3 日

事件

2007 年 12 月 3 日—5 日，在北京举行的中央经济工作会议调整已实施 10 年之久的“稳健的货币政策”，明确提出在 2008 年要实施稳健的财政政策和从紧的货币政策。防止明显通货膨胀将与遏制经济过热一道担纲调控主线，一并被写入中央经济工作会议公报中。

观点

到目前为止，我国的经济发展模式最大的缺憾在于，没有类似的计划使国民财富同步增长，反而使国民成为改革成本的长期承担者，并因此留下内需不振、经济失衡、社会矛盾激化等种种后遗症。

越是宏观紧缩，越需制订国民收入倍增计划

一年一度的中央经济工作会议昨日在北京召开，明年经济发展工作的基调将就此产生。会议正开，风声早起，市场人士通过细心揣测近一段时间温家宝总理的发言、政治局会议等等信息，明确了明年宏观调控从紧，“稳中求进”将成为基调。此前国家发改委主任马凯在中日经济高层对话上明确表示，未来将实行从紧的货币政策，防止经济增长由偏快转向过热、防止价格由结构性上涨演变为明显的通货膨胀，“两防”毫无疑问已经成为宏观调控的首要任务。

谁都不会否认，在中国经济转变的关键时刻，需要一个平稳的产业与金融环境，此轮调控正值人民币汇率市场化起步之初，能源、环境、税收等一系列政策鼎革之际，给过热的经济

降温取得了最大限度的共识。

争论的焦点不在于降温本身，而在于以下两方面：第一，如何降温？第二，中国经济在降温之后走向何处？这是一枚硬币不可分割的正反两面，归结起来就是一句话，中国经济必须尽快补上国民财富增长难敌国家财富增长、内需远远抵不上出口这一课，政府有关部门有必要制订国民收入倍增计划，以国民财富的增长与公共福利体系的完善，抵挡资本时代的巨大冲击。

让中国经济冷却有两种办法：一种是在加快汇率市场化进程的同时，政府频繁动用财税、货币等各种手段，并且通过向国际输出资本的方式挤去资产和价格泡沫；另一种是通过二次分配加快生产要素价格的改革，尽快实现财富向民间的转移，以拉动内需市场，杜绝国民的后顾之忧。前一种方法目前已经初现端倪，中国企业源源不断参与海外并购、中投公司与 QDII 资金海外投资起航就是表现，这种外科手术式的办法，通过减少货币总额与资金量强行除泡；后一种方法可以称之为中医疗法。

通常认为，人均可支配收入短期内大幅提高是经济步入过热区间的一个标志。这是苦于幼稚认识上的误解，在劳动者权益得不到保障、市场预期模糊的情况下，劳动者可支配收入的提高是通货膨胀无法压制的一个结果，而不是通胀的成因。那些认为我国的国民财富大幅增长的说法同样昧于事实，在藏富于民方面政府一直做得不够，甚至大多数无法享受资产收益的国民成为改革成本的主要承担者，无法同步享受社会经济进步的利益。

不可否认，我国的国民收入这两年有了一定程度的增长。据国家统计局的数据，2005 年城镇居民人均可支配收入 11089 元，2006 年末增长到 11760 元，2007 年前三季度，城镇居民人均可支配收入为 10346 元，同比增长 17.6%，全年估计在 13800 元左右，农村居民人均现金收入 3321 元的增长率与城镇居民基本持平。但从相对比例来看情况则大不相同。根据英国《经济学人》的文章，中国的消费支出从 20 世纪 90 年代早期占国内生产总值的47%下降到了2006年的36%，原因是过去10年来居民储蓄率一直在下降，政府和企业的储蓄率在上升。不仅政府、大企业与民众的存款差距在加大，不同阶层之间的差距也在迅速拉大。王小鲁先生的研究证明，1995－2004年期间城镇和农村各阶层间收入差距都显著扩大，这两年虽然地区间的收入差距在缩小，但在同一地区的不同阶层间差距仍然迅速扩大。

所谓国民收入增加使经济失衡的说法完全站不住脚。以日本为例，从1960年池田内阁实施“国民收入倍增计划”，由此奠定了日本经济起飞的基础，从制造大国成为仅次于美国的经济强国。解决收入分化的问题是国民收入倍增计划的主要目标，日本政府引入了“最低工资制”，同时扩展了社会保障计划，完善养老保险金，提高健康保险付给率，作为配套措施针对农业与中小企业制定了专项法律，缩小不同企业、不同阶层之间利润与收入的剪刀差，同时实行基础建设与减税等方案。到该计划结束时，日本的最大特点是全体国民恢复了经济信心，社会进入大众消费时代，以往激烈的劳资关系等社会矛盾开始消解，民间私人产业投资兴盛，失业率维持在1%左右，“平稳发展派”最担忧的通胀难题等并未如期而至。

几乎所有国家的起飞都经历过类似的国民收入培增计划。到目前为止，我国的经济发展模式最大的缺憾在于，没有类似的计划使国民财富同步增长，反而使国民成为改革成本的长期承担者，并因此留下内需不振、经济失衡、社会矛盾激化等种种后遗症。当此经济发展模式又一转折之际，制订类似的国民收入倍增计划，化解经济体内的痼疾，中国经济才能由大变强，藏富于民藏汇于民，自然消解了巨大的外汇升值压力，从行政市场走向民间市场。也只有制订了这样的规划，有关部门才能回答发展为了什么这一根本问题。

2007年12月4日

事件

2007 年 12 月 2 日晚，网易公布包括中国摄影家协会数码影像鉴定中心、华夏物证鉴定中心、神探李昌钰等六方专家的华南虎照鉴定结果，确认照片为假。12 月 3 日，陕西省林业厅发表书面声明，坚持 11 月 23 日的表态，即认为周正龙拍摄的华南虎照片是真实的。12 月 4 日，国家林业局发言人称，鉴定照片真伪不是国家林业局的工作职能，林业局不会越位对虎照进行鉴定。

观点

华南虎照风波，事实上成了公众向政府部门问责的一块试金石，尽管公众从来都沮丧而回，但这一次，凭借陆续出现越来越确切的真凭实据，舆论信心大涨，不仅要为虎照讨要真相，更要测试政府部门的作为是否同样进取。

拒绝回应虎照真伪
政府部门自毁公信

华南虎照风波旷日持久，依然可能无果而终。堪称漫长的舆论交锋，去向不明的事态线索，一起营造出狐疑焦躁的公共气氛。昨日上午，在各方瞩目的国新办新闻发布会上，国家林业局发言人称，鉴定照片真伪不是国家林业局的工作职能，林业局不会越位对虎照进行鉴定，会切实履行好保护和抢救野生动物的职能。相信陕西省人民政府和陕西省林业厅，会科学认真地对待公众的质疑。这标志着最有可能为事件提供行政仲裁的国家林业局，再次回避了虎照真假之辨。期待更高行政当局临机决断，只落得舆论一厢情愿。

这番“说了白说”又“不得不说”的官方表态，直接源自越来越强大的民间质疑。早前两天，中国摄影家协会数码影像鉴定中心邀请数码、动物学、植物学等六方专家，就 40 张华南虎照片的真实性举行鉴定会。六方专家鉴定的初步结果认定周正龙所拍华南虎与年画虎基本一致，认为华南虎照造假。这一结果再次令舆论沸腾。民间自发论证，至此地步已属罕见，行政当局再无回应，无异于自陷丑闻，自毁公信。

但事实表明，要为虚化的政府公信找到实在的责任主体，是多么不可能的事情。以虎照事件为例，即便网络调查高达89%的参与者认为华南虎照片造假，已经直接影响政府形象与公信度，依然没有任何机构出面为政府应声代言。这种政府信誉的无声流失，要么出于行政无知，要么出于公权漠视，但无一不构成公众信任的致命瓦解。

国家林业局逃避表态，放弃成为事件的仲裁方，也使华南虎照事件的官方善后开始呈现出某种怪异走势，即通过主动消灭第三方，使事件陷于无中心的耗散，而最终平复亢奋的舆论。这种第三方的集体消失，一方面表现为国家林业局策略性地逃避表态，放弃鉴定，甚至提起行政复议申请，亦不予受理，拒绝启动鉴定程序；另一方面，律师郝劲松在山西地方法院对周正龙提起民事诉讼，亦遭裁定不予受理，目前仍在上诉阶段。行政与司法第三方均告退出，在此情况下，作为民间第三方的专业机构，尽管做了大量的论证工作，其结果却因为不具法律强制力，而只能自说自话，无力为失衡的地方政府作为纠偏。

尽管可以说，民间第三方的论证无须行政或司法的认定而自行有效，这主要体现为民众对于论证结果的接受程度。但对于公众而言，要接受一个无法问责的政府部门却很难，至少在心理上感觉到伤害。这就是为什么有人说真相已经大白，无须官家确认，却总有民众心潮难平，总使舆论难以止步。华南虎照风波，事实上成了公众向政府部门问责的一块试金石，尽管公众从来都沮丧而回，但这一次，凭借陆续出现越来越确切的真凭实据，舆论信心大涨，不仅要为虎照讨要真相，更要测试政府部门作为是否同样进取。

但国家林业局的回应，已经交出答案，即在华南虎照事件上，公众不要再期望政府部门有所作为。随着国家林业局宣布退场，沸沸扬扬的虎照风波，以行政机构的主动放弃，自我消灭了可能的行政第三方。尽管这其中逻辑牵强，说辞油滑，比附轻佻，但依然无碍于它我行我素，除了再次展示政府部门以“拖”字诀应付舆论的意图与娴熟技巧，这还能说明些什么呢？

2007 年 12 月 5 日

事件

2007年12月，广东省东莞市领导公开表示，在2007年年底前对所有非暂缓清理的养猪场进行彻底清理。从2009年1月1日起，东莞将在全市范围内禁止养猪，发现一个，清理一个，查处一个。理由是东莞现有75万头生猪带来的污染物排放量，相当于450万人口的污染物排放量。该政策在全国范围内引起热议（2008年3月7日，东莞市领导在北京参加两会时透露："东莞2009年起禁止养猪"的政策已经取消）。

观点

这种以"禁绝"为核心内容的公共治理隐约闪现着暴力，亦即公共行政的软暴力。政策演变成单方面的强制行动，施政对象完全没有发言权，进而被剥夺博弈的权利。

禁猪运动隐寓公共治理的软暴力

从后年起，东莞将在全市范围内禁止养猪。根据"禁猪"四步走的安排：从现在起到15日，对暂缓清理的养猪场进行核查，实行统一管理；今年年底前对所有非暂缓清理的养猪场进行彻底清理；明年底之前，对包括暂缓清理在内的所有养猪场进行全面清理；2009年1月1日起，全市范围内停止所有生猪养殖活动，仍进行生猪养殖活动的场所"发现一个，清理一个，查处一个"。

根据官方提供的数字，今年头10个月，东莞全市生猪存栏量逾75万头。也就是说，经过一年缓冲期，东莞要将本地供应市场的生猪量消灭为零。而之所以要禁止养猪，官员给出的理由是养猪业造成了巨大污染，构成了城市主要的污染源。在当地环保部门给出的计算公式中，原本合法的养猪业成了作恶的行业，新政要理直气壮地将之清除。一项骤然诞生的政策就这样将养殖户的生计彻底改变。

对于禁猪运动的理据，已有不愿具名的社会人士表达了质疑。养猪业是否成为东莞的主要污染源，目前尚缺乏坚实的调研来支持。这个合法但弱势的产业是否比当地制造业更容易加重环境负担，也没有应有的评估报告。荒谬的是，原本合法投入的养殖成本，不仅看不到回收的希望，更在一夜间面临灭顶之灾。对此，新政并未作出任何补偿的承诺。于是，看似有理有据的政府禁猪运动，突兀地将市场风险置换成政策风暴，一股脑地加诸养殖户。

谁也无法否认禁猪运动的高效率。东莞已将基层查处养猪场的绩效与镇街的环保审批挂钩，执行不力者，诸如防治水污染建设项目就会被冻结，因而运动中的行政动员能力不容置疑。这种搞运动式的突击治理，在东莞已有先例，比如之前以整肃治安为目的的禁摩行动。尽管禁摩的成效有待考证，但政府已从中积累了经验。从禁止养猪的政策看，东莞正预备将此种治理模式推广到其他领域，并乐见其效。

遗憾的是，这种以“禁绝”为核心内容的公共治理隐约闪现着暴力，亦即公共行政的软暴力。禁猪运动是自上而下强制实施的，事前与养殖户等利益群体毫无沟通或协商，政策形成后也只是简单地知会。自始至终，施政方注重的是效率，养殖户的合法权益则被故意省略。政策演变成单方面的强制行动，施政对象完全没有发言权，进而被剥夺博弈的权利。如此，养殖户原本提供三成以上市场供应量的贡献被抹消，并且在政策的宣示下承担不光彩的声誉。

东莞有关领导认为，从生产发展来看，养猪并不划算。市长的立场自然也有合理的成分，更何况在价格波动的走势中，养猪的利润实在是毫无保障的。问题是，禁止养猪的得失有不同算法，官员有官员的概念，养殖户也有自己的考虑。对应这些立场迥异的算计方法，养猪可能是非法的，但禁止养猪的压制政策也有可能同样非法。区别仅仅在于，基于前者的行政强大而不容民主协商，而基于后者的抗拒则要无力得多。

“乱世用重典”一直被引作强势行政的理由。比如，针对严峻治安形势所采纳的禁摩确实被民众认可，但要警惕的是把“禁令”当作公共治理全部内容的官僚倾向。从这层意义上说，禁摩也罢，禁止养猪也好，都有可能伤及健康及正当的治理理念，导致小社会、大行政抑或强政府、弱国民的失衡局面。不能不看到，纯粹以“禁绝”为主旨推行的行政也会遇到抗争。这是因为它取消的是民众赖以存活的基础，禁止的本是民众的生活方式。因此，烈度不等、形式不一的抵触也就在所难免，反过来削弱此种治理的远期效能。

东莞部分养殖大户表示，要坚持到强制清理的最后一刻。可叹的是，分散的养殖户不可能形成整体，只好散沙一样被动等待政策裁决。养猪产业对当地 GDP 影响甚微，可以忽略不计，行政清理毫无忌惮。不过，蕴含软暴力的治理一再上演，其后果不是双赢而是“双输”。它犹如双面刀刃，切割的是两种力量：社会被逐渐束缚，积贫积弱而振奋不得；政府则一再错失治理的正义，在另一种迷途上狂奔。

2007 年 12 月 6 日

事件

2007 年 12 月 3 日，媒体披露，在公安部专门派出副部长率领工作组督办下，成功打掉以许建强、林国钦为首的广东阳江特大涉黑犯罪团伙，抓获该团伙首要分子及骨干成员共 45 名。涉黑团伙覆灭后，当地鸡鸭鱼物价立即降价。12 月 4 日，公安部刑侦局透露，广东阳江涉黑案件背后的“保护伞”对象已经锁定，部分人员正接受调查。

观点

民众想了解黑帮与保护伞之间的故事，并不只是单纯的好奇。实际上，这种知情欲望中隐藏着一种权利意识：知道所有涉黑官员的全部涉黑行径，然后才能经由百姓的朴素良心对这些涉黑官员进行舆论意义上的民间审判。

期待尽早揭开黑帮背后的故事

阳江黑帮覆灭记，是最近几天省内最轰动的新闻。媒体不遗余力，揭露黑帮之横行霸道，讲述警方之英勇智慧。在大量新闻报道之外，媒体也代公众发出严厉的追问，连街头孩童都知道的林、许黑帮，何以能够生存 10 年？何以能够发展壮大？言下之意，已经不是指责当地政府不作为，而是在逼问当地官员涉黑情状。

阳江当地政府官员涉黑，这一事实官方没有否认，也没有直言。不过，目前的新闻披露中有许多线索：公安部打黑第一步便是换掉当时的阳江公安局局长江小明；第三步是调走已被黑帮收买的政法公安线公务员；第六步是立即将被捕嫌犯异地关押……办案过程中的这些步骤，让民众不难得出这样的结论：其一，阳江当地政府中有权势的公务员和官员被黑帮收买，说得简单点，阳江黑帮有保护伞；其二，公安部对当地官员涉黑的情况掌握得相当清楚。

遗憾的是，根据目前媒体采访以及官方披露的信息，我们只能找到反证来推断保护伞的存在，从头到尾感觉到保护伞的影子，却始终看不到保护伞的真身。到底是哪些公务人员在纵容黑帮、支持黑帮、滋养黑帮？他们与黑帮之间是怎样勾结起来的、有怎样的利益关联、如何分配收益？黑帮与其保护伞之间的关系往来，是真正关键的信息。黑帮得以长期存在并成长，是因为它有保护伞；打击黑帮得以一网打尽，是因为专案组成功地将保护伞隔离在行动信息之外；同样，黑帮覆灭之后民众最期待、最关心的内容，也就是黑帮与保护伞之间的无耻勾当。

民众想了解黑帮与保护伞之间的故事，并不只是单纯的好奇。实际上，这种知情欲望中隐藏着一种权利意识：知道所有涉黑官员的全部涉黑行径，然后才能经由百姓的朴素良心对这些涉黑官员进行舆论意义上的民间审判。在某种程度上讲，这种了解黑幕真相的愿望，出自一种正义感。

当然，民众可以理解，媒体目前的调查采访能力，不足以立刻揭开一直隐蔽的黑白交易；我们也可以理解，官方在掌握切实证据之前，不太适合把一些不确定的线索抛给公众。但是，民众还是很期待能够尽早地了解阳江市涉黑官员的情况，而且希望能够动态地了解案件的调查处理情况，而不只是在最后看到简单的一个名单。

全面地披露地方官员涉黑故事，其实对政府有利无害。

首先，这么做并不会给政府丢脸，而是能够相对地改善政府的形象。因为，依照目前已经公布的事实，民众难免就要往最戏剧化、最恶劣严重的方向去猜测和推断。比如说，在办案当晚，“阳江所有公安干警一个不漏地被通知要在单位待着”，人们就会认为，肯定有很大一部分阳江公安干警已经被黑帮收买。又比如，办案的第一步是换掉公安局长，人们自然就会认为该公安局长是保护伞，如果他是办案不力能力不足，怎么至于高升？当然，这些结论很可能是错的，只是如果没有全面详尽的信息来说服澄清，这种理解很可能就会长期存在，最后人们就会把自己的猜想当真。

其次，全面披露地方官员涉黑事实，也会让民众对事件的最终处理结果感到信服。如果全过程都封闭不谈，只在最后公布处理方案，那就会让民众有一种听众的、旁观的感觉，在这种完全无力的感觉之下，他们难免就会怀疑自己有没有被隐瞒、自己所看到的是不是全部真相。现在，很多民众都把阳江的黑帮势力想象得非常强大，而且把政府涉黑的深度和广度想得非常严重——副市长被警方带走，虽然这消息后来被阳江政府否认，但是老百姓还是宁愿相信比较坏的那个消息。然而，事实确实有可能与社会猜想相反，如果涉黑人员并不像人们以为的那么多、那么高级别，但最后公布的处理方案中仍然是很短的名单和简略的案情通报，那么可能就会出现一种荒唐的现象：真相反而没人相信。

根据目前事态发展，我们相信公安部和省政府彻底扫黑拔除保护伞的决心，为了起到惩前毖后的作用，对地方官员的处置必然不留情面。只是，从抚平社会情绪、提升政府形象的角度出发，在不影响办案程序的前提下，政府或许可以考虑，动态地发布涉黑官员的犯罪行为，让民众看到阳江黑帮背后真正的故事，也让民众看到政府在处理涉黑公务人员时公正、严厉的态度和公开透明的作风。

2007 年 12 月 6 日

事件

2007 年 12 月 5 日结束的中央经济工作会议提出，明年要实施稳健的财政政策和从紧的货币政策。已实施 10 年的稳健货币政策将结束。分析称，这一变化是基于政府对当前物价连续上涨、货币信贷增长过快等宏观形势的判断。

观点

从紧的尺度成为经济软着陆的关键，有关方面理应从长远的经济发展动力出发，考虑市场主体的承受力，以明确的标准给予市场主体充足的信心。

从紧的货币政策：有关经济转型无关阴谋

此次中央经济工作会议提出“从紧的货币政策”，引起社会各界广泛关注。

这是继 1993 年实行“适度从紧”的货币政策以后，再次提出从紧的货币政策，并且取消“适度”二字，说明决策层对于经济过热的严重担忧。从 2004 年以来，我国虽然开始实行适度从紧的货币政策，进入加息周期，但并没有解决经济过热的问题，这也是货币政策从“适度从紧”转向“从紧”的重要原因。

此次从紧的货币政策并不仅仅意味着中国经济周期的变动，而是中国货币政策、经济增长模式将发生大变化的明确信号。此次调整有关中国经济的转型，而无关货币阴谋。

这次的紧缩型宏观调控与前两次有本质区别。从表面上看，此次的宏观调整似乎属于未雨绸缪，全年 4.5%左右的居民消费价格指数（CPI），今年前三季度 25.7%的固定资产投资额，18%左右的广义货币供应量（M2）增速，比起 1988、1993 年都下降了一半左右。此时提出从紧的货币政策显然是因为出现了新问题。值得注意的是，与以往从紧的财政政策与货币政策配套使用不同，此次稳健的财政政策与从紧的货币政策并行，说明问题主要出在货币方面，而不是政府投资等方面。由此，政策的着力点也不再是财政政策而是货币政策。

这是一个正确的选择。只有对货币体制进行彻底改革，才能解决我国经济的周期性痉挛症。众所周知，从 1994 年实行汇率体制改革实行有管理的浮动汇率以来，虽然名义上实行盯住一篮子货币的汇率政策，但实际上以盯住美元为主，使汇率丧失了主动调节的控制权。随着低息美元的泛滥，人民币流动性无法扼制，货币无法反映中国经济的发展现状，只要资本市场、企业投资稍有增加，经济热度就急速蹿升。目前 CPI 的结构性上升被许多人视为一轮新的经济过热周期爆发的象征。

要解决这一问题，必然大举推进人民币汇率的市场化，改变以外汇占款为主的基础货币发行体制。

从紧的货币政策是营造逐步推进人民币汇率市场化的环境。从国内外发展态势来看，明年汇率的大幅上升或者汇率浮动区间的扩大已经是无法避免之事。这既是发达国家强加给中国的压力，也是中国经济的体量达到一定程度之后的内生要求。在此有必要破除货币战争阴谋论的心魔，一只蚊子可以叮在老虎背上，一只牛如何叮得住？低息美元大行其道造成全球货币流动性泛滥，这固然是美元向全世界征收的铸币税，何尝不是说明中国已经到了从美元的老虎背上下来，夺回货币主动权的关键时刻？

如果以为汇率改革是一场阴谋（正如最近备受争议的畅销

书《货币战争》所论），只要是国外逼迫的全部予以反对，那就只有让中国的货币制度返回盯住美元这一不合时宜的道路上去，重新将人民币的未来交给自己的贸易对手。这种做法貌似高明其实短视，貌似有原则其实是偏执。

可以肯定的是，明年的经济增速可能在今年的基础上略有下降而不是急速下降，软着陆是各方追求的共同目标。现在唯一的风险在于，实现目标的过激手段有可能使经济周期溢出执政者这只如来佛的手掌之外。

这也有前车之鉴，虽然前两次宏观调控取得了预期的为经济降温的效果，但也留下了严重的后遗症，主要表现在经济急剧降温之后，导致银行坏账快速增长，许多金融机构处于技术破产边缘，政府不得不再次实行积极的财政政策，同时对金融机构进行坏账剥离、注资等非常规手段，防止金融机构从根本上拖垮中国经济。

央行行长周小川提醒宏观调控防止矫枉过正是着眼于历史教训的沉痛之语，经此轮经济周期，中国的金融机构已经拥有了远高于公布的房贷量，以及大量以土地为抵押的信贷产品，如果土地与房产价格大幅缩水，直接的表现就是银行的坏账大量增加。不仅如此，如果信贷急剧压缩，还将造成大量融资渠道不畅的中小企业的破产与倒闭。央行行长周小川呼吁金融机构要经得起经济下行周期的考验，这句话对除政府重点保障之外的所有企业都适用。

从紧的尺度成为经济软着陆的关键，有关方面理应从长远的经济发展动力出发，考虑市场主体的承受力，以明确的标准给予市场主体充足的信心。

2007年12月7日

事件

2007 年 12 月 6 日，国家环保总局在其官方网站就山东乳山核电项目作出“说明”，称依照国家法规，乳山核电项目在正式建设前，应经过国家环保总局的审查批准。但目前为止，乳山核电项目并未向环保总局提出申请，环保总局也并没有受理该项目。据当地媒体报道，整个乳山核电项目总投资可能达 600 亿元。

观点

我们可以得出的结论是让人沮丧的：至少《环境影响评价法》中的规定，明显有利于地方政府，而不利于环境系统的纵向监管。

真正的否决权，
不在环保总局而在公众参与

11 月底，国务院下发《“十一五”主要污染物总量减排考核办法》，其关键内容被概括为，“地市减排不达标党政一把手就地免职”。社会普遍期待，中央的这一番决心宣示，能够为一直弱势的环保部门充实权力。前天，国家环保总局在其网站发布声明，乳山核电项目在正式建设前，应经过国家环保总局的审查批准。这一出针对大项目的“狙击”，给人一种振奋的感觉——环保部门硬气起来了，发威了！

其实，相对地方环保部门来说，环保总局一直是比较“硬气”的，在“环保”力量更加弱小的时候，它有时也以“风暴”的方式叫停一些地方上的项目。由于地方环保部门受制于地方政府，在某些疯狂“发展”的地方简直形同虚设，所以人

们的许多环保诉求也习惯性地求诉于环保总局。至少在过去，环保总局在弱势的环保行政系统中相对最不弱势、最有能力作为。

但是，这个能力也还是非常有限。在备受争议的厦门 PX 项目中，国家环保总局角色尴尬就是一个例证。今年夏天，由于市民抗议，厦门市政府暂缓已经开工半年的 PX 化工项目，并且在区域规划环境影响评估之后再作决定。当时国家环保总局曾经高调介入，并且表示要组织专家进行区域规划评估。最终，环评工作并非由国家环保总局组织专家进行，转由厦门市政府组织。今年 7 月，厦门市政府选定中国环境科学研究院作为环评中介单位。12 月 5 日，厦门市政府公布了厦门海沧南部地区环境影响评价结果，进入了为期十天的公众参与阶段。

虽然《中华人民共和国环境影响评价法》明确规定，那些涉及公众环境权益的规划或者建设项目，规划编制单位或项目建设单位应当在报批前“举行论证会、听证会，或者采取其他形式，征求有关单位、专家和公众对环境影响报告书草案的意见”，但是在现实层面，“公众参与”阶段往往被省略或者敷衍了事，而公众甚至不知道自己有权利“参与”哪些涉及自己权益的环境影响评估。这次厦门区域规划环评以相当醒目的方式开始其“公众参与”阶段，而且也确实在市民中间引起了相当大的反响，这几乎要算是可喜的先例。

不过，国家环保总局总是在媒体和公众的期待中不得不出现在事件现场，但是它很可能有心无力。国家环保总局人士在接受《财经》采访时表示，虽然厦门 PX 项目最终能否复工，与正在进行中的环评工作有直接联系，但环评并非一种行政许可，所以国家环保总局原则上并无对环评报告的审批权。还是依照那部《环评法》，只有核设施或绝密工程、跨省区项目以及国务院审批或授权的建设项目，才必须通过国家环保总局的环评审批。显然，乳山核电站位列其中，所以国家环保总局才狙击有力，表现得仿佛是一个强势部门。但是厦门 PX 项目的环评审批权限，由福建地方政府规定，属于地方事务，与国家环保总局无关。

依照上面的分析，我们可以得出的结论是让人沮丧的：至少《环境影响评价法》中的规定，明显有利于地方政府，而不利于环境系统的纵向监管。国家环保总局虽然被媒体和公众寄予厚望，但即使是环境法规也并未赋予它足够的权力，去承担这些寄望、这份重任。

所以，厦门市 PX 项目的命运如何，或者说厦门市的命运如何，都不能依靠国家环保总局，而是必须依靠厦门人民自己。虽然法律条文中对“公众参与”这部分的程序规定得非常模糊，虽然没有任何规定表明，公众意见对环评审批拥有否决权，对政府如何统计、如何处理公众意见也没有任何规定，但是，对那些反对 PX 项目的厦门人来说，他们已经没有任何其他依靠。如果他们消极放弃，那么政府批准 PX 项目几乎就不再有任何障碍；如果他们积极地利用一切法律法规赋予他们的表达手段，事情或许会有转机。

2007 年 12 月 8 日

事件

2007年12月6日凌晨，山西省临汾市洪洞县左木乡红光村原新窑煤矿发生瓦斯爆炸，遇难矿工人数达105人。据调查，造成死亡人数如此之多的直接原因是，在矿难发生后，煤矿负责人隐瞒不报私自开展救援，造成事故扩大。在12月9日上午洪洞“12·5”事故国务院调查组成立大会上，山西省代省长孟学农代表山西省人民政府向国务院作出深刻检讨，山西临汾市市长李天太代表市政府向遇难的矿工表示沉痛哀悼，向死难者家属致以深深的歉意，并愿意接受组织给予的任何处分。2008年2月24日上午，临汾市举行洪洞“12·5”矿难公判大会。16名涉案责任人获刑，其中3人被判无期徒刑。

观点

当前的现实恰恰在于，权力丧失制约，公众无力问责。如果100次的道歉，只是重复温习100次的疼痛，这样的道歉，于公众何益，于社会又有何益？

公权无法问责　道歉受之不起

12月6日凌晨，山西洪洞县新窑煤矿发生矿难，105位矿工遇难。这是自去年以来，全国一次死亡人数最多的特大事故。昨日上午，洪洞“12·5”事故国务院调查组成立，山西省人民政府向国务院深刻检讨，向报道这一事故的新闻媒体表示感谢。与此同时，临汾市市长李天太说，代表市政府向死难家属致以深深的歉意，并愿意接受组织给予的任何处分。

尽管矿难频仍的现实，已经炼出足够坚韧的社会神经，但悲惨消逝的生命，仍在顽强传递现实的寒意与生者的痛意，当然还有省长市长们的深深歉意。我们当然不能腹诽官员道歉的诚意，但在持续不断的矿难面前，在阴阳两隔的鲜活生命背后，那些为官员道歉而准备的叫好和感动，都变得廉价而稀薄。谁都知道，与人之生死相比，一句道歉毕竟轻薄，更为关键的是，这些人命关天的官员道歉，公众的良心接受得起么？

毋庸置疑，矿难之后的每一次官员道歉，背后都是淋漓的血泪、破碎的家庭、残酷的生存。社会为之付出的代价异常惨痛，但这一次一次的道歉，是否累加而成了社会改进、制度完善的推动价值？2006 年 11 月，山西焦家寨矿难夺去数十条生命，当时的某省领导在紧急会议上向矿工道歉，向全省检讨；2007 年 1 月，就煤矿特大安全事故没能得到有效遏制，他再次向 500 多名省人大代表和政协委员检讨，表示自己应负领导不力的责任，并为此深感内疚。如今，新任官员固然接续了勇于道歉的作风，但那些死于非命的矿工，他们血的代价，难道只配换来这道歉的新传统？

2006 年 7 月，曾有一篇题为《山西人不愿再见李毅中》的报道，一语道出当地民众被矿难折磨而不得逃脱的心声，而这句缩略的表白，又何尝不是全国各地民众的心声呢？矿难不得止息，安监局长依然在四处救火，而官员频频道歉，依然于事无补，这番状况真是逼得公众忍不住要再喊出一句：中国人从此不愿再见官员道歉了。

就此而言，曾引为一时新风的官员道歉，无疑应该从官员罪己、大有担当的道德幻觉中醒来，不止步于威权改善的形式美，而求之于政治进步的实质价值。因为真正评判官员道歉的价值，仍在于制度运行失常的及时修补和矫正。正如政治学者所分析的那样，具有真实意义的道歉，是建立在现代官员问责制度基础上的道歉，是法理政治制度中的道歉，而不是伦理政治中的道歉。当前的现实恰恰在于，权力丧失制约，公众无力问责。这种实际上无责可问的现实，在日复一日重蹈覆辙的矿难事件中，最终稀释并完全流失了官员道歉的公众价值。如果100次的道歉，只是重复温习100次的疼痛，这样的道歉，于公众何益，于社会又有何益？

因此，我们仍要追问，那些最根本的命题——官员为什么要道歉，向谁道歉，这实际上是一个公权力从何而来，为谁负责的问题。每一次官员道歉，都不能只是一种姿态，暗算某种道德的回馈，冲抵责任的分担，而必须有法理上的切实承担，而这种承担，无疑必须交由公意或制度强制作为后盾。因为每一次官员道歉，实际上都成本巨大，社会为之付出的代价，不应该无声沉淀为时代的空耗，应该也必须转换成社会的进步和发展。因此，我们要说，矿工不能白死，道歉不是游戏，我们需要比勇于道歉更为真实的历史进步，血泪的惨剧才能再少些，官员歉意才不至误会成为公众的嘲讽。

2007年12月10日

事件

2007年12月5日，厦门市宣布“海沧南部环评已经完成，进入公众参与阶段”之后，12月8日晚，厦门市政府官方网站厦门网上开办“倾听民声科学决策——厦门市重点区域（海沧南部地区）环评报告网络公众参与活动”，就“PX项目建设与否”让网民投票。短短一天里，超九成的人投了反对票（赞成3000票，反对5.5万票），12月9日网站以技术问题为由取消投票，只允许网民发帖表达意见。10日下午投票网页完全消失。而且，厦门网声明，这次调查是厦门网自行发起，与厦门市政府无关。

观点

在表达民意的相关政治制度仍不尽如人意的现状下，网络空间为拓展言路传达民意提供了一条新的路径，现在要具体解决的问题就是，如何在公众舆论和政府行为之间建设一个制度路径将它们有效地联系在一起。

期待厦门公众与政府创造出互动新模式

过去的一年，网民们的表现令人惊讶。春天有“最牛钉子户”，夏天有“厦门PX项目”，秋冬时分有“华南虎照”。12月5日，厦门政府将PX项目的区域规划环评报告公之于众，进入了为期10天的“公众参与”阶段。现在日程过半，我们清楚地看到，初夏时分坚定理性的厦门人再次活跃起来。

目前网络上反映出的公众态度，基本上是一边倒地反对“PX项目”。在厦门网的“环评报告网络公众参与区”，于12

月8日晚上开放投票，根据网友截图，至12月9日21点37分，反对在厦门建设PX的人数是55376人，支持建的人数是3078人，其他意见是230人。在一天的时间内，有大约6万次投票记录，这个参与程度可以算是很高，而且其中反对票数的比例超过94%。可以想见，如果这个投票活动持续到12月14日，将会形成一个相当清晰的民意图表，成为最有力量的"公众参与"形式。

遗憾的是，12月9日22时44分，厦门网发表声明，取消投票，并且宣布此前形成的反馈统计数据显示不准确、不科学。12月10日下午，该网页再次"变脸"，取消了原来保留的各方意见的新帖列表，只留下"我要发布意见"作为通向论坛的入口。同时，厦门网声明，这次调查是厦门网自行发起，与厦门政府无关。这个声明至关重要，因为这意味着，市民的投票结果，以及在论坛上的发言，都不必然成为厦门政府的决策参考。也就是说，厦门网上的投票平台和意见平台，与网络上其他的论坛或者博客没有区别，在某种程度上属于民众的自娱自乐——市民网友尽管发言，政府可以假装没听到，可以听到了假装没听懂，可以不反馈，可以我行我素。

上述这种悲观的预测并非毫无根据。

在过去的一年中，之所以网友会成为不少重大社会事件的主角，是因为网络舆论与传统媒体的力量已经有效地整合在一起。网友的自由言论在网络的自由空间中自然汇集，有进取心的传统媒体跟随网络事件和网络舆论，在现实空间中进一步逼问突破，这些信息再重新在网络上获得最强劲的民意反馈——以此循环，逐渐推进事件逼真，舆论向前。在华南虎照事件上，这个循环递进的力量表现得非常清楚。通过这个方式，民间的智慧、专业知识和坚韧耐力为其提供了有力的言论，而包括电视广播、报纸杂志在内的传统媒体为民间言论提供了公共性与合法性，最终形成的公众舆论，既为民间普遍认同，也对政府形成严重质疑。在一些具体的事件上，可以说，公众舆论已经非常完整、自由而且有力地完成了民意表达的任务——在网络诞生之前，在媒体逐步市场化之前，这是中国社会一个可望而不可即的目标。

然而，在达成这个目标之后，人们不无沮丧地发现，民意的表达与政府的行动之间缺少必然的联系。或者说，民意表达不对政府具有任何实质性的约束力和强迫力。在华南虎照事件中，民众对虎照真假心中已有定论，但是他们仍然渴望政府对此有所反馈，因为真相的下一步是责任追究，因为言论的下一步是行动。结果是，没有责任追究，没有行动。

言论与行动的脱节、舆论讨伐的无力，并非只体现在虎照事件中。日前东莞禁止养猪的消息，因其明显的荒谬霸道而引起公众的一片哗然，媒体报道或者网络舆论，无不全力讨伐之，但政府的反馈不过是，再次宣布自己的决策是科学的、合理的。更早以前，广州市禁摩、禁电的政策，修建 BRT 的政策，都引起了媒体和公众的质疑，但是这些质疑都没有得到很好的解释，更不要说对政策走向有什么改变。类似的事件还可以列举下去，如果从乐观的角度去看，这个现象表明，中国的公共舆论空间日趋开放；但是如果从悲观的角度去看，这个现象表明，地方行政对公众舆论、民意民情，仍听之任之不理之。

以媒体反映民意，这本来就只是一种社会行为，而不是制度手段。在表达民意的相关政治制度仍不尽如人意的现状下，网络空间为拓展言路传达民意提供了一条新的路径，目前中国社会已经在这条路上走到了一个新的节点上，现在要具体解决的问题就是，如何在公众舆论和政府行为之间建设一个制度路径将它们有效地联系在一起。

就在这个时候，厦门市政府宣布环评报告进入了为期 10 天的“公众参与”阶段。国家法律规定环评报告报批前须有

“公众参与”环节，但是法律没有具体规定，公众要如何参与，以及公众的意见应该在政府的决策中产生怎样的影响。目前我们看到，厦门政府开通了专门的热线电话、电子邮件，并且还将召开公众参与座谈会——这些都是收集民意的方式，至于如何“处理”民意，我们还不清楚。虽然从程序设计的角度去看，关闭网络投票平台是一个不小的遗憾，但此番厦门公众参与政府决策的公开程度和社会动员程度都已经超出了社会预期，我们期待它有好的结果。或许这个特殊的案例可以创造出公众与政府真正有效互动的方式。

2007年12月11日

事件

2007 年 12 月 3 日，针对小产权房，国土部有关负责人表示，年底前，国土资源部将出台关于农村集体土地管理的有关通知，届时将对此问题进行明确。但同时表示，小产权房同样属于土地违规问题，同样要按照土地违规案件的办法处理。对于严重违规又不符合规划的小产权房，要拆除；对于一些已经形成一定规模、符合土地利用规划的小产权房，可以考虑让其补齐手续后转为合法。

观点

明智的政府面对如此自相矛盾的法律及民众行使自己自然权利的努力，必然会致力于消除法律的内在矛盾，使法律条文向自然法和人们的常识逼近。

小产权房：政府规划大不过农民权利

违规小产权房如何处理？国土资源部发言人日前表示，要针对不同问题，予以不同处理，对于一些已经形成一定规模、符合土地利用规划的小产权房，可以考虑让其补齐手续后转为合法。同时，国土资源部将出台关于农村集体土地管理的有关通知，对相关问题作出进一步说明。

这番表态似乎透露出些许松动的迹象，但又并不会让人太过乐观。农民有没有权利在自己的土地上建造房屋并出售？这是一个需要认真对待的重大法律问题，是应当予以清楚厘定的。

按照现行法律，主要是《宪法》和《土地管理法》，农民以集体的名义拥有本集体所占有的土地的所有权。从法学角度看，“所有权”是人对于财产最完整的权利了，按照自然法及标准教科书阐述的法理，“所有权”是指权利人依法对自己的不动产和动产享有全面支配的权利，包括占有、使用、收益和处分的权利。农民集体对其土地的所有权当然意味着农民可以改变土地的用途，可以在自己所有的土地上开发房屋向城市居民出售。很多地方的农民也就是依据自己对土地权利的这种自然理解而建造所谓的“小产权房”的。建设小产权房乃是农民集体所有权的基本内容之一。

当然，人们也注意到，《土地管理法》及其他法律对农民的这种所有权进行了严格的限制，农民没有权利改变土地的用途。即便是其在宅基地上建造的房屋，也不得向本村之外的其他交易主体出售。农村集体土地要改变用途，用于非农建设，必须经过国家征用土地的环节。难怪有专家说：农民对于土地是没有支配权的，支配权属于国家。然而，一个没有支配权、处分权的所有权，还是不是所有权？同一部法律中已出现了矛盾。

到了现实中，又产生了另一重自相矛盾。政府对于国有土地享有所有权，基于这种所有权，政府可以将土地用于公共用途，但也可以按照商业原则，将其出售给报价最高的企业和开发商，且后者占了大多数，而这些土地最初基本上都是从农民手里征用而来的。这也就是说，政府可以追求其土地收益的最大化，农民却不可以。这样，两种所有权之间又出现了绝对的不平等。

按照关于司法审查的经典解释，自相矛盾的法律应当被宣告无效。中国没有正式的司法审查机制，但是，如此双重自相矛盾的矛盾终究是缺乏正当性的，这样的法律，难以得到民众的信服和尊重。民众必然会按照自己对自然法的理解，对于财产所有权的常识性理解，不顾法律而行使自己的自然权利。

明智的政府面对如此自相矛盾的法律及民众行使自己自然权利的努力，必然会致力于消除法律的内在矛盾，使法律条文向自然法和人们的常识逼近。应当说，过去若干年来，各个层级政府的立法和政策确实在这样做，土地制度的变迁总体上是朝着完善农民的土地权利的方向演进的。比如，广东的地方法规已经承认农村集体可以转换土地用途，很多地方政府也承认农民有建造房屋向城市居民出售的权利。

当然，现行的法律也让政府可以很方便地抑制地方、农民的尝试。政府此时还会觉得，自己的清理打击是有法律基础的。但是，政府可能忽略了一点：农民的行为同样是有法律依据的，因为农民依据了自然法和常识性的习惯，而且，《宪法》和相关法律都已经授予了农民土地的所有权。农民最起码和政府一样有法可依。

从政治上说，农民所依据的法律的效力要高于政府所依据的法律的效力。因为，法治政府意味着政府愿意接受法律的约束，一个法治政府与一个非法治政府最大的区别就是：当民众权利与政府权力发生冲突的时候，政府权力愿意退让；当法律自相矛盾的时候，法律是向着有利于民众权利而不是有利于政府权力的方向解释。

政府可能会说，它有权基于公共利益对土地用途进行规划，基于保护耕地的政策限制农民行使其所有权。当下禁止小产权房的理据就是这一点。但是，任何规划或政策都不能对农民的所有权设置过分的限制，以至于消灭了所有权。你不能借口在街道上疏导交通而将所有人都堵在家里，禁止大家永远不得出门。而且，土地规划和保护耕地的政策既然声称是为了公共利益，那就不能完全忽略农民的利益，因为，农民本来就构成了“公共”的多数。完全取消农民对土地之权利的规划或政策，不可能合乎公共利益。

因此，政府的土地利用规划和保护耕地政策，必须以承认农民对土地的所有权为前提。政府在确定土地用途之前必须通过合理的立法程序征得农民同意，政府予以限制的范围也不能大得无所不包，让农民根本就丧失了利用土地改善自己境遇的一切机会。

除了这些法律追问之外，人们还可以再问一句：如果农民根本不能将其土地从死的资产变成活的资本，又如何能够获得“财产性收入”？

2007 年 12 月 15 日

事件

2007 年 12 月 14 日，国土资源部重申，我国城镇居民不得到农村购买宅基地、农民住宅或所谓的“小产权房”。国土资源部有关负责人称，此前有媒体关于“符合规划小产权房可转为合法”的报道不实，并强调，1999 年国务院办公厅关于加强土地转让管理严禁炒卖土地的通知明确规定，农民住宅不得向城市居民出售，也不得批准城市居民占用农民集体土地建住宅，有关部门不得为违法建造和购买的住宅发放土地使用证和房产证。2008 年 1 月 8 日，国务院办公厅下发《关于严格执行有关农村集体建设用地法律和政策的通知》明确指出，城镇居民不得到农村购买宅基地、农民住宅或“小产权房”。至此，“小产权房”合法化的大门被关上。

观点

岂止是在小产权房上，在更多的领域更广泛的视野中，政府权威流失甚至丧失权威都不鲜见。与此相对应，市场权威或社会权威得以树立，民众虽不能靠权利发言但足以用脚来投票。

小产权房争议不会因旧令重申而止息

小产权房的合法性被有条件地“承认”尚不过 24 小时，官方迅即改口予以全面否认。12 月 13 日，京城有媒体率先报道：国土资源部有关负责人表态认为小产权房尽管违法，但对于符合规划、具有一定规模的小产权房可补办手续转为合法。此消息在短时间内广泛传播，舆论一度认为政府准备对小产权房“松绑”。不料，次日国土资源部作出澄清，小产权房合法化的新闻是虚假报道，并重申城镇居民不得购买，也禁止主管部门为其核发土地使用证和房产证。

媒体关于小产权房的报道是否属实，民众自有解读，他们的立场恐怕很难因国土部的“辟谣”而改变。此前，众多的媒体报道已将小产权房在全国尤其是北京地区的状况完整呈现。无论是建设数量还是市场需求，小产权房都相当庞大，具备了相当深刻的社会影响力，成为政府不得不严肃面对的问题。国土资源部最新的表态反而证明，即便是在国家最高土地行政管理部门，对于如何处置小产权房也存有分歧。强调既定政策的权威性，继续宣告小产权房的非法身份，实质上体现了行政者的消极退守，无助于弥补小产权房在政策及现实处境下的分裂局面。

政府在处置小产权房上遭遇的最大挑战莫过于其合法性之争。假若以现有的土地和规划法规作为标准，小产权房的合法地位无从谈起，也无从申诉。可究竟谁才有资格认定小产权房的合法与否？政府既然要坚决维持对土地垄断的格局，自然容不下小产权房的另外一套阐释逻辑。可恰恰是在这一方面，政府遇到了普遍的反对意见。解释权实际上已不完全掌握在政府手中。市场、农民、村集体乃至宪政学者都齐声说“不”，密集的异见紧贴小产权房的实际，衬托出行政辩白的无力感。

小产权房的发展蔓延非一日之功，迄今超过10年。这是政府对土地资源最勤力经营的10年，也是农民的土地所有权最被漠视的10年，更是城市房地产市场对社会压迫最为深重的10年。政府成为商品房用地的唯一提供者，开发商形成住房的唯一来源。在土地流转的不同环节，农民和市民感同身受的竟然是类似的剥离感。土地增量的收益只在理论上属于全体人民，它所制造的房地产市场、GDP政绩、地产权贵与普天下之房奴并存。一般国民无法分享土地的好处，根本无从置喙，却不能逃避层出不穷的土地弊端。

因而，历史地看，政府早就遗失了对小产权房合法性的裁定权。这也是当政府重申保守立场时随即遭受大量指责的原因。小产权房不可能与大产权房、土地、住房供应等令人不堪的社会现状隔离开来。一旦行政部门预备如此思考甚至依此行事时，民众立即会有心理反弹和激烈抗拒。当然，谁也不能向农民或市民保证，小产权房定会实现他们的全部期望，但在土地收益一味地被剥夺与看得见的梦想成真中，如何选择当是不言自明的。所以，即使不拿自然法或农民对土地享有的完整所有权作为参照，有关部门已在持续的不作为、乱行政中自动取消了对小产权房的鉴定权威。

岂止是在小产权房上，在更多的领域更广泛的视野中，政府权威流失甚至丧失权威都不鲜见。与此相对应，市场权威或社会权威得以树立，民众虽不能靠权利发言但足以用脚来投票。譬如在华南虎照片风波中，社会已对照片作出确实为假的权威鉴定，有关部门对此结论拒绝积极作为，固执己见，政府公信与社会权威此消彼长即为典型事例。显然，行政权威在社会心理中的矮化会造成严重后果，其一就是行政的合法性不断流失。当国土部门反复宣示小产权房绝对不合法时，小产权房逆行政纠察之势而动，竟在所谓“非法”的指责中逐渐合法，其规律就与此相关。

观察小产权房的缘起与逐渐强悍的演化过程，一斑而窥全豹，行政权的扩张与行政错漏其实同时存在，而后者很可能粉碎前者排他性独大的幻觉。行政之外尚存不息的社会和执著的市场，也映照着终归要迸发力量的公民权利。小产权房作为官方言辞中的“土地违规”现象，实为积淀而生的社会问题，而其解决显然并非政府一味强硬重申既定法规即可达成。

2007 年 12 月 16 日

事件

2007年12月15日，人事部部长尹蔚民在全国人事厅局长会议上表示，中国将抓紧研究建立国家荣誉制度和政府奖励制度框架，启动行政奖励法、国家勋章法的研究论证工作。人事部公务员管理司负责人在接受专访时介绍，设国家荣誉制度有宪法依据。由国家主席根据全国人大的决定和全国人大常委会的决定，授予国家的勋章和荣誉称号，是国家最高层次的奖励。

观点

需要指出的是，国家荣誉所倡导的对国家的忠诚，也是对共同价值的维护，是对人的权利的忠诚，而不是建立在此一时、彼一时基础上的势利的忠诚。

国家荣誉制度当奠基于人类普世价值

作为政府奖励表彰体系的一个未来组成部分，有关《国家勋章法》的相关工作已经纳入相关部门视野。12月15日，人事部部长尹蔚民在全国人事厅局长会议上表示，中国将抓紧研究建立国家荣誉制度和政府奖励制度框架，启动《行政奖励法》、《国家勋章法》的研究论证工作。

国家荣誉制度呼之欲出。就在此前，中共中央总书记胡锦涛作十七大报告时曾提出，“设立国家荣誉制度，表彰有杰出贡献的文化工作者”。

世界上许多国家都设有国家荣誉制度。从国家层面而言，国家荣誉无疑是一种最高级别的荣誉。然而，需要承认的是，任何奖励的价值都不在奖励本身，国家荣誉制度的设立同样不在于其中暗含了一种推动社会奋进的激励技艺，更在于它能够站在国家的高度倡导某种价值。

这种价值是必要的。就像诺贝尔和平奖，无论这个奖项颁给谁，它都会坚持促进民族团结友好、守卫人类和平的道义责任。对于一个国家来说，国家荣誉的设立同样有引领价值之功用与目的。众所周知，一个人无论取得多大的成就，首先都是价值上的成就。这种价值上的成就决定了他的创造不仅伟大，而且有用。历史同样证明，那些真正能够为世人称道并且铭记的国家荣誉，必然是能够为人类所共享的荣誉。

正因为此，许多国家的政府不仅将国家荣誉颁发给本国人，而且同样颁发给外国人。如果我们承认国家首先是一个价值共同体，并且承认这是一个可以与人类共有价值相对接的价值共同体，就不难理解，国家荣誉理应奠基于人类共有的普世价值之上。

这种对接同样体现在中国近 30 年的进步之中。不可否认，中国改革开放，既是对国家的开放，也是对既有价值观的开放。正因为此，我们看到，今年的十七大报告中写入了许多普世价值，包括民主、自由、公正、法治、人权、人格尊严等都纳入到社会主义价值目标体系中去。

值得警惕的是，任何荣誉并非只有积极的一面。这也是自古以来人们对荣誉既爱又恨、喜忧参半的原因之所在。一方面，荣誉能够催人奋进、激励来者，能够作为一种历史报偿完成人类对其优秀成员的奖赏，以及对整体价值的肯定。另一方面，在特定条件下，淘空精神内涵的奖励也可能会使人异化，变成一种政治控制术或社会腐蚀剂。如那句古老的拉丁格言所称，“荣誉会败坏人的本性”。古希腊著名作家普鲁塔克同样深刻指出：对权力与荣誉的过度追逐会使人类误入歧途。

在此意义上，如何保有国家荣誉的含金量，并使其最大限度上有益于社会，是建立和完善国家荣誉制度必须面对的挑战。与此同时，还要看到的是，随着社会的发展，人们对“国家荣誉”及其制度意义的理解并非一成不变。这既有赖于人们对国家和荣誉的认识的深入，同样有赖于有价值的创造被国家荣誉所认可，而不只是因为政治或者其他原因被排拒。任何可以称得上美好的作品，都会有其特有的、能够继往开来的时代内涵，所以有关国家荣誉的设立与颁发，都应该着眼于这个国家正在努力建设的未来前景。它不但向当下开放，向世界开放，更向未来开放。

谈到“国家荣誉”，人们可能会想到体育运动带来的奖牌。需要指出的是，国家荣誉所倡导的对国家的忠诚，也是对共同价值的维护，是对人的权利的忠诚，而不是建立在此一时彼一时基础上的势利的忠诚。比如为了迎战四年一度的世界杯足球比赛，各国球员都会回国效力，穿上与光荣的国旗同样色彩的服装。在每一场比赛前，还高唱国歌以宣誓“为祖国而战”。但是，即便如此，人们同样深知，国家荣誉也不能凌驾于个人权利与价值之上。正因为此，在上一届世界杯上，当法国球星齐达内在决赛之时因为用头顶撞意大利队员马特拉齐而使法国与冠军梦失之交臂时，法国人自上到下对齐达内所表现的不是指责，而是基于人性之上的理解与宽容。

2007 年 12 月 17 日

事件

2007年12月19日，国家林业局在例行新闻发布会上表示，关于陕西华南虎照片事件，国家林业局已于12月9日要求陕西省林业厅委托国家专业鉴定机构，对周正龙所拍摄的华南虎照片等原始材料依法进行鉴定，并如实公布鉴定结果。同日，有消息称福建省政府和厦门市政府已决定将PX项目迁往漳州市古雷半岛，福建省政府新闻办主任朱清表示，目前厦门PX项目建设问题仍在进一步论证审议中，个别境外媒体的有关报道未经采访核实，其内容不尽客观、全面和准确。2007年12月18日，福建省政府和厦门市政府宣布停止在厦门海沧区兴建PX工厂，该项目将迁往漳州市漳浦县古雷半岛。

观点

不要说言论无力，其实言论本身就是行动。面对欺骗公众的假话，人们用真话来行动；面对危害市民的项目，人们还是用坚定的自我表达来行动。

行动者　有希望

最重要的两桩年度事件，昨天都有令人耳目一新的进展。

国家林业局在例行记者会上表示，已于12月9日要求陕西省林业厅委托国家专业鉴定机构，对周正龙所拍摄的华南虎照片等原始材料依法进行鉴定，并如实公布鉴定结果。本来以“不了了之”落幕的华南虎照事件，到底还是有了续集，没有荒唐到指鹿为马的境地。此事未完，陕西省林业厅如何应对国家林业局的“要求”，我们还要等待后续，公众与媒体持续的目光，不厌倦的追问，仍然是推进事态的主要压力。

厦门PX项目在14日结束了为期10天的公众参与阶段，前天，针对坊间盛传PX将迁址漳州的消息，福建省政府表示，项目仍在论证审议中。昨天，《人民日报》在重要版面刊登长文称：近日举行的PX项目环境影响评价座谈会上，市民代表八成以上投下反对票，各方专家意见倾向一致：在海西地区择地迁建，是一个上上之选。《人民日报》与福建省政府发言人一致肯定厦门市政府尊重民意、启动公众参与程序的做法，其中已经包含了高层明显的倾向与暗示。

这两件事即将会合的结局，让人感到鼓舞。

网络打虎证明，在网络和传统媒体共同搭建的平台上，一种汇聚民意民智民力的渠道已经形成；后来上演的“全民审判”证明，原子化的个人已经有办法自发组成一个言论与立场的“集体”，在这个集体里，公众获得了自己寻找答案、作出判断的自信，同时也找到了一种新的发言方式代言这个“集体”。更进一步，在厦门市民就PX项目所展开的行动中，我们看到，这个新的集体组织，已经能够有效地将维权情绪和行动欲望集合起来，不论是“六一”街头的文明散步，还是年底座谈会上的理性论争，都证明了这个事件所激发出来的临时“组织”，已经具有了统一行动的能力。一个言论的集体合声难以回避，而一个行动的集体合力难以抗拒。

已经有观察者迫不及待地开始欢呼网民的胜利、市民的胜利、公众舆论的胜利、公众行动的胜利。其实这“胜利”二字只是一种情绪表达，因为在厦门PX事件中，没有失败方。5月底果断宣布项目暂停，6月初面对市民“散步”没有强行阻止，12月初将最新环评报告公之于众，12月中以公开、透明的方式召开公众参与座谈会——厦门政府的这一系列举动，其中表达出的对民意的尊重，几乎可以用令人惊喜来形容。与之相对应的，是厦门市民在反对PX项目的同时，表现出了对政府的信任。在信任的基础上提出质疑，就是在接受现实的基础上要求改善现实，这就是改良的态度，是在目前形势下最称得上理性的态度。我们在厦门市民身上看到这种态度自然流露，人们对情绪的克制、对技术的耐心，在维护集体理性时所表现的自觉自律，都令人印象深刻、喜出望外。

厦门就 PX 项目展开的互动，为中国社会提供了一个指向未来的范例。在这个标本中，网络及信息的自由传播、公民理性和政府理性，是关键的三个要素。如果这三个要素都可以复制，那么厦门 PX 事件的全赢结局便可以复制。华南虎照事件还有更早的最牛钉子户事件都证明，在中国，网络已经与社会现实大面积对接，网络的自由言论正在以非常严肃的姿态参与现实社会、公共事务——在网络中成熟的力量绝非厦门所独有。同样，在华南虎照事件中，网民也表现出了据理力争的态度、科学严谨的作风，根据这个覆盖面更广的旁例，我们可以推断，中国民众在参与公共事务之时，已经能够自觉地克服情绪化的表达和发泄式的行动——市民理性大约也可以复制，至少可以提倡。

综合华南虎照和厦门 PX 事件，我们可以做一个乐观的结论：中国人作为个体的公民理性正在形成，他们已经为参与公共事务做好了准备；而以网络传播和动员为基础的公民组织形态也正在形成，这种组织形式虽然有被动、临时的缺点，却也有随时启动、灵活简省的优势，更为重要的是，这种组织形态适合中国当下的社会环境，具有长期存在的能力和不断生长的潜力。简而言之，一个能够参与公共事务、可以集体发言集体行动的真正的"公众"正在逐步明晰并且趋于强大。这个公众所渴望、所期盼、所需要的，就是一个让他们参与公共事务的通道。在厦门 PX 事件中，理性的政府提供了这个通道，于是立即出现了皆大欢喜的局面。我们希望这个通道不是临时的、是可以复制的，而是各地政府乐于学习效仿的。我们希望公众参与公共事务和政府决策的途径，能够通过制度设计稳定下来

——一切都准备好了，只缺这一环。

对比华南虎照事件一度引起的普遍悲观，现在是倍感振奋的时刻。这振奋不是因为政府终于回应了民意，而是因为重新确信了积极行动的力量。不要说言论无力，其实言论本身就是行动。面对欺骗公众的假话，人们用真话来行动；面对危害市民的项目，人们还是用坚定的自我表达来行动。公民社会行动起来表达自我，政府行动起来照应民意，其结果即是，中国行动起来面对问题解决问题。各方行动、局势变动，变动中总有机会、总有希望。

2007 年 12 月 20 日

事件

2007 年 12 月 21 日下午 5 点，广东阳江市召开古沉船南海 I 号上水新闻发布会，阳江市副市长、宣传部长、旅游局长等回答了 70 余家媒体记者的提问。阳江市给采访记者发放的资料有不少是推介当地旅游的。

观点

南海 I 号目前仍是横亘在考古界面前的复杂命题，它弥足珍贵而不可再生，科学精神始终是第一位的。看客的心态或培养看客的心态都应该收敛或节制，毕竟这是考古而非表演。

发掘南海 I 号是考古而非表演

南宋沉船南海 I 号于 20 年前被发现，出于各种原因始终让它静卧海底，未加过分扰动。在沉没 800 多年后的今天，它终于被整体“托出”海面。滋味难辨的是，昨日举办的新闻发布会俨然成了旅游推介会，旅游局长唱主角，给记者的资料有不少是推介旅游的。沉船历史在出水的一刻已然改变。它不仅要适应广东耗资 1.6 亿元建造的水晶宫，更要把自身的命运托付给尚无确切把握的考古界，甚至被卷入势利的利益考量。

历经许多年的探测，南海 I 号的某些特征已被初步掌握，比如船体的尺寸，货物主要以瓷器铁器为主，深埋于海泥之下，船身除甲板外结构完好，等等。进而，建立在这些特征之上的意义也被创造出来并一再重申，比如能够为海上丝绸之路研究贡献珍贵实物，可以充实航海史和贸易史等。在这些不无道理的演绎下，南海Ⅰ号早已演变成一个文化符号，发掘南海Ⅰ号行动随即成了文化大事件。

然而，南海Ⅰ号的众多谜团和不确定因素仍旧存在，这让沉船现今的格局祸福参半。随着它被打捞出水，悬疑和担忧显得更加紧迫。到目前为止，南海Ⅰ号内部舱位的细节资料依旧不为人知，约摸估算的6万件瓷器尽管价值不菲，可并不能揭示船上的所有秘密。此外，相较于零星发掘，眼下采取的整体发掘模式固然有不可比拟的优点，但风险同样存在。一旦离开原先的环境，沉船面貌会发生怎样的改变？而这种改变又会给考古带来怎样的影响？潜在的风险紧随南海Ⅰ号浮出水面。

南海Ⅰ号的首要价值理应是考古价值，而决定这一价值大小的是古船的原初面貌。假若南海Ⅰ号的新环境不幸改变了沉船的历史面貌，其学术价值无疑会大打折扣。水下考古在我国是新型学科，其技术力量与发掘实践密切相关。文保能力的进步某种程度上是以牺牲文物为代价的。南海Ⅰ号上早期出水的瓷器发生破损即为佐证。

从考古学意义上讲，真正的发掘挑战恰恰在出水的瞬间开始形成，或者说从海上丝绸博物馆向公众开放的那天算起。这自然就牵涉到两种变量，关系考古界和政府意愿两个方面。广东考古学界对南海Ⅰ号抱有冷静的专业态度，这从不惜耽搁20年、反复论证方案等做法上可见一斑。可是，面对被秘密层层包裹着的沉船，具体问题强烈凸现，专业人士有无能力完美掌控这一珍贵资源不得不令人存疑。

技术不仅仅是唯一的障碍。移入水晶宫的南海Ⅰ号后续发掘或会持续十年甚至更久。如此漫长的考古时期事实上与政府对沉船的开发筹划有冲突。早在数年前，阳江乃至广东就将南海Ⅰ号作为旅游新项目加以推介。考虑到南海Ⅰ号的文化效应、政府对考古发掘的巨额投资，如此筹措也具充足的正当性。南海Ⅰ号的考古研究和发掘大面积铺开后，其耗费也需丰厚的资金作为后盾。但如果对经济价值的追求受限于考古节奏，财政拨款对南海Ⅰ号的支持动力还能持久吗？如果地方要求发掘工作服从盈利计划，会否加重沉船困境、削弱考古的本初内涵？

记得今年年中时，关于南海Ⅰ号“沉船宝藏超千亿美金”、“价值可与兵马俑相媲美”、“海上敦煌”等狂狷之辞喧哗，不仅引起国内舆论的反感，也招致考古界齐声责备与讥讽。对沉船夸张的定位既显示了唯经济论的宣介心态，也多少暴露了岭南文化资源不够自信的心理。实事求是地说，对南海Ⅰ号考古价值的评估刚开始，早早就圈定那么多宏大的意义不免草率。无论南海Ⅰ号的全部价值有多高，仍倚赖于对它富有成效的发掘。而最大限度地获取其考古价值，取决于在接下来的进程中能否排除技术风险、能否最大限度地保留沉船的历史原貌。

将其带进水晶宫的新天地，只是人为接续了南海Ⅰ号的船史。假如希望用它改写岭南的文化史，则需艰巨、细致的科学探寻。在此之前，虚于文保经费的跟进、专于所谓旅游亮点建设，恐怕已失掉平常心。无论如何，南海Ⅰ号目前仍是横亘在考古界面前的复杂命题，它弥足珍贵而不可再生，科学精神始终是第一位的。看客的心态或培养看客的心态都应该收敛或节制，毕竟这是考古而非表演。

2007 年 12 月 22 日

事件

2007年12月10日，国土资源部通报了10起土地违法违规典型案件。其中，广东省开平市政府非法批地近3万亩，广东省纪委、监察厅已提请对开平市市委书记、原市长等多人处以撤销党内职务、行政职务或开除党籍等处分。广州市国土房管局对土地违法形势十分严峻的白云区进行检查，截至2007年12月15日，共发现违法用地案件30宗并已全部立案查处，其中"以租代征"违法案件20宗，城市建设用地"未批先用"违法案件10宗，已查结案件24宗，立案率、查处率和结案率分别达到100%、100%和80%。

观点

目前司法严重的行政化、地方化的状况，导致行政与司法架构没有为权益遭到侵害的民众提供及时而有效的救济渠道。

土地监控，该换一种思路

广州市近日展开土地执法百日行动，白云区在此行动中共发现违法用地案件30宗，其中"以租代征"违法案件20宗，城市建设用地"未批先用"违法案件10宗。在此之前，中央政府相关部门也通报了一年前开展的查处土地违法违规案件专项行动的结果，公布了包括开平市政府非法批地案等一批土地违法违规典型案件。

已公布的这些违法用地案件有一个显著的共同点，即各级政府是主要的违法主体。为什么？原因在于制度与权力的错位。现行土地法律、法规、制度、政策几乎全部由中央政府制定，并实行最严格的土地管理制度。但是，对土地的实际支配权却在地方政府，尤其是县市级政府手里。地方政府官员的经济增长和财政收入政绩需要通过土地经济维持，这包括买卖地的直接收入，连带的投资增长与房地产经济。中央政府的土地制度十分严厉，地方官员利用土地谋求政绩的欲望非常强烈，自然会出现广泛而严重的地方政府土地违法现象。

麻烦的是，在现有政府框架中，没有一种机制有效地查处——更不要说防范地方政府违法占地、用地活动。每一级政府的政绩指标是同质的，从乡镇官员，到县市官员、省级官员，都在追求 GDP 和财政收入的高速增长。而且省级官员的政绩由下属各市之总和构成，市级官员政绩由下属各县政绩之总和构成。下属违法用地所带来的政绩，同时也是上级政府官员的政绩。

土地问题上的这种监督失灵，是更大范围的监督失灵的一部分。在目前的政治架构中，除了乡镇政府之外，每一级政府的主要工作都是管理其下属政府。但是，每一级政府也要靠其下属政府来执行自己的政令，靠下属的政绩积累自己的政绩。因而，只有在上面的政治压力十分大的非常态时，才可能出现对下属政府的雷厉风行。假如压力强大不到这种程度，每一级政府都会抵制监督，保护自己的下属。所谓“政令不出中南海”，形容的就是常态下这种无法克服的监督失灵问题。

面对这种困境，中央政府采取的措施是加强垂直管理，包括建立土地督察制度。但是，这些派出机构要么取代地方政府，成为土地的实际支配者，那就不过是制造了一个具体而微的地方政府，照样会卷入土地经济中；要么只是充当监督者，土地的实际支配权仍在地方手中，那它就没有足够的力量改变地方政府的行为模式。

其实，面对土地领域的这种监督失灵，可以有另外一种解决思路。稍加考察就会发现，在绝大多数地方政府的土地违法过程中，都曾经发生过抵制，即民众面对地方政府征地、拆迁、占地等活动时，维护自己的权利和利益。

应该承认，这是保护耕地、保障土地交易市场秩序的健康力量。尤其值得注意的是，民众在维护自己权益时，通常总高举着中央政府颁布的法律、法规、政策甚至高层的讲话，以此与地方政府据理力争。此中透露出来的信息是，民众与中央政府存在相当大的共同诉求，尽管两者是基于大不相同的目的。比如，中央政府希望保护耕地。但是，农民如果对其被征用土地坚持更高要价，客观上也可以起到保护耕地的目的。

不幸的是，民众的努力通常总是悲壮地失败。究其原因，应有两点值得反思。第一，中央政府制定的土地法律并未赋予民众对土地的完整权利，实际的支配权反被赋予地方政府。当地方政府在巨大利益驱动下公然侵害民众权益时，民众反而在法律上处于不利地位，至多只能索要较高补偿，而不可能真正阻止地方政府征地、占地。第二，即便是对民众高度不完整的土地权利，现行法律也未予有效保障。目前司法严重的行政化、地方化的状况，导致行政与司法架构没有为权益遭到侵害的民众提供及时而有效的救济渠道。在这些部门的工作程序中，地方长官的意志高于中央政府颁布的法律、政策，而中央政府对此无能为力，无法向寻求救济的民众兑现其已授予的权利。

假如解决了这两个问题，即确认农民、市民家庭对土地的完整权利，使其可以抗衡地方政府，在民众遭遇地方政府侵害时提供及时而有效的救济，那么，单是民众，就可以在很大程度上替中央政府捆住地方政府滥用权力之手。民众维护自身权益的努力也能自然地促进公共利益，促进中央政府政策与政治目标之实现。

事实上，综观中外历史，这也是唯一有效地防范地方政府违法的制度框架，不论是哪个方面的违法。

2007年12月24日

事件

2007 年 12 月 25 日上午，在广东省委十届二次全会第一次全体会议上，中共中央政治局委员、广东省委书记汪洋提出要继续解放思想，以当年改革开放初期“杀开一条血路”的气魄，努力在实践科学发展观上闯出一条新路，争当实践科学发展观的排头兵。记者现场统计，汪洋在近两个小时的讲话中，至少有 22 次讲到“解放思想”。

观点

言论乃是思想的载体，求解于思想解放的不二法门，只能是言者无罪，自然言无不尽。

再解放一次思想又如何

晚清巨变，国人睁眼看世界，尽管是残酷被动，却收获了思想上的大解放，从此开启近代化的家国命题，虽多灾多难，却连绵不绝。“文化大革命”甫毕，国人痛定思痛，从荒谬回归常识，在思想解放大讨论之后，现代化的泊船扬帆东去，激流澎湃，再无退路。

再解放一次思想，当在何时？当因何故？当收何效？

如今改革 30 年过了万重山，却尚未驶出历史的三峡。执政党提出科学发展观，要求以再次解放思想的高度与深度来突破当前发展的瓶颈。新任中共广东省委书记汪洋，在昨日的省委全会上，亦对广东作如是冀望，也可见他主政中国这一重要省份的初步思路。

广东与思想解放，常如风云际会。康梁的改良学说，孙文的革命理念，前后两轮的改革启动，都以关键时刻的关键方式改变历史，创造历史。广东成为立言的宝地，已无须多去探究其间的寓意，这接踵相承的传统，却应当要成为广东不可懈怠的自觉。

然则也有评价说，第一轮改革广东领着全国走，第二轮改革全国推着广东走。那些真需要解放思想的皱眉决断、咬牙拍板，以及冒天下之大不韪而成就改革之不世功的英雄与英雄故事，已渐不多闻。所以，才有“深圳你被谁抛弃”的慌张失落，才有对改革试点新特区名额的望穿秋水，才有不断拿长三角比对珠三角的得失盘点。难道这也算英雄迟暮、美人白首？

这何止是在说广东，广东从来就是整个中国的大缩影。

再解放一次思想，就是因为我们已经停滞却开始自满，把惯性中的发展当成成就，把只是手段的发展当成目的。从前以改革促开放的主动性消失殆尽，而今因开放倒逼改革的困窘却日益明显。

再解放一次思想，因为积累的问题不再是简单的发展便可解决：土地之争、劳资纠纷、环境污染、贫富差距、公民自治、司法权威、社会诚信、权力腐败……这一切，岂止因影响经济的发展才显得重要？又岂止通过转变经济发展模式便可改观？

再解放一次思想，因为前一次思想解放的资源，至今已经耗尽，此前改革的策略，至今也已失效，前段改革所回避的难关，而今逼到眼前，前段改革形成的禁忌与遗留的负资产，已经成为制约我们自由思考的障碍。我们耳熟能详于改革要继续深化，却无从理解改革深化的方向何在，也无从得见改革深化的动作何出。

再解放一次思想，因为思想之解放，从来就不应当是偶尔的运动，功利的器具。在西方人经历文艺复兴、宗教革命、科技进步而得享思想自由之盛宴数百年后，中国人没有道理依然要在一点点被撑大的空间里进行可笑的思想操练。

是时候了。如果我们要超越 30 年前的那段辉煌，再体验由此赫然而至的心智开朗与风雷激荡，那就让这一次的思想解放从营造切实明确的鼓励氛围开始：

让坦白的表达与充分的辩论没有障碍，让真实的疑惑与具体的问题能够成型——有哪些乃是亟待被解放的思想？是什么因素固化了我们目前的思想？又该拿出怎样的方法来实施这思想的解放？言论乃是思想的载体，求解于思想解放的不二法门，只能是言者无罪，自然言无不尽。这一点，拥有发达传媒的广东，倒真可以再次先行一步。

2007 年 12 月 26 日

事件

2007年12月25日上午，在广东省委十届二次全会第一次全体会议上，中共中央政治局委员、广东省委书记汪洋提出要继续解放思想，以当年改革开放初期“杀开一条血路”的气魄，努力在实践科学发展观上闯出一条新路，争当实践科学发展观的排头兵。记者现场统计，汪洋在近两个小时的讲话中，至少有22次讲到“解放思想”。

观点

解放思想最核心的内容，就应该是政府给予社会以更充分更自由的空间，请媒体大胆放言，请民众坦诚示意。

解放思想的命运在民间

省委书记汪洋在来粤后第一次省委全会上展开了解放思想的大旗，这让许多广东人都感到振奋，因为它触及了这块热土上潜伏的渴望。

广东仍然保持着经济总量全国第一的位置，但不论是广东人的自我认知，还是广东省在中国的形象，都已经不像从前那样勇敢、先锋和开放。从经济发展的角度看，珠三角的领先位置已经受到长三角的挑战；从体制改革的角度看，广东已经不再是一块试验田。诚然，在社会建设的层面，广东以其活跃开放的媒体和相对成熟独立的市民社会而广为外界所称道。处在这样一个历史阶段和竞争环境中，广东如何改革创新，振作精神，谋求大发展、大作为？从历史经验而出发，最好的路径仍然是向蓬勃强劲的市民精神索取营养。依照这个思路去理解

"以新一轮思想大解放推动新一轮大发展"，我们就可以找到思想解放的主体和客体，我们就可以明确，由谁来解放思想，解放哪些思想，以及，可能更为重要的是，什么力量在束缚思想，什么障碍必须清除?

解放思想要依靠市民社会的力量和公共媒体的声音。广东成为中国近现代史上当仁不让的言论先锋阵地和改革实验前沿，其关键原因正在于，这里的人民，始终独立而自信地保持了对现实的忠诚，传承了脚踏实地的理性和面向未来的勇气。在门户初开的年代里，这智慧表现为对新思想的欣然接纳；在动荡劫狱的复苏中，这智慧表现为对人性、对常识的温暖回归；在重启改革的激流里，这智慧表现为对虚妄教条的冷漠、对真实回馈的重视。可以说，广东的光荣从来都是源自它坚忍连绵的民间力量。广东不仅藏富于民，更蕴藏着求新求变的智慧和勇气在民间。在改革逐步放缓、经济稳步发展的年代里，政府诉求与社会愿景相对一致，民间力量也进入了一种相对安宁的状态，不论是市民维权还是媒体突围，都自觉地保持在不出格、不犯忌、就事论事、不求突破的安全框架内。

解放思想就是要突破那些无谓虚设的框架；解放思想就是要让民间更大声地说出它的立场、它的声音，说出市民的诉求，更说出众生于真切生活中对社会的感知、对体制的观察、对政府的批评——说出民间现实主义的智慧和开拓未来的欲求。民间从来都不缺乏敏锐的观察者和深邃的思想者，相对于政府内部，民间思想的优势在于它在具体中感受真实，它在沉默中保持自由，它因无权而开放无碍，它因真切而理性清明。这些最宝贵也最可靠的思想，其实并不会也并不曾因为被束缚而消失，它只会因为被束缚而沉默。解放思想，就是要给民间思想一个响亮发言的机会，让宝贵的智慧和诚恳的诉求在明朗的空间里绽放、激荡并且再次生长。

由政府来启动解放思想的运动，由民间力量来完成这场运动，这个过程可以看作是政府对社会的邀请、政府与社会的座谈。所以，解放思想最核心的内容，就应该是政府给予社会以更充分更自由的空间，请媒体大胆放言，请民众坦诚示意。从根本上说，社会的表达空间或是思想空间，不该由谁来框定约束，但从目前的状况来看，这束缚确实存在。在稳定、和谐、友善的氛围中，这束缚无法也不能由被束缚者去突围破坏，只能由约束者自行解开释放。

2007 年 12 月 27 日

事件

2007 年 12 月 25 日上午，在广东省委十届二次全会第一次全体会议上，中共中央政治局委员、广东省委书记汪洋提出要继续解放思想，以当年改革开放初期“杀开一条血路”的气魄，努力在实践科学发展观上闯出一条新路，争当实践科学发展观的排头兵。记者现场统计，汪洋在近两个小时的讲话中，至少有 22 次讲到“解放思想”。

观点

要想解放思想，必须厘清利益惯性对思想解放掣肘的束缚，必须挣脱利益格局对改革进程的“绑架”。

解放思想的关键在于挣脱利益“绑架”

新一轮解放思想的大讨论，已经在广东风云涌动。它不是对历史的缅怀，而是对未来的诉求。但在任何一个历史阶段，每一次解放思想，从来都不是纯粹发生在思想领域，而是深刻地根植于社会现实；由执政党发起的解放思想，更是明确地具有改变现实的指向。所以，解放思想的具体内容，需要从此时此地的社会现实中去寻找。此番解放思想的目的很明确，是为深入落实科学发展观；而需要讨论的，则是思想解放的阻碍何在，解放思想的难度有多大。

禁锢思想的力量，曾经是传承千年、自我圆满的思想本身，也曾经是权力的桎梏和民众的盲目，又曾经是失落与茫然后的胆怯和退缩。现在的情况又与以往都不同。

“文化大革命”之后和20世纪90年代初期的两次思想解放，都从执政党内扩至全民运动。在一个意识形态至上的封闭体系下，民众隔绝于信息，也无缘于主动。即便是顺应潮流，政治高层的积极，也显得尤为可贵。而在21世纪的今天，中国被全球化深刻改变的今天，有跟世界全面接轨的视野，有快速传递方便获取的信息，有独立思考勇于表达的民众，解放思想的土壤与气候，已翻天覆地。在改革开放30周年到来之际，此起彼伏的改革得失大讨论，已经充分说明，从一开始这就是一场上下充分互动、彼此促进的思想解放。

可以说，此前的思想大解放，关键都在于对意识形态迷信的破除，那么这次的思想大解放，关键已转为对既定利益“绑架”的破除。在这一轮大讨论中，更多的是对具体问题的甄别与争辩，更难的是对具体利益格局的调整与突破。

这样的具体利益格局，首先可见于舆论所激烈讨伐的特殊利益集团身上。中国的电力、交通、电信、能源等垄断行业，已经成为特殊利益集团的典型代表，它们长期盘踞公共资源高地并独占利润，严重阻碍市场自由竞争与创新突破。而事实上，它们何以利益特殊？何以形成并维系特殊利益？有识之士早已指出，是权力利益集团造就了特殊利益集团。

权力利益格局，无疑是具体利益格局中的更深层次。立法本当成为平衡利益关系的有效途径，但众多的立法却难逃部门立法利益化的嫌疑与指责；绿色GDP系统欲有所为却举步维艰，地方政府的政绩利益使然；各级官员的土地贪腐案件近年来频发，只因在土地资源问题上一支笔等同于亿万金。只要权力与现实利益形成可交换的关系，权力格局必然就会顽固地维护既定的利益格局。

所以，追究到底，必须承认，具体利益格局的最核心，乃是具体制度的安排与逻辑。指导整体公务行为的逻辑陷入了惯性，它显然被基本的制度框架所约束所定义，被具体的奖惩机制所激励所固化，被集体文化所感染所挟持。执政党提出要解放思想，一再强调权力监督之重要，追求高效廉洁的行政转变，呼吁政治文明的进步发展，正是深知固有格局存弊。

目前呈现出来的是整体性的利益惯性，禁锢思想的是这个多方利益共同依赖的惯性体系。可以说，目前“解放思想”所面临的具体形势，比以往历次都具体都实在，所以它看似命题更狭小实际上破题更艰难：要想解放思想，必须厘清利益惯性对思想解放掣肘的束缚，必须挣脱利益格局对改革进程的“绑架”。

2007 年 12 月 29 日